애니메이션과
영상 연출을 위한

스토리 보드

그리고 AI

김종율 저

애니메이션과 영상 연출을 위한

스토리 보드
그리고 AI

2025년 1월 15일 1판 1쇄 인쇄
2025년 1월 24일 1판 1쇄 발행

지은이 김종율
펴낸이 김종원
펴낸곳 비엘북스

주소 경기도 고양시 일산동구 중앙로 1079, 624호 비엘북스
전화 031-817-3606
팩스 02-6455-3606
등록 2009년 5월 14일 제 313-2009-107호
출판사 홈페이지 https://vielbooks.com
저자 문의 eiger1@naver.com
도서 문의 vielbooks@vielbooks.com

ISBN 979-11-86573-76-1(13000)
정가 26,000원

이 책을 만든 사람들
기획·진행 비엘플래너스
교정·교열 비엘플래너스
편집디자인 CVDESIGN

Copyright © 2025 by 김종율. All Rights Reserved. First edition Printed 2025. Printed in Korea.

이 책의 어느 부분도 저작권자나 비엘북스 발행인의 승인 문서 없이 일부 또는 전부를 사진 복사나 디스크 복사 및 기타 정보 재생 시스템을 비롯하여 현재 알려지거나 향후 발명될 어떤 전기적, 기계적 또는 다른 수단을 통해 복사, 재생하거나 이용할 수 없음.

[일러두기]
이 책에서 소개된 AI로 생성된 그림들은 교육적인 목적의 일환으로 사용한 것입니다.
특정 상품, 작가의 작품 및 저작권, 초상권 등을 침해하려는 의도가 없음을 밝혀둡니다.

애니메이션과 영상 연출을 위한

스토리 보드

그리고 AI

VIELBooks
비엘북스

저자의 말

저자 김종율

왜 신입 스토리보드 아티스트가 부족할까?

저는 애니메이션 회사에서 스토리보드 팀장으로 근무하고 있습니다. 팀장이 된 이후로 팀원 수는 항상 7~8명 수준을 유지해 왔고, 그 이상으로 인원을 늘리기가 어려웠어요. 하지만 프로젝트가 증가하면서 업무량은 계속 늘었고, 실제로는 10명 이상의 인원이 필요했습니다.

왜 우리는 늘 인력이 부족할까? 이 질문에 대한 답을 찾기 위해, 나는 스토리보드 아티스트 인력을 확보할 방법을 고민하며 커리큘럼을 개발해 왔습니다.

스토리보드 아티스트 자체가 희소 직군입니다. 관련 학과나 교육 기관이 점점 줄어들면서, 애니메이션 연출을 배울 기회조차 부족해지고 있는 실정입니다. 어렵게 이 길을 선택한 사람들도 전공자가 아닌 경우가 많고, 회사에서 요구하는 신입 기준을 충족하지 못하는 경우가 많았습니다.

스토리보드 업무는 생각보다 진입 장벽이 높은 분야입니다.
먼저, 기본적인 그림 실력이 필요합니다. 스토리보드 아티스트는 프로젝트 관계자들이 공통적으로 이해할 수 있는 매뉴얼 역할을 하기 때문에, 누구나 알아볼 수 있는 최소한의 드로잉 능력이 필수입니다. 하지만 단순히 그림을 잘 그리는 것으로 끝나는 것도 아닙니다.

두 번째는 영상 언어에 대한 깊은 이해도 필요합니다. 그림 실력은 연습을 통해 향상될 수 있지만, 영상 언어는 체계적으로 공부하지 않으면 익히기 어렵습니다. 관련된 자료도 체계적으로 정리되어 있지 않고, 어떻게 적용해야 하는지 방법론을 찾는 것조차 쉽지 않습니다. 스토리보드 아티스트는 단순히 그림을 그리는 것이 아니라, 감독처럼 머릿속의 장면을 시각적인 영상 언어로 구상하고 이를 그림으로 표현할 수 있어야 합니다.

세 번째는 시나리오 분석 능력과 글을 이미지화하는 훈련도 필수적입니다. 스토리보드는 단순한 드로잉이 아니라, 텍스트를 영상으로 변환하는 작업입니다. 따라서 많은 레퍼런스를 학습하고, 이를 응용하여 필요할 때 적절하게 꺼내 쓸 수 있는 데이터베이스를 구축해야 합니다. 하지만 이 과정은 오랜 시간과 노력이 필요한 영역이기도 합니다.

한국에서는 영상 언어나 카메라 구도를 활용해 그림을 그릴 수 있는 신입사원은 거의 없습니다. 하지만 회사에서는 입사와 동시에 실무에 투입될 수 있는 인력을 필요로 하기 때문에 결국 회사는 실무 경험이 있는 사람을 선호하게 됩니다. 외주 인력을 활용할 수도 있지만, 프로젝트의 퀄리티를 유지하려면 팀원들이 프로젝트를 충분히 이해하고, 유기적으로 소통하며 분위기를 조율할 수 있어야 하므로 내부 팀원의 역할이 더욱 절실해집니다. 그렇다보니 신입사원을 빠르게 실무에 적응시킬 수 있는 교육이 필요한 실정입니다.

그래서 저는 실무 중심의 교육 커리큘럼을 개발했습니다. 어릴 적 공부했던 자료를 모으고, 누구나 이해하기 쉽게 정리해서 5년 동안 실무 교육에 적용했습니다. 그 결과 많은 신입사원들이 팀에 적응하는 데 도움을 주었고, 나 역시 그들에게 배운 점을 반영하며 커리큘럼을 지속적으로 개선해 왔습니다. 이제 이 자료를 내부 교육용이 아닌, 애니메이션, 레이아웃, 영화 연출 등 스토리를 이미지화하고 싶은 분들과 공유하려고 하는 것입니다.

머지않아 서브컬처 산업은 국경이 희미해질 것이고, 전 세계의 다양한 플랫폼을 통해 어느 나라에서든 일을 할 수 있는 시대가 올 것입니다. 사람들은 점점 더 많은 스토리가 있는 영상과 이미지를 탐닉하게 될 것이고, 더 많은 영상이 제작되어야 할 것입니다. 다가올 변화 속에서 보다 많은 분들이 글로벌 인재로 성장할 수 있도록 나의 경험과 지식을 작게나마 공유하고자 합니다.

어릴 적에 공상을 자주 했습니다. 생각이 마구 샘솟듯이 떠올랐고, 이를 노트나 커다란 달력 뒷면에 끊임없이 그림으로 표현했습니다. 등교하는 30분 동안도 머릿속으로 장면을 상상하며 걸었고, 학교에 도착하기도 전에 이미 머릿속에서 완전한 스토리를 만들어놓곤 했습니다. 어린 시절의 공상은 내가 디자인한 로봇을 타고 악당들과 싸우는 이야기였습니다. 물론 당시 유행하던 로봇 애니메이션이 가장 큰 영향을 주었습니다.

그렇게 자연스럽게 그림을 그리며 성장했고, 고등학교와 대학교를 거쳐 지금도 비슷한 일을 하며 살아가고 있습니다. 지금 제가 하는 일은 머릿속에서 떠오른 생각을 밖으로 꺼내어 모든 사람들과 공유하고 소통하는 일입니다.

스토리보드 또는 콘티라는 용어를 사용하지만, 본질적으로 스토리보드는 아이디어를 시각적으로 구체화하는 과정입니다. 글로 쓰인 개념을 누구나 이해할 수 있도록 시각적으로 정리하고, 이를 기반으로 팀원들과 의견을 주고 받으며 영상 제작의 매뉴얼 역할을 수행하는 것이 스토리보드의 핵심입니다.

어린 시절부터 공상을 그림으로 표현하는 것이 내게는 자연스러웠지만, 많은 사람들이 자신의 아이디어를 시각적으로 구체화하는 것을 어려워한다는 사실을 깨달았습니다. 심지어 애니메이션을 전공한 학생들조차 스토리보드를 어려워하는 경우가 많았습니다. 그래서 이 분야에 대한 체계적인 접근법을 고민했고, 이를 커리큘럼으로 정리해 팀원들에게 교육하면서 점차 원고를 보완해 왔습니다. 이제는 이 책을 통해 더 많은 사람들이 자신의 생각을 시각적으로 표현하는 능력을 키울 수 있도록 돕고 싶습니다.

여러분의 가능성은 무한합니다. 스토리보드는 자신의 아이디어를 공유하고 소통하는 가장 강력한 도구이니, 마음껏 상상하고, 그림으로 구체화하여 많은 사람들과 소통해 보길 바랍니다.

AI 영상 시대에서 스토리보드의 역할?

집필을 시작할 때와 책을 마무리하는 시점 사이에 상황은 급격하게 변화했습니다. 처음 이 책을 집필할 당시에는 스토리보드 아티스트 주니어를 위한 전문적인 지침서를 목표로, 제 노하우와 흩어진 필수 정보를 알기 쉽게 정리하는 것이 목적이었습니다. 그러나 AI 툴의 등장과 비약적인 발전으로, 이제는 누구나 빠른 시일 내에 영상을 직접 아웃풋으로 제작할 수 있는 시대가 되었습니다.

누구나 드로잉이나 언어로 영상을 제작할 수 있는 시대가 도래했다면, 직접 그려서 표현하는 스토리보드는 어떤 가치를 지니게 될까?

이 질문에 대해 많은 고민을 해왔고, 새롭게 출시되는 AI 툴을 직접 사용하며 실험해본 결과, 오히려 스토리보드를 제작할 수 있는 능력이 더욱 중요해졌다는 사실을 깨닫게 되었습니다.

우리가 미디어에서 접하는 영상은 오랜 시간 정립된 영상 언어의 집합체입니다. 만약 일반 사용자가 영상 언어에 대한 지식 없이 AI로 이미지를 생성한다고 가정한다면, 그 결과물은 이야기를 전달하지 못한 채 의미 없이 소비될 가능성이 큽니다.

즉, 누구나 영상을 만들 수는 있지만, 누구나 효과적으로 이야기를 전달하는 연출을 할 수 있는 것은 아닙니다. 내가 전달하고 싶은 이야기나 이미지를 영상으로 제대로 표현하려면, 영상 언어를 잘 활용할 수 있어야 하며, 이를 가장 효과적으로 배우고 구상할 수 있는 수단이 바로 스토리보드입니다.

최근 AI를 활용한 영화제가 열리고, 많은 사람들이 AI로 영상을 제작하는 시대가 되었습니다. 그러나 그 영상을 만든 감독들조차, 영상 기획 과정에서는 반드시 이야기 표현을 위한 테스트, 썸네일, 그리고 콘티를 직접 작성하거나 간단한 스케치로 구상했을 것입니다.

누구나 영상을 만들 수 있는 시대,
이 책이 여러분의 생각을 효과적으로 표현하고 전달하는 데 도움이 되기를 바랍니다.

2025년 1월
김종율

이 책의 특징

- 애니/영상의 스토리 시각화를 위한 스토리보드의 핵심 활용법
- 프레임 / 레이아웃 / 렌즈 / 인물과 사물의 샷 구성법
- 시나리오와 글 콘티를 구성하여 스토리보드 만들기
- AI를 이용한 CF 콘티와 애니 스토리보드 제작과정
- 총 6개의 스토리 보드 예제 결과 영상 제공

스토리보드는 단순한 스케치가 아니라, 영상 제작의 성공을 결정짓는 핵심 요소입니다. 시나리오를 시각적으로 구성하여 감정을 강조하고, 촬영 과정의 오류를 줄이며, 후반 작업을 간소화하는 데 중요한 역할을 합니다. 특히, 애니메이션, 영화, 광고, 게임 등 다양한 콘텐츠 제작에서 스토리보드는 필수적인 도구로 자리 잡고 있습니다.

스토리보드의 기본 개념부터 실제 사용 사례를 중심으로 영상 기획자와 크리에이터들에게 실질적인 가이드를 제공합니다. 프레임 비율과 구도를 분석하여 관객의 시선을 유도하는 방법을 설명하고, 볼륨 개념을 활용한 공간 연출 기법을 소개합니다. 또한, 표준 렌즈, 광각 렌즈, 망원 렌즈의 특징과 활용법을 분석하며, 현실감 있는 장면을 연출하는 노하우를 전달합니다.

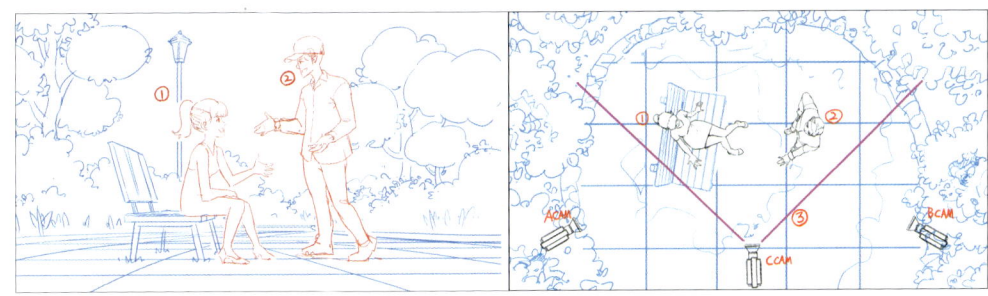

스토리보드 제작에서 가장 중요한 것은 시나리오 분석입니다. 시나리오를 정리하고, 컷의 연속성과 카메라 워크를 효과적으로 활용하는 방법을 다룹니다. 또한, 액션 시퀀스 연출과 소설 한 문장을 활용한 시나리오 각색을 통한 시각 연출 과정을 상세히 설명합니다.

또한, AI(chatGPT와 미드저니)와 전통적인 기법을 조합하여 보다 효과적인 스토리보드의 제작 가능성도 소개합니다.

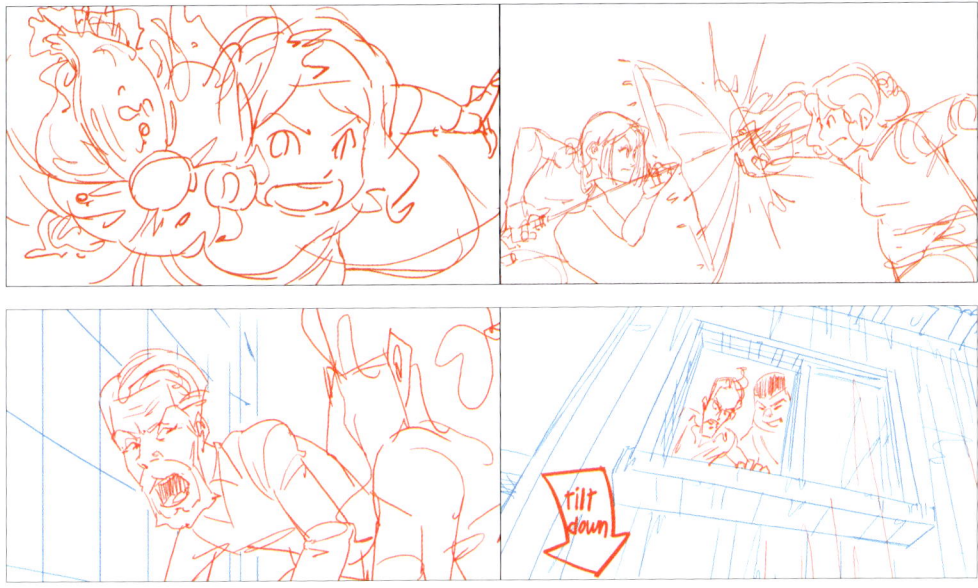

이 책은 애니메이션 및 영상 제작자, 스토리보드 아티스트, 광고 기획자, 그리고 AI 기반 콘텐츠 제작에 관심 있는 크리에이터들을 위한 필독서입니다. 실무에서 바로 적용할 수 있는 다양한 사례와 실전 가이드를 통해, 독자들은 스토리보드 제작의 새로운 가능성을 발견하고 창의적인 연출을 구현할 수 있을 것입니다.

AI를 이용한 스토리보드

이 책에서는 AI(미드저니, chatGPT)를 이용하여 스토리보드를 제작해 봅니다.
AI 기술로 스토리보드의 모든 공정을 대체할 순 없지만, AI의 활용 가능성을 소개합니다.

1. AI 생성툴로 이미지보드 제작하기

시나리오의 스케치를 기반으로 미드저니에서 적합한 AI 이미지를 생성하여 이미지 보드를 제작합니다.

2. AI를 활용한 CF 콘티 제작하기

AI로 이미지를 생성하여 CF 광고 콘티를 구성해봅니다.

3. 애니메이션 스토리보드의 AI 활용

ChatGPT에게 시나리오, 전투분석, 액션 등의 도움을 받아서 SF 애니메이션 스토리보드를 제작해봅니다.

스토리보드 예제 영상 확인 방법

스토리보드 시퀀스 예제는 책 속의 QR 코드를 촬영하여 예제 영상을 보실 수 있습니다.

스토리보드 예제 (QR 코드 영상 제공)

이 책에서 설명하는 스토리보드의 시퀀스 예제를 영상으로 제공합니다.
해당 챕터에서 QR코드로 확인해볼 수 있습니다.

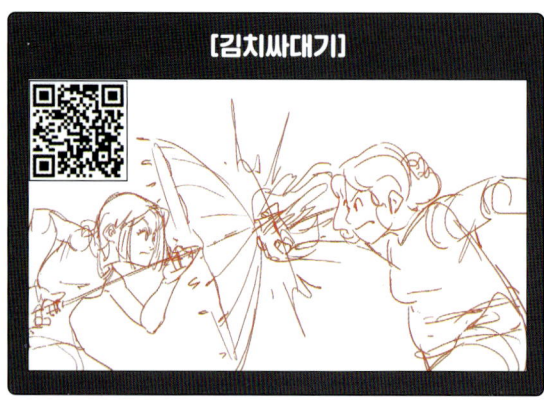

주요 스토리보드 예제 시퀀스

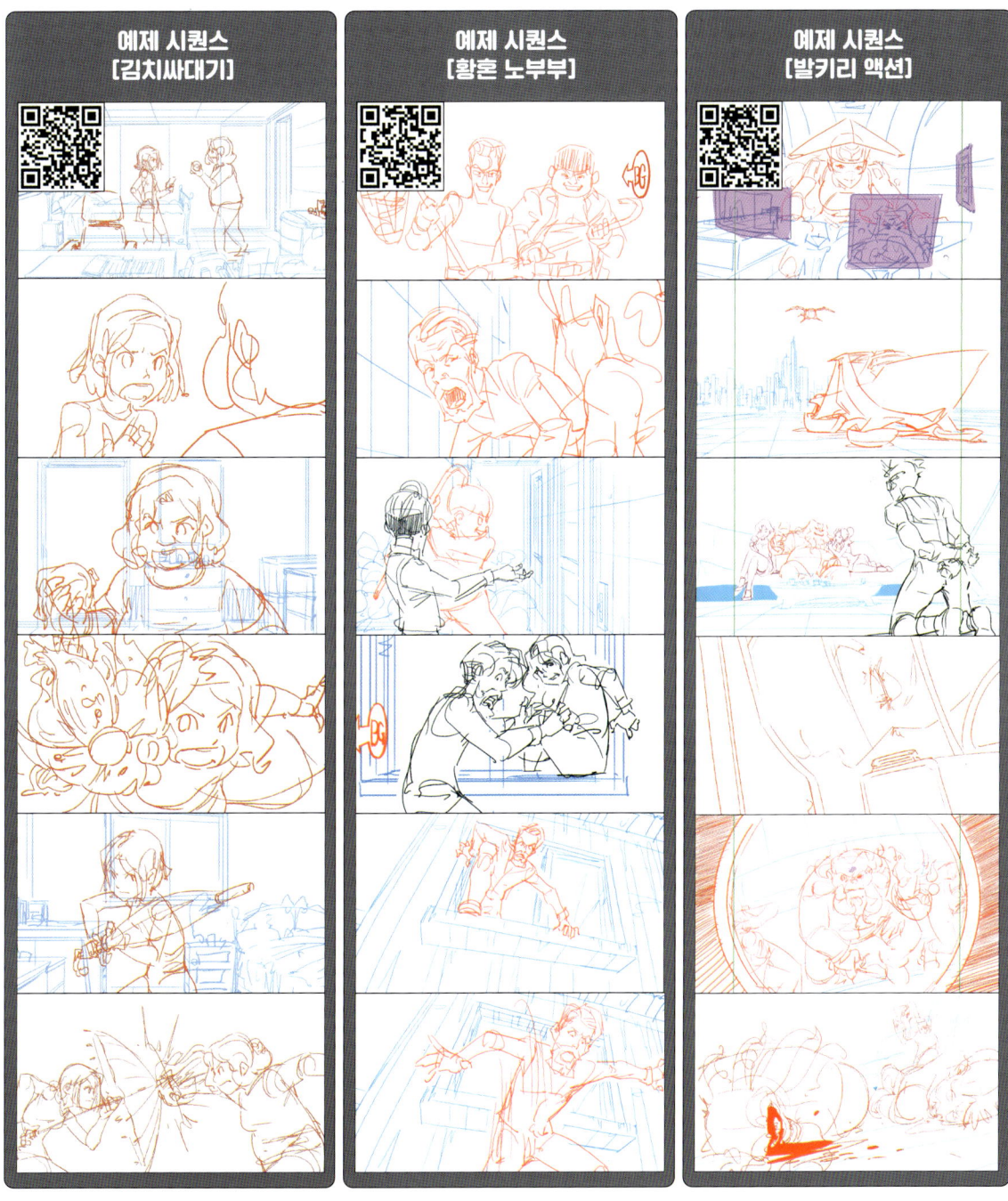

목 차

Part 01. 스토리보드란   18

1. 스토리보드 역사   20
- 애니메이션용 지면 스토리보드   20
- 광고용 콘티   22
- 영화용 콘티   23
- 애니메이션용 애니메틱스   27

Part 02. 스토리보드 역할   28

1. 연출자의 이미지 욕망 실현   30
2. 시나리오의 텍스트를 이미지로 구현함   31
3. 제작 매뉴얼   33
4. 제작 효율 및 비용 감소   34

Part 03. 프레임에 관하여   36

1. 프레임이란?   38
2. 프레임 비율에 따라 분류   38
3. 프레임의 정서적 의미   39

Part 04. 레이아웃   42

1. 볼륨(Volume; 화면의 질량감)   44
- 볼륨(Voluime)의 이해   44
- 화면과 볼륨의 자성   47
- 볼륨의 종류 (포시티브 볼륨, 네거티브 볼륨)   51
- 이미지 단순화   52
- 네거티브볼륨의 인식   53
- 볼륨의 활용   54
- 볼륨을 이용한 프레임 변형   63

목 차

Part 05. 렌즈의 이해   68

1. 투시도법   70
- 투시도 조건   70
- 프레임에서 카메라 시선의 높이   71
- 소실점   72
- 그려진 그림 안에서 비율 맞추기   74

2. 렌즈의 종류와 특징   81
- 표준 렌즈   82
- 광각 렌즈   84
- 망원 렌즈   85
- 광각 망원 실제 촬영 예시   88
- AI를 활용한 광각, 망원 이미지 생성   89

Part 06. 인물 중심 샷 구성   90

1. 인물을 프레임에 담는 법   92
- 풀샷 Full shot   92
- 미디엄샷 Medium shot   94
- 바스트샷 BUST SHOT   94
- 웨스트 샷 West shot   97
- 클로즈 업 Close up shot   97
- 오버 숄더 샷 Over Shoulder Shot   98

2. 캐릭터 그룹화   99
- 이미지 라인?   99
- 이미지라인 지키면서 다 수 캐릭터 배치해 보기   101
- 3명의 캐릭터를 이용 그룹화 이해하기   105
- 다수의 그룹화 형성 추가로 새 다수 그룹 추가되는 경우   118

목 차

Part 07. 사물 중심 샷 구성　　　　　　　　　　　　　124

1. 단일 개체　　　　　　　　　　　　　　　　　　　126
- 로봇　　　　　　　　　　　　　　　　　　　　　　126
- 자동차　　　　　　　　　　　　　　　　　　　　　127
- 전투기　　　　　　　　　　　　　　　　　　　　　128
- 바이크　　　　　　　　　　　　　　　　　　　　　129
- 항공모함　　　　　　　　　　　　　　　　　　　　130

2. 다수 개체　　　　　　　　　　　　　　　　　　　131
- 크리처　　　　　　　　　　　　　　　　　　　　　131
- 로봇들의 나열　　　　　　　　　　　　　　　　　　132
- 드래곤과 파티원　　　　　　　　　　　　　　　　　133
- 로봇 편대　　　　　　　　　　　　　　　　　　　　134
- 전통적인 대결구도　　　　　　　　　　　　　　　　135

Part 08. 스토리보드 제작　　　　　　　　　　　　　　136

1. 시나리오 분석　　　　　　　　　　　　　　　　　138
- 세번 정독하기　　　　　　　　　　　　　　　　　　138
- 요약해서 적어 보기　　　　　　　　　　　　　　　139
- 주요 이미지 정하기　　　　　　　　　　　　　　　140
- 글 콘티 작성하기　　　　　　　　　　　　　　　　141

2. 컷의 연속성 연출　　　　　　　　　　　　　　　　146
3. 카메라 워크　　　　　　　　　　　　　　　　　　155
- 카메라의 위치가 고정된 카메라 워크　　　　　　　156
- 카메라의 위치가 이동되는 카메라 워크　　　　　　162

목차

4. 실전 액션 시퀀스 노하우들	**166**
- 로봇을 이용한 두 그룹의 힘 싸움	166
- 자동차 탑승 시퀀스	169
5. 소설 한 문장으로 시나리오 각색 및 씬 만들기	**174**
6. 간단하게 기획해서 자신만의 애니메틱스 제작	**199**
- 시나리오 요약	199
- 캐릭터 설정	200
- 글 콘티, 썸네일 구성	205
- 이미지 작업	222

Part 09. AI를 활용한 스토리보드 — **228**

1. AI 생성툴로 이미지보드 제작하기	**230**
2. AI를 활용한 CF 콘티 제작하기	**238**
3. 애니메이션 스토리보드의 AI 활용	**245**
- ChatGPT에게 질문하고 답을 구하기	246
- AI가 제시한 아이디어로 구체적인 상황 글로 연출하기	248
- AI 이미지 생성툴로 캐릭터 만들기	248
- 정해진 상황들로 본격적으로 스토리보드 제작	252

1. 스토리보드란

스토리보드 역사

> 스토리보드는 1930년대 초 월트 디즈니 스튜디오의 애니메이터 웹 스미스(Webb Smith)에 의해 도입된 것으로 알려져 있다. 초기에는 이야기와 주요 액션 및 편집점을 간략히 설명하는 스케치를 하곤 했다. 하지만 점차 전체 스토리를 개관하기 위해 빈 벽면에 수십 개의 스케치를 전시하여 회의를 하게 되었다. 이야기를 전달한다는 목적과(story), 그림을 게시판에 부착하여 본다는 제시 방식(board)이 합쳐져 스토리보드의 용어가 생겨났다. 1930년대 후반에는 애니메이션 업계 전반으로 전파되었으며, 이후 상업 영화나 광고 제작 등에도 사용되기 시작하며 보다 일반화되었다. 또한 최근에는 그 사용이 보다 확대되어 이벤트 기획이나 연극, 웹사이트 제작, 게임 제작과 같은 IT 분야 등에서도 활용되고 있다.
>
> [네이버 지식백과] 스토리보드 [Storyboard] (두산백과)

스토리보드의 역사는 찾아보면 인터넷 등에서 자료를 쉽게 찾을 수 있으니 참고하시고, 이 책에서는 제 경험을 토대로 15년 동안의 작업방식과 작업환경의 변화에 대해서 함께 공유해보고자 합니다.

애니메이션용 지면 스토리보드

제가 처음 스토리보드를 접한 건 2002년쯤 대학생 때 애니메이션 학과를 전공하면서부터였습니다. 당시 일본은 세로 방식이었고, 외국 업체는 가로 형식이었습니다. 저는 가로로 된 A3 용지에 칸을 넣어 학교에서 복사해서 썼습니다. 작업 방식은 연필이나 샤프로 직접 그렸고, 수정도 지우개로 했습니다. 상당히 직관적이고 오래된 방식으로, 스토리보드를 보고 바로 제작을 못하고 레이아웃 단계나 스캔된 이미지를 미리 이어 붙여 애니매틱스를 단순하게 만들어 보면서 보완 작업이 꽤 많이 필요했습니다.

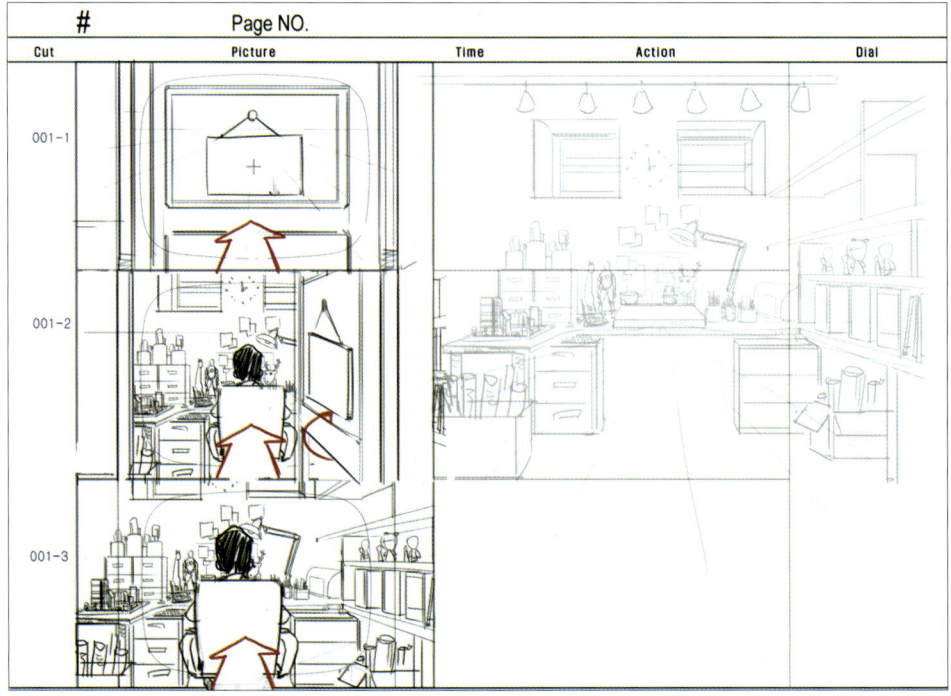

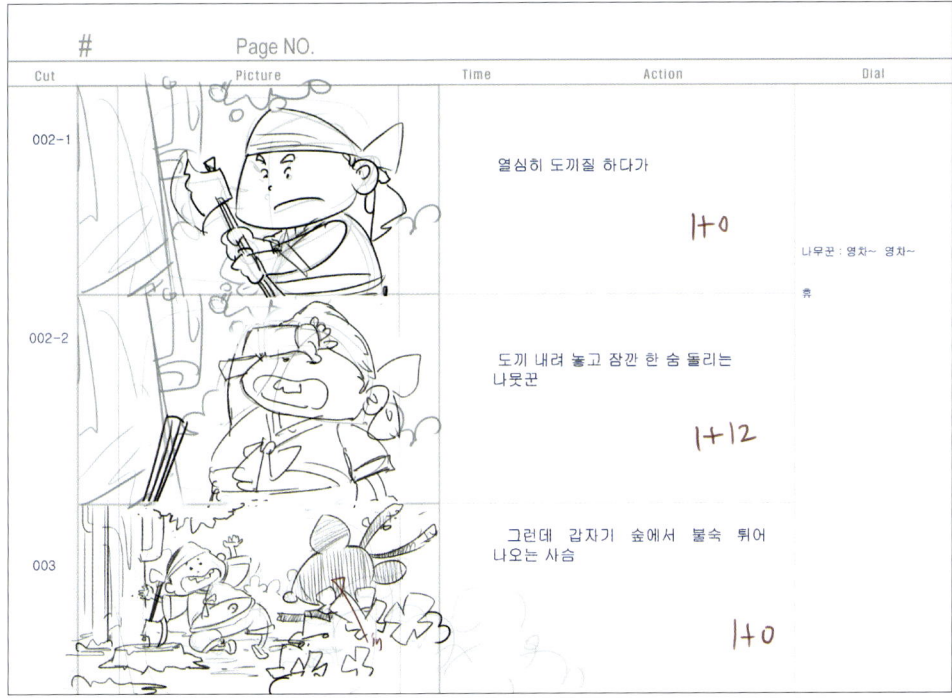

광고용 콘티

지금은 콘티, 스토리보드를 혼용해서 쓰고 있지만 원론적으로는 비슷한 역할을 합니다.
제가 콘티라는 말을 쓰고 접해 본 건 학창 시절 아르바이트로 광고 콘티를 그릴 때였습니다. 애니메이션이랑 다르게 실사 촬영을 위한 것이기 때문에 컷 수가 더 적고 그림을 좀 더 깔끔하게 그렸던 기억이 납니다. 조명이나 표정 그리고 광고 대상이 되는 물건의 디테일을 살려 최대한 현장에 있는 사람들에게 영감을 주기 위한 목적입니다. 저는 그림만 그려주고 제작사 측에서 용도에 맞게 지면 설명문을 만들어 스태프들과 공유했었습니다.

그림을 그리고 카메라 워크를 간단하게 지면에 그렸습니다.

광고용 콘티는 주제의 묘사가 중요 합니다. 음식을 먹음직스럽게 그리고 사람들의 리액션을 자세히 표현합니다.

인물은 실사 배역에 맞게 묘사합니다.

영화용 콘티

본격적으로 직장인으로서 일을 시작하게 된 것은 영화 콘티였습니다. 원래는 전공인 애니메이션 쪽으로 일 하고 싶었지만 그 당시에는 아직 2d 기반의 제작 외주 회사가 많아서 스토리보드팀이 있는 애니메이션 회사는 정말 적었고 저는 일단 채용 공고가 있었던 영화전문 콘티회사에 들어 갔습니다. 기본적인 느낌은 광고 콘티랑 유사 했으니 규모나 아웃풋에서 차이가 있었습니다.

일단 영화는 분량이나 제작 기간이 길었기 때문에 팀작업으로 제작해야 되는 것이 가장 큰 차이점이었습니다. 팀장이 먼저 연출 주최측(감독, 제작사)와 연출적인 가이드를 잡고 글 콘티를 작성하고 실제로 콘티를 그리는 사람들에게 일을 줍니다. 그러면 콘티 아티스트들이 지면에 콘티를 그리고 그것을 스캔해서 후반작업 (톤, 효과, 화살표)을 통해 이미지를 완성하고 완성된 이미지는 ppt 파일로 시나리오의 지문이나 대사와 함께 편집해 콘티북을 만듭니다. 그 콘티북은 촬영장에서 모든 주요 스탭들에게 나눠지고 제작관련 모든 상황에 매뉴얼 역할을 하게 됩니다.

예전에는 지면에 그림을 직접 그리고 스캔을 해서 편집으로 후 보정을 했습니다.

미리 해당 프로젝트에 비율에 맞춰서 프레임을 프린트 해서 그렸습니다.
(요즘은 지면의 직접 그리는 것은 줄어 들고 액정타블렛을 이용해 직접 디지털 드로잉 합니다.)

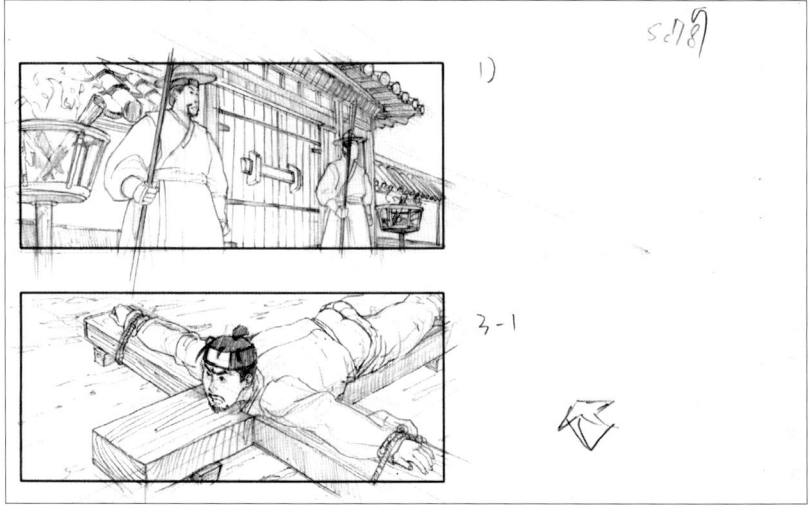

예전에는 지면에 그림을 직접 그리고 스캔을 해서 편집으로 후 보정을 했습니다.

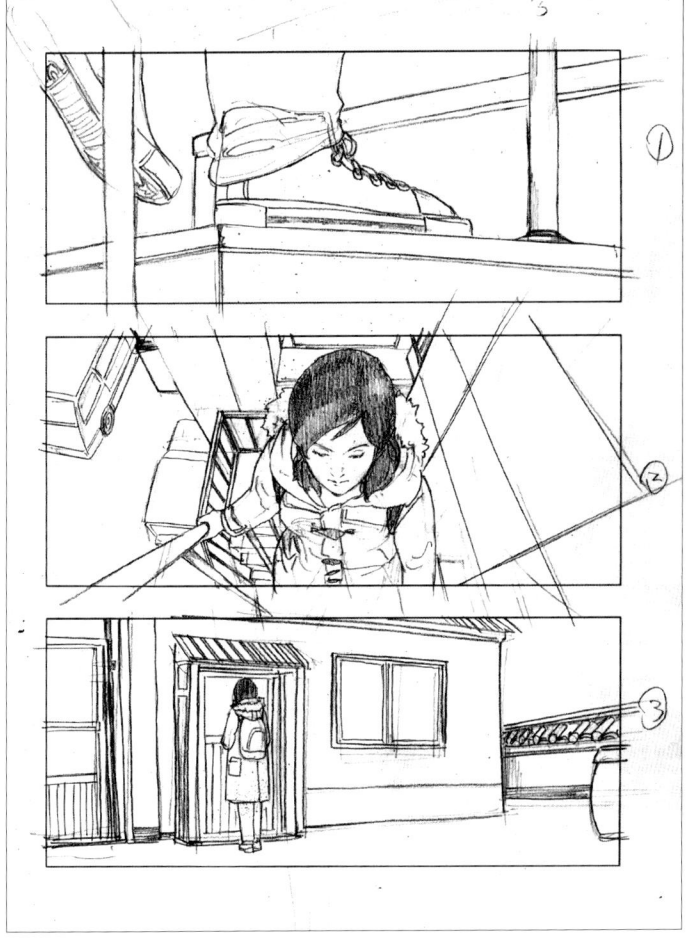

경우에 따라서 배경이 바뀌는 카메라 워크도 일일히 그려서 표현 합니다.

애니메이션용 애니메틱스

현재 가장 발전된 형태의 스토리보드가 아닐까 합니다.
가장 많은 정보를 담고 있고 최종적으로 만들어진 영상과 가장 근접한 형태의 포맷으로 제작자들에게 보여집니다. 애니매틱스란 단순한 이미지 정보만을 담았던 기존의 스토리보드와 달리 시간이란 개념이 더해져서 각각 시퀀스나 씬별로 그려진 그림들을 영상 편집을 통해 우리가 보게 될 영상 결과물과 가장 흡사하게 만들어져 미리 볼 수 있게 하는 것입니다.

애니매틱스의 제작 과정은 기존 스토리보드와 초반 과정은 매우 유사합니다. 시나리오를 받고 컨셉 등을 확인하고 연출자와 사전 회의를 거쳐 영상물에 대한 전반적인 방향을 잡습니다. 그리고 1차 지면 스토리보드를 간단하게 만들어 회의를 통해 순서와 주요 씬들을 정하거나 수정하고 확정된 씬들을 그립니다. (요즘은 드로잉 툴이나 편집이 모두 디지털화되어 더 이상 직접 종이에 그리는 일은 거의 없습니다.)

기존 지면 보드는 여기서 출판물 편집처럼 프린트를 목적으로 한 편집이 진행되지만 애니매틱스는 마치 2D 애니메이션처럼 캐릭터의 움직임이나 사물의 액션, 카메라 워크가 더해지고 영상으로 편집이 됩니다. 영상으로 편집하면서 선 녹음된 성우의 더빙이 들어가고 대사나 전체 씬 타이밍 수정까지 이루어지고 최종적으로는 완성되는 영상과 유사한 2D 애니메이션이 만들어지게 됩니다.

스토리보드와 실제 제작 사이의 애매한 단계인 프리비즈란 스토리보드의 또 다른 형태가 있지만 프리비즈도 결국 스토리보드가 먼저 제작되어야 진행되기 때문에 이 책에서 다루지는 않을 것입니다.

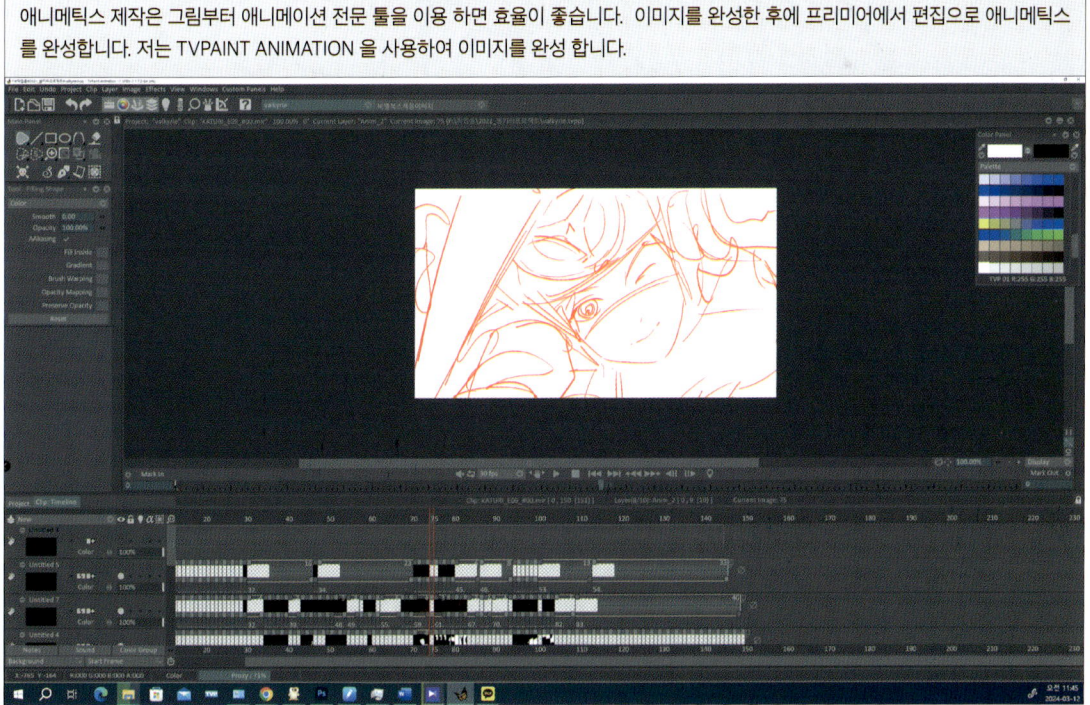

애니매틱스 제작은 그림부터 애니메이션 전문 툴을 이용 하면 효율이 좋습니다. 이미지를 완성한 후에 프리미어에서 편집으로 애니매틱스를 완성합니다. 저는 TVPAINT ANIMATION 을 사용하여 이미지를 완성 합니다.

2. 스토리보드의 역할

연출자의 이미지 욕망 실현

스토리보드는 구현할 결과물을 미리 시각화하여 수정과 보완이 가능하도록 돕는 작업입니다. 스토리보드의 궁극적인 목적은 연출자의 이미지를 실현하는 데 있습니다. 단순히 연출을 구현하는 것이 아니라 '이미지 실현'이라는 표현을 사용하는 이유는, 연출자의 머릿속에만 존재하던 모호한 관념을 누구나 이해할 수 있도록 구체화하는 과정이기 때문입니다.

아무리 뛰어난 의도와 완벽한 영상 연출을 구상하더라도, 그것이 머릿속에만 머문다면 단순한 아이디어에 그칠 뿐입니다. 스토리보드 아티스트는 연출자와 지속적으로 소통하며 이러한 모호한 상태를 해소하고, 실제 제작될 영상과 가장 유사한 형태로 시각적으로 표현합니다.

연출자는 스토리보드를 통해 자신의 아이디어를 구체적으로 구현해 보고, 필요에 따라 수정하거나 더 나은 영상적 아이디어를 보완할 수 있습니다.

훌륭한 스토리보드 아티스트는 단순히 연출자의 의도를 시각적으로 정리하는 것을 넘어섭니다. 연출자의 의도를 깊이 이해한 후, 보다 효과적인 이미지 아이디어를 제안하여 연출자의 의도를 더욱 잘 표현할 수 있도록 돕습니다. 연출자의 구상과 경험 많은 스토리보드 아티스트의 창의성이 결합될 때, 더욱 완성도 높은 연출이 가능해집니다.

> 연출자의 이미지 의도와 실제 스토리보드 아티스트가 그리는 이미지는 항상 차이가 발생합니다. 그 차이를 빠르게 좁히는 것이야말로 스토리보드를 그리는 사람의 중요한 역량입니다.

시나리오의 텍스트를 이미지로 구현함

글로 된 시나리오를 처음 이미지로 전환하는 작업은 스토리보드 아티스트가 담당합니다. 애니메이션이나 영상을 제작하는 수많은 과정 중에서, 글로 쓰인 텍스트를 기준으로 첫 번째 작업을 수행하는 것이 바로 스토리보드 파트이기 때문입니다.

스토리보드를 그리는 사람의 가장 중요한 역할은 연출자가 의도한 영상을 시나리오를 읽고 정확히 파악한 뒤, 자신의 경험과 테크닉을 활용해 구현하는 것입니다. 그래서 스토리보드를 그리는 것만큼이나 중요한 일이 바로 글을 읽고 쓰는 것입니다. 이 단계에서는 시나리오와 설정만 존재하기 때문에, 스토리보드 아티스트는 시나리오를 철저히 분석하고 이를 기반으로 작업할 수밖에 없습니다. 시나리오는 가장 잘 이해해야 할 대상이면서, 때로는 치열하게 고민하고 맞서 싸워야 하는 상대이기도 합니다.

대중을 위한 영상 콘텐츠는 필연적으로 시나리오를 기반으로 합니다. 하지만 시나리오는 기본적으로 '텍스트'이며, 최종 결과물인 영상은 '이미지'입니다. 직관적으로 보이는 영상과 언어로 서술된 텍스트는 본질적으로 상반된 매체입니다. 이 두 요소를 자연스럽게 연결해 주는 것이 바로 스토리보드입니다. 특히 애니메이션 분야에서는 수많은 인력이 참여하여 대규모 공동 작업을 진행하는데, 만약 이 과정에서 스토리보드 없이 영상을 제작한다면 어떤 일이 벌어질까요?

시나리오를 보고 떠올리는 이미지는 사람마다 다 다릅니다. 기준이 없이 각자의 해석대로 애니메이션을 제작하고 수정해 나간다면, 엄청난 시간과 비용이 끝없이 낭비될 것입니다. 마치 탈출구를 모른 채 각자 방향 없이 뛰어다니는 방 탈출 게임과도 같겠지요. 이러한 혼선을 방지하기 위해 반드시 스토리보드가 제작되어야 하며, 스토리보드 아티스트는 텍스트의 특성을 깊이 이해하고 이를 영상 언어에 맞게 적절히 변환하는 작업을 수행해야 합니다.

이러한 '치환 작업'의 예를 들어볼까요? 저는 팀원들을 교육하거나 강의할 때 **"배고프다"**라는 단어를 자주 활용해 설명하곤 합니다. 텍스트와 이미지 코드의 차이를 극적으로 보여주기 위해서인데요. 만약 소설에서 **"주인공 누구누구는 배고프다."**라고 쓴다면, 누구나 자연스럽게 이해할 수 있습니다. 하지만 이 짧은 문장을 영상이나 그림으로 표현해야 한다면 어떻게 해야 할까요?

막상 **"배고프다"**를 그림으로 나타내려 하면 머릿속이 막막해질 수 있습니다. 단순한 문장이지만, 이를 이미지로 변환하는 과정에서는 많은 고민이 필요합니다. 왜냐하면 '배고픔'은 직접 볼 수 있는 형상이 아니라 느끼는 감각이기 때문입니다. 이를 누구나 직관적으로 알아볼 수 있는 이미지로 전달하기 위해서는 다양한 표현 기법이 요구됩니다. 이처럼 스토리보드는 단순한 그림 작업이 아니라, 텍스트를 효과적인 영상 언어로 변환하는 중요한 과정이라고 할 수 있습니다.

한 번 생각해 볼까요?

먼저 배고픔을 느끼는 캐릭터를 설정해야 합니다. 인간일 수도 있고, 동물이나 판타지 속 존재일 수도 있겠죠. 그다음, 어떤 제스처를 취하면 '배고프다'라는 감정을 효과적으로 전달할 수 있을지 고민해야 합니다.

예를 들어, 저는 배를 움켜쥐고 힘없이 터벅터벅 걷는 한 남자가 떠오릅니다. 여기까지는 단순한 배고픔에 대한 즉흥적인 묘사입니다. 하지만 여기에 이미지 연출적 아이디어를 더해 보면 어떨까요?

- 배를 움켜쥔 채 힘이 빠진 표정으로 터벅터벅 걷던 남자.
- 우연히 식당 앞을 지나가다가 맛있는 냄새를 맡고 발걸음을 멈춘다.
- 그의 시선이 창문 너머로 향하고, 그 안에서는 한 커플이 스테이크를 맛있게 먹고 있다.
- 그 모습을 바라보며 무심코 침을 삼키는 순간, '꼬르륵' 하고 배에서 소리가 난다.

이처럼 단순한 '배고프다'라는 문장을 구체적인 시각적 장면과 연출을 더해 표현하면 보다 직관적이고 강렬한 이미지로 전달할 수 있습니다. 스토리보드는 단순한 그림이 아니라, 연출적인 사고가 결합된 영상적 언어로의 변환 과정이라는 점을 알 수 있죠.
어떻게 보이나요? 배고픔이 보여지는 것 같나요?

글로 간단하게 표현될 수 있는 상황이 이미지로 구현할 때에는 많은 장치가 필요합니다.

이렇게 글과 영상은 굉장히 다른 어법으로 작동됩니다. 이를 잘 이해하고 내가 가지고 있는 영상언어 노하우로 누구나 글의 의도를 파악할 수 있는 이미지로 구현해 내는 것이 스토리보드 아티스트의 중요한 역할입니다. 그러기 위해서 시나리오를 많이 읽고 그 것을 영상적으로 해석한 연출 계획을 글로 써보는 것이 그리기만큼 중요한 작업입니다.

제작 매뉴얼

스토리보드의 기능적 역할은 제작자들에게 매뉴얼이 되는 것입니다.

앞서 스토리보드 제작 과정이 연출자의 연출 의도나 의지를 구체화하는 단계였다면, 완성된 스토리보드는 실제 방영되거나 상영될 영상을 제작하기 위한 지침서 역할을 하게 됩니다. 이는 모든 제작 관련 스태프들에게 연출자의 의도와 생각을 동시에 전달할 수 있는 거의 유일한 방법입니다.

만약 구두로 전달하거나 문서화된 설명만으로 제작 지침을 공유한다면, 엄청난 시간 손실과 정확도 저하가 발생할 수 있습니다. 하지만 스토리보드가 애니메틱스(Animatics) 형태로 작업자들에게 제공되면, 완성될 영상의 모습을 미리 확인할 수 있기 때문에 모든 스태프가 동일한 목표를 가지고 작업을 진행할 수 있습니다.

프리프로덕션 단계를 거쳐 본격적인 제작에 들어가면, 스토리보드를 기준으로 모든 작업자가 공통된 연출 의도를 이해하고 일관된 방향으로 작업을 진행하게 됩니다.

제작 효율 및 비용 감소

애니메이션의 경우, 스토리보드 없이 영상 제작 자체가 거의 불가능하기 때문에 스토리보드가 제작 시간과 비용을 절감하는 역할을 한다는 점이 크게 부각되지 않습니다. 하지만 실사 영상에서는 콘티나 스토리보드의 유무에 따라 작업 효율과 비용 차이가 극명하게 나타납니다.

예를 들어, 두 인물이 대사를 주고받는 장면을 촬영한다고 가정해 보겠습니다.
만약 시나리오만 있고 콘티가 없다면, 장면이 어떻게 전개될지 명확하지 않기 때문에 촬영 현장에서 즉흥적으로 컷을 구성하거나, 필요할 것으로 예상되는 모든 컷을 촬영해야 합니다. 이러한 방식은 언제 촬영이 끝날지 예측할 수 없게 만들며, 연기자들도 연출자의 의도를 정확히 파악하지 못한 채 촬영에 임해야 하기 때문에 최종 결과물의 완성도가 떨어질 가능성이 큽니다.

이렇게 비효율적인 방식으로 촬영을 진행한 뒤, 편집 과정에서 필요한 컷이 누락되었다는 사실을 깨닫게 되면 결국 다시 막대한 비용과 시간을 들여 재촬영해야 하는 문제가 발생합니다. 반면, 사전에 콘티를 제작하고 연출적인 이미지를 구체화했다면 훨씬 효율적인 방식으로 촬영을 진행할 수 있으며, 불필요한 재촬영을 방지할 수 있습니다.

과거에는 드라마나 CF 촬영 시 간단한 글 콘티나 구두 설명만으로 연출을 진행하는 경우가 많았습니다. 그러나 최근에는 작품의 규모가 커지고, 프리프로덕션 단계가 더욱 체계화되면서 스토리보드와 콘티를 제작하여 효율적인 시스템을 구축하는 경우가 늘어나고 있습니다. 특히, CG 기술이 실사 영상에 적용되면서 비용과 직결되는 문제들이 발생함에 따라, 사전에 구체적인 콘티를 제작하고 프리비즈(Pre-Visualization) 작업까지 거친 후 본격적인 제작을 진행하는 방식이 일반화되고 있습니다.

스토리보드는 영상 제작에 있어서 마치 제작기차 여행의 철로 역할을 합니다. 정해진 방향과 순서에 맞게 완성이라는 종착지를 향해 가도록 길이 되어 줍니다.

스토리보드 콘티 노트

3. 프레임에 대하여

프레임이란?

본격적인 스토리보드제작에 대해서 말하기 전에 중요한 한 가지 개념을 짚고 시작하겠습니다.
바로 프레임에 대한 설명입니다.

> 스크린에 나타나는 영상의 둘레를 말하며 회화의 액자처럼 그림을 둘러싸는 경계를 가리킨다.
> [네이버 지식백과] 프레임 [frame] (영화사전, 2004. 9. 30., propaganda)

스토리보드는 그림의 범주에 속하지만, 일반적인 그림과는 다른 독특한 제약이 존재합니다. 바로 프레임 안에서만 일어나는 일들을 표현해야 한다는 점입니다. 일반적인 그림이나 일러스트는 작가의 의도에 따라 캔버스 크기를 자유롭게 조정할 수 있지만, 스토리보드는 방영되거나 상영될 매체의 규격에 맞춰 제작해야 합니다. 사진도 프레임의 제한을 받지만, 스토리보드는 시간이 포함된 연속적인 장면을 다루며, 아직 존재하지 않는 장면을 예측하여 그려야 한다는 점에서 차이가 있습니다. 단순히 한 장의 그림을 그리는 것이 아니라, 연출적인 사고와 스토리텔링이 결합된 시각적 설계 과정이 필요합니다.

스토리보드 아티스트에게 필요한 창의력과 스킬이란, 새로운 시나리오, 인물, 주제를 기존의 정해진 규격과 영상언어의 제약 안에서 얼마나 재미있고 흥미롭게 담아낼 수 있는가에 달려 있다고 할 수 있습니다.

프레임 비율에 따라 분류

[4 : 3] - 35mm 필름을 기초로 한 최초의 비율

[16 : 9] - [4:3]과 [2.35 : 1] 평균치를 상정하여 HD 포맷을 정함.

[1.85 : 1] - 1954년 미국의 파라마운트 픽처스 사가 텔레비전의 광범위한 보급과 20세기 폭스 사의 시네마스코프 포맷에 대응하기 위하여 만든 1.66:1 혹은 1.85:1 화면비율의 와이드스크린 상영 방식이다. 비스타 사이즈라고도 부른다.

[2.35 : 1] - 시네마스코프(CinemaScope)는 20세기 폭스가 1953년에 개발한 와이드스크린 상영 방식이다. 아나모픽 렌즈와 특수한 35mm 필름을 이용해 상의 좌우를 2배로 압축시켜 촬영하고, 상영할 때는 그것을 다시 펼쳐 2.39:1 화면비율의 웅장한 화면을 보여주는 시스템이다.

프레임의 정서적 의미

본격적인 시작에 앞서 프레임에 대한 생각 정의

우리는 여러 종류의 프레임 비율 중에서 가장 보편적인 16:9 HD 표준 규격을 기준으로 진행할 예정입니다. 이 신기한 네모 상자는 단순한 틀이 아니라, 우리의 시선을 의미하는 공간입니다.

인간은 두 개의 눈을 가로로 배치하고 있으며, 시야각 또한 가로로 넓게 형성됩니다. 이러한 신체적 특성으로 인해, 영상의 프레임은 자연스럽게 가로로 긴 네모 형태가 되었습니다. 그리고 이 프레임은 단순한 화면이 아니라, 인간의 본능적인 욕망, 즉 '관음'의 욕망을 담고 있는 창이기도 합니다.

우리는 안전한 공간에서 몰래 보고 싶은 것을 갈망하는 보편적인 욕구를 가지고 있습니다. 영화와 애니메이션, 드라마, 광고 등 모든 영상 콘텐츠는 이런 본능적인 시각적 욕망을 충족시키기 위해 존재하며, 스토리보드를 배우는 이유 또한 이 욕망을 효과적으로 구현하기 위해서입니다.

앞으로 배우게 될 모든 내용은 이 프레임 안에서 자유롭게 연출하는 방법을 익히기 위한 과정입니다. 이 원리를 이해하고 습득하면, 더욱 효과적인 영상 연출을 할 수 있습니다. 앞으로의 학습 과정에서 이 점을 꼭 기억하며 내용을 익혀 나가길 바랍니다.

구체적인 예로 프레임의 관한 정서를 이해

프레임은 기본적으로 사람의 시선을 대변합니다. 사실 이 후로 책에 담을 모든 내용은 여기서 출발하고 이를 이용해 내가 원하는 연출을 관객에게 의도 되로 잘 전달하는 방법들입니다.

예를 들어보겠습니다.
하늘을 나는 새를 영화나 영상에서 보여줄 때 어떻게 촬영될까요?
새의 등 보다는 배가 보이는 로우 앵글로 보여주는 경우가 많습니다.

> 흔히 새를 그림이나 영상으로 표현할 때 로우 앵글로 그려지는 이유는 사람이 항상 새를 올려다보는 것이 익숙하기 때문입니다.

책상의 볼펜이나. 마우스를 영상에서 인서트를 잡을 때는 약간 하이앵글에서 망원 느낌으로 깔끔하게 촬영되는 것을 볼 수 있습니다. 왜 이렇게 보여지게 될까요?

그 이유는 우리는 나는 새를 올려다보게 되고 마우스는 당연히 우리 얼굴 보다 아래에 있기 때문에 내려다보게 됩니다.

영화에서 책상의 작은 소품을 인서트 보여줄 때 자연스럽게 하이앵글로 보입니다.

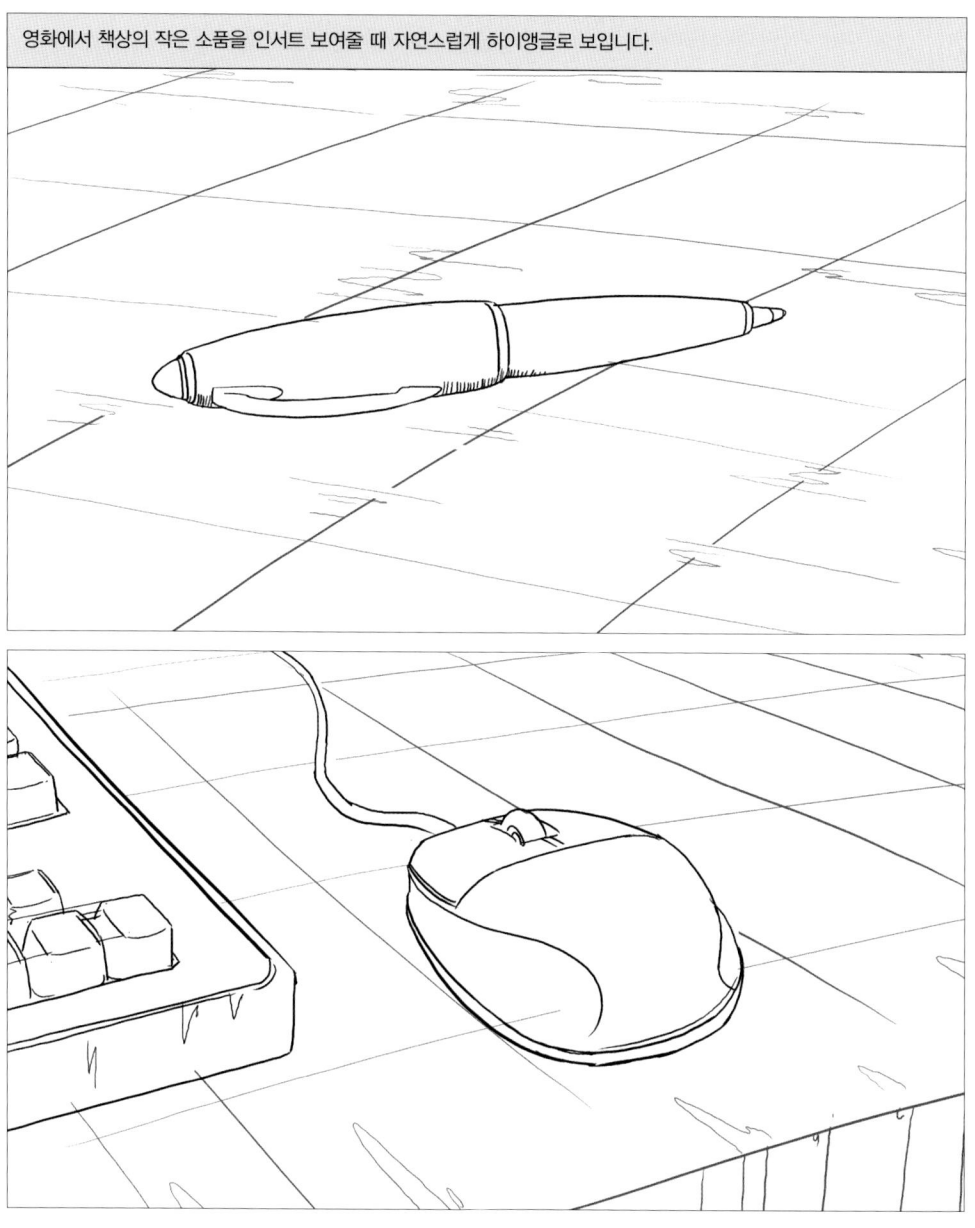

이처럼 별것 아닌 이미지들도 우리가 보기에 어색하지 않도록 항상 우리가 익숙하게 봐왔던 관점에서 촬영되거나 그려집니다. 만약 우리가 50미터가 넘는 거구이거나, 10센티미터 정도의 작은 키를 가지고 있었다면 보편적인 시각적 정서 또한 완전히 달라졌을 것입니다.

Part 03. 프레임에 관하여

우리가 엄청 큰 거인이라면 산과 들이 앞마당처럼 느껴질 것입니다.

우리가 아주 작은 곤충처럼 키가 작다면 기본적인 레이아웃은 주변의 작은 풀이 엄청나게 큰 나무처럼 보일 겁니다.

사람은 2미터가 되지 않는 키에 세로로 길쭉한 신체 구조를 가지고 있으며, 가장 높은 곳에 위치한 머리에는 양옆으로 두 개의 눈이 달려 있습니다.

프레임은 이러한 인간의 신체적 특성과 시선의 방향을 반영하며, 자연스럽게 우리의 시각적 경험을 기반으로 한 구도를 형성합니다.

여러분들이 영상 연출이나 좋은 이미지를 보여주고 싶어서 레이아웃을 정할 때 항상 사람이 가지고 있는 보편적 정서를 깊이 생각 해 보고 자신의 기준을 만들길 바랍니다. 자신의 생각을 백색 공포증에 굴하지 않고 자유롭게 그려낼 수 있도록 이 책이 여러분들을 도울 것입니다.

4. 레이아웃

앞서 우리는 프레임의 의미에 대해 생각해 보았습니다.

우리는 어쩔 수 없이 프레임 안에서 시청자들에게 이야기를 전달해야 하기 때문에, 이 사각형 틀을 잘 이해하고 활용하는 것이 중요합니다. 프레임을 효과적으로 활용하는 가장 기초적인 방법은 좋은 레이아웃을 구성하는 것입니다. 스토리보드는 연속적인 이미지의 흐름을 형성하는 형식이기 때문에, 결국 좋은 스토리보드를 제작하려면 좋은 이미지를 표현할 수 있어야 합니다.

이 책에서 앞으로 설명할 레이아웃 구성법들은, 제가 팀장으로서 신입 팀원들이 처음 스토리보드를 접하고 업무를 시작할 때 가장 힘들어했던 부분들을 효과적으로 이해하고 실무에 적용할 수 있도록 수년에 걸쳐 정리한 자료들을 기반으로 구성되었습니다. 따라서 이 책의 내용을 순서대로 하나씩 따라 그려 보신다면, 스토리보드를 제작하는 분들에게 큰 도움이 될 것입니다.

Volume(볼륨; 화면의 질량감)

화면에 무엇을 담느냐에 따라 일종의 무게감이 형성됩니다.

어떤 책에서는 이를 '공간'으로 해석하기도 하지만, 레이아웃을 지속적으로 고민하는 입장에서 보면 '질량'으로 해석하는 것이 더 이해하기 쉬운 개념이라고 생각됩니다. 스토리보드는 이미지의 연속성을 가지는 독특한 작업이지만, 결국 보편적인 이미지 미학에서 출발합니다. 그렇기 때문에 레이아웃은 스토리보드에서 가장 중요한 요소 중 하나라고 할 수 있습니다.

좋은 레이아웃을 구성하기 위해 가장 중요한 소양은 화면에 담기는 피사체, 오브젝트, 배경, 그리고 특정 공간을 '질량'으로 인식하는 시선의 전환입니다. 이 개념을 지금도 가장 중요하게 여기며, 작업이 끝난 후에도 항상 이 기준을 바탕으로 레이아웃을 수정합니다.

프레임을 기준으로 피사체가 배치되거나 촬영될 때, 그 프레임 안에서의 볼륨감이 시각적으로 형성됩니다. 보는 이에게 자연스럽게 공간감을 전달하며, 이를 긍정적으로 혹은 다소 불편하게 느낄 수도 있습니다.

VOLUME의 이해

화면 안에서 주 피사체를 볼륨으로 이해하면 레이아웃 구성이 훨씬 쉬워집니다. 하지만, 처음 그림을 그릴 때 이를 신경 쓰는 것은 쉽지 않게 느껴질 수 있습니다.

예를 들어, 백지 위에 아름다운 캐릭터를 그려보려고 할 때를 생각해 보겠습니다. 대부분 얼굴부터 시작해서 몸통을 점차 완성해 나가다 보면, 어느 순간 연필이 종이의 모서리를 벗어나 버리는 경험을 한 적이 있을 것입니다. 이런 현상이 발생하는 이유는, 처음부터 종이 전체를 인식하지 않고, 자신이 편한 위치에서 그림을 시작했기 때문입니다.

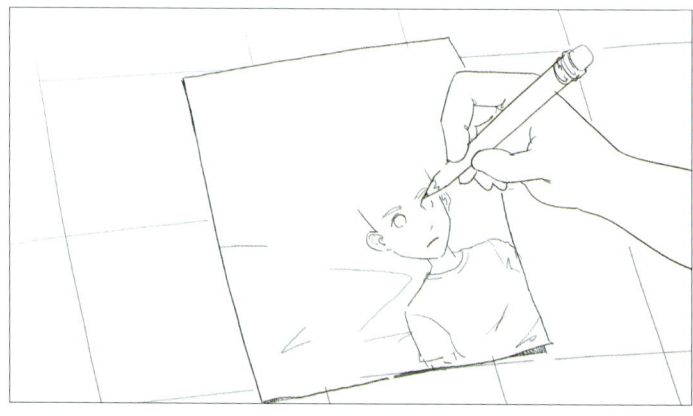

아무 생각 없이 떠오르는 대로 얼굴부터 종이에 그리기 시작하면, 그리다가 종이 구석에 막혀 그리고 싶은 부위를 그릴 수가 없게 됩니다.

그렇다면 처음부터 좋은 위치를 잡으려면 어떻게 해야 할까요?

일단 볼륨을 쉽게 이해하는 것부터 시작합니다.
여기 16:9 프레임에 상자가 1개 있습니다. 이제 이 상자를 주 피사체라고 가정하고, 한 번 프레임 끝으로 옮겨 보겠습니다.

어떻게 보이시나요 보기 편한가요 ?
혹시, 저 프레임 속 피사체가 프레임 끝에 닿을 듯 말 듯 한 것이 신경 쓰이고, 가운데 쪽으로 조금 옮기고 싶지는 않으신가요?

그렇습니다. 누가 가르쳐주지 않아도, 사람들은 프레임 안에서 한쪽으로 치우친 피사체를 보기 힘들어하며, 이를 수정하고 싶어하는 본능적인 의지를 느낍니다. 이 현상은 우리의 시각적 균형을 맞추려는 보편적인 정서에서 비롯됩니다. 따라서, 레이아웃을 따로 공부하지 않았거나 미술 교육을 받지 않은 사람들도 자연스럽게 이러한 불균형을 감지하고 조정하려는 경향을 보입니다.

좋은 레이아웃의 시작은 바로 이 보편적인 시각적 의지를 실현하는 것입니다. 즉, 사람들이 자연스럽게 보고 싶어 하는 것을 적절한 위치에 배치하여 편안하게 전달하는 것이 좋은 레이아웃을 구성하는 첫걸음이라 할 수 있습니다.

화면에 배치 하는 오브젝트를 볼륨으로 이해하고 균형을 맞추면 아래와 같이 서로 다른 질량의 볼륨을 각각 균형 있게 배치한 레이아웃을 구성 할 수 있습니다.

각각의 볼륨을 무게감으로 바라보고, 큰 볼륨을 단독으로 배치한 뒤 작은 볼륨들을 균형 있게 모으면, 프레임 안에서 더욱 안정적인 구도를 형성할 수 있습니다.

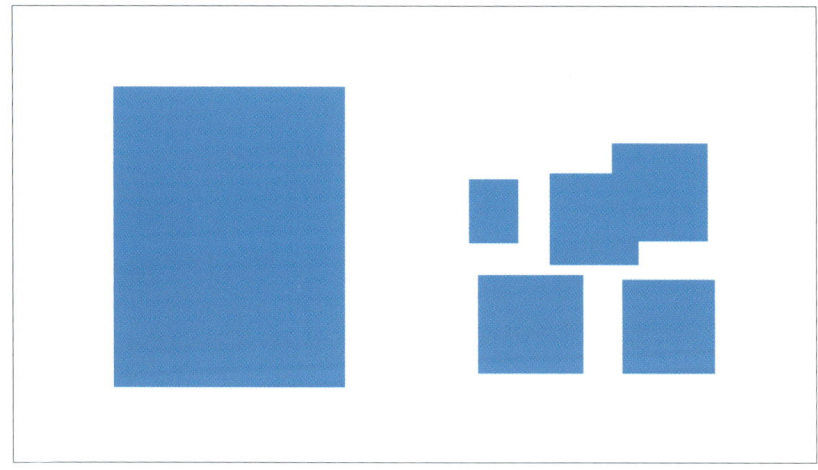

볼륨의 균형을 실제 스토리보드에 적용한 레이아웃입니다.

볼륨 배치를 기준으로, 거대한 몬스터와 이에 맞서는 파티원들을 주제로 한 대표적인 레이아웃을 구성해 봅니다.

화면과 볼륨의 자성

실제로 화면 속의 오브젝트나 피사체가 물리적인 자성을 지니는 것은 아니지만, 우리 눈은 특정한 상황에서 심리적 착시를 일으킵니다.

이러한 현상을 잘 이해하면 더 나은 화면 구성을 하는 데 큰 도움이 됩니다. 화면 안에서 볼륨(피사체)의 크기, 질량감, 위치에 따라 시각적인 '자성'이 형성됩니다. 즉, 피사체의 배치와 크기에 따라 시청자의 시선이 끌리는 방향이 달라지며, 화면의 균형이 결정됩니다. 이러한 심리적 시각 효과를 활용하면, 더욱 안정적이고 조화로운 레이아웃을 만들 수 있습니다.

화면 가장자리에 볼륨이 아슬아슬 가까이 위치하게 되면 마치 자석처럼 붙을 것 같은 느낌이 나서 보는 사람을 불안 하게 만듭니다.

화면에서 볼륨이 적당한 위치에 있으면 자성이 균등하게 분포되어 자성이 느껴지지 않습니다.

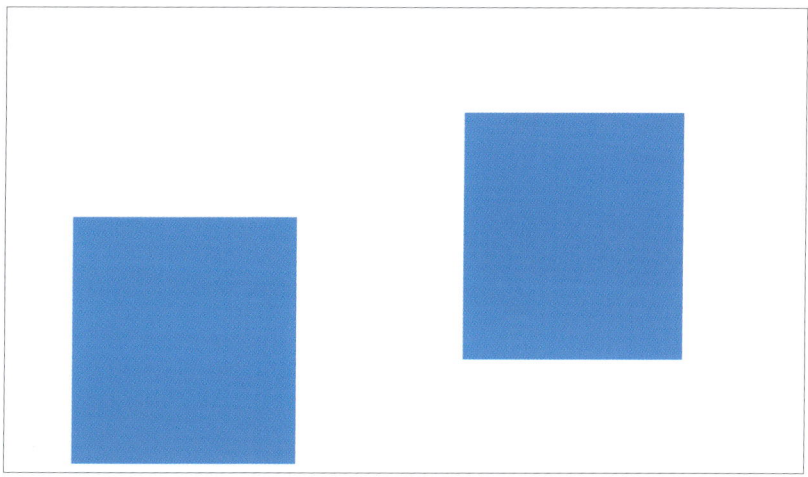

같은 크기의 볼륨이지만 위치가 프레임 가장자리에 가까이 가게 되면 마치 프레임에 달라붙을 것 같아서 불안감을 줍니다.

화면의 자성이 균형이 전체적으로 조화로운 위치에 있으면 시각적으로 편하게 느껴집니다.

프레임과 피사체와의 균형을 이루고 있다

Part 04. 레이아웃

볼륨이 극단적으로 프레임에 걸쳐서 자성이 불균형이 되는 경우 시선이 분산되어 보기 불편함을 느끼게 됩니다.

두 피사체가 프레임 양쪽에 배치가 되어서
시선이 나누어지면서 보는 것이 불편하다

49

볼륨이 다 수일 경우 화면에 크게 자리 잡은 큰 볼륨은 주변의 작은 볼륨들을 끌어당기듯이 보입니다.

> 비슷한 간격으로 배치된 볼륨이라도 질량이 큰 볼륨이 시각적으로 더 강한 존재감을 가지며, 주변 요소를 끌어당기는 느낌을 줍니다

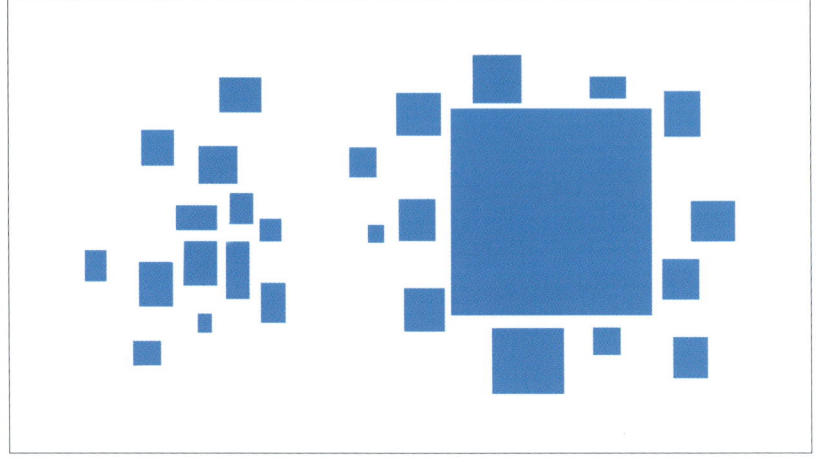

> 작은 볼륨들끼리 모여 있을 때와 큰 볼륨이 작은 볼륨과 함께 배치될 때는 완전히 다른 분위기를 형성합니다. 특히, 큰 볼륨은 시각적으로 무게 중심을 형성하며, 마치 작은 볼륨들을 끌어당기는 인상을 줍니다.

> 큰 볼륨 주위를 작은 볼륨들이 둘러싼 구성과 단독으로 놓인 볼륨을 대비시켜 배치하면 강한 대비를 만들어내며 극적인 연출 효과를 극대화할 수 있습니다.

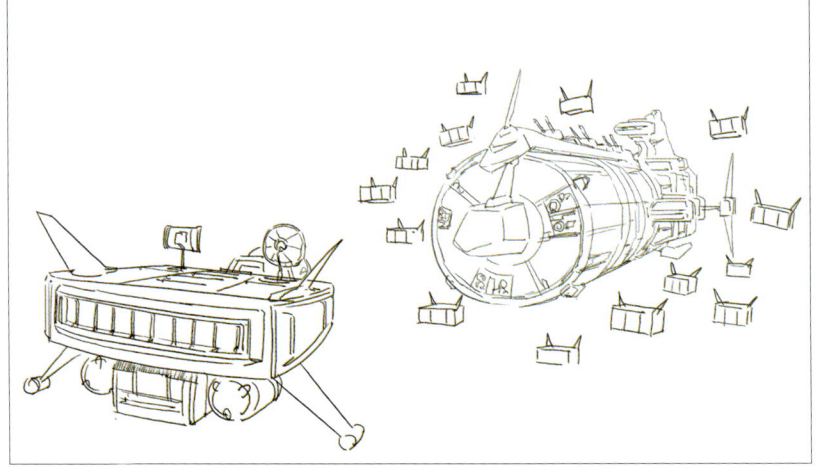

볼륨의 종류 (포지티브 볼륨, 네거티브 볼륨)

이렇게 프레임 안에서 볼륨과 볼륨 사이, 그리고 볼륨과 프레임 사이에서 발생하는 '자성'이라는 착시 현상을 이해하면, 볼륨의 특성을 활용하여 더욱 균형 잡힌 레이아웃을 구성할 수 있습니다.

이제 구체적으로 볼륨을 활용해 레이아웃을 잡는 방법을 살펴보겠습니다.
레이아웃을 잘 구성하려면 기존의 '피사체 중심' 사고방식에서 벗어나야 합니다. 그 이유는 우리가 그림을 그리거나 사진을 찍을 때, 대상(피사체)만 집중해서 바라보면, 프레임과 피사체의 관계를 인식하기 어려워지기 때문입니다.
예를 들어, 그림을 완성하고 나면 얼굴이 화면의 이상한 구석에 배치되어 있거나, 촬영한 사진이 어딘가 불안정하게 느껴지는 경우가 많습니다. 이러한 실수를 방지하기 위해서는, 볼륨을 두 가지로 나누어 인식할 필요가 있습니다. 바로, 포지티브 볼륨(Positive Volume)과 네거티브 볼륨(Negative Volume)입니다. 이 두 가지 볼륨을 인지하고 서로 보완하는 원리를 이해하는 것이 좋은 레이아웃의 핵심입니다.

그럼 포지티브 볼륨과 네거티브 볼륨의 개념과 효과적인 레이아웃을 구성 방법을 설명하겠습니다.

- **포지티브 볼륨(POSITIVE VOLUME)**
"화면의 주제를 담당하는 피사체"

- **네거티브 볼륨(NAGATIVE VOLUME)**
"피사체를 감싸는 그 외 영역 또는 배경"

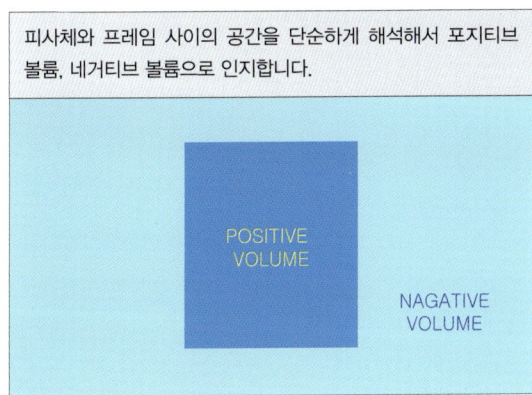

피사체와 프레임 사이의 공간을 단순하게 해석해서 포지티브 볼륨, 네거티브 볼륨으로 인지합니다.

포지티브 볼륨과 네거티브 볼륨을 구분하여 인지해야 하는 가장 큰 이유는, 바로 '네거티브 볼륨'을 제대로 인식하기 위해서입니다. 그림을 구성하는 사람은 주요 피사체인 포지티브 볼륨을 항상 인식하고 있습니다. 하지만 그 나머지를 구성하는 프레임과 피사체의 배경이 되는 네거티브 볼륨을 신경 쓰는 것은 쉽지 않은 일입니다.

우리가 주로 표현하고 싶은 이미지는 포지티브 볼륨이기 때문에, 자연스럽게 그 부분에만 집중하게 됩니다. 하지만 좋은 레이아웃을 만들기 위해서는, 네거티브 볼륨도 적극적으로 인식하고 활용할 필요가 있습니다.

네거티브 볼륨을 인지하면, 주 피사체(포지티브 볼륨)를 프레임 안에서 더 정확하고 보기 좋은 위치에 배치할 수 있습니다. 네거티브 볼륨도 하나의 형태(Form)라고 생각하고, 내가 구성해야 할 또 다른 이미지라고 인식하면, 레이아웃을 보다 쉽게 이해하고 응용할 수 있을 것입니다. 네거티브 볼륨을 공간으로 남겨두는 것이 아니라, 의도적으로 활용하는 것이 중요한 포인트입니다

이미지 단순화

레이아웃을 구성할 때, 반드시 이미지를 단순화하여 무게감을 쉽게 파악하고, 포지티브 볼륨과 네거티브 볼륨을 나누어 각각의 무게 균형을 고려하는 것이 중요합니다.

이미지를 단순화하면 각 볼륨의 위치적 조화를 직관적으로 파악할 수 있으며, 이를 통해 보다 효과적이고 안정적인 레이아웃을 구성할 수 있습니다. 특히, 포지티브 볼륨과 네거티브 볼륨을 단순한 형태로 분석하면, 각각의 위치적 균형을 더욱 쉽게 조정할 수 있어 좋은 화면 구성을 만들 수 있는 기반을 마련할 수 있습니다.

로봇 피사체가 어떤 격납고에 서 있는 모습입니다. 이런 복잡한 피사체도 점차 단순하게 이미지화해서 프레임 안에서의 질량감을 분석해야 됩니다.

머릿속으로 단순화시켜서 피사체는 포지티브 볼륨으로, 공간은 네거티브 볼륨으로 인지합니다. 이 상태에서 레이아웃을 판단하거나 더 좋은 방향으로 조정합니다.

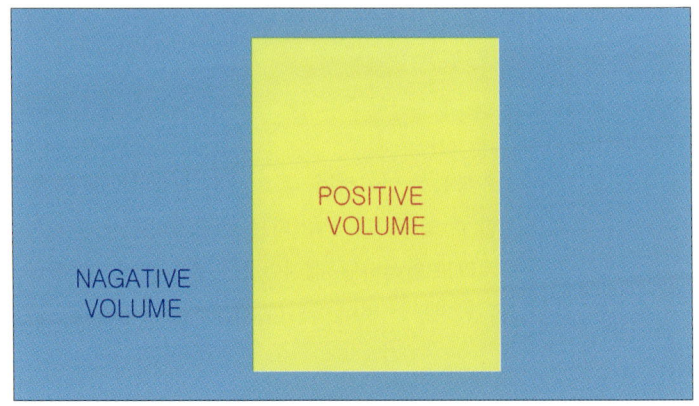

네거티브 볼륨의 인식

볼륨 활용에서 가장 중요한 키워드는 '네거티브 볼륨'입니다.
레이아웃을 처음 접하는 분들뿐만 아니라 경력이 있는 분들도 종종 실수하는 부분이, 포지티브 볼륨에만 집중하여 전체적인 균형을 놓치는 경우입니다. 네거티브 볼륨도 화면 구성의 중요한 요소라고 인식해야 합니다. 포지티브 볼륨뿐만 아니라 네거티브 볼륨의 영역도 반드시 체크해야 합니다.

이 두 볼륨의 균형을 고려하면, 보다 조화로운 화면 구성을 만들 수 있으며, 시각적으로 안정적인 레이아웃을 완성할 수 있습니다.

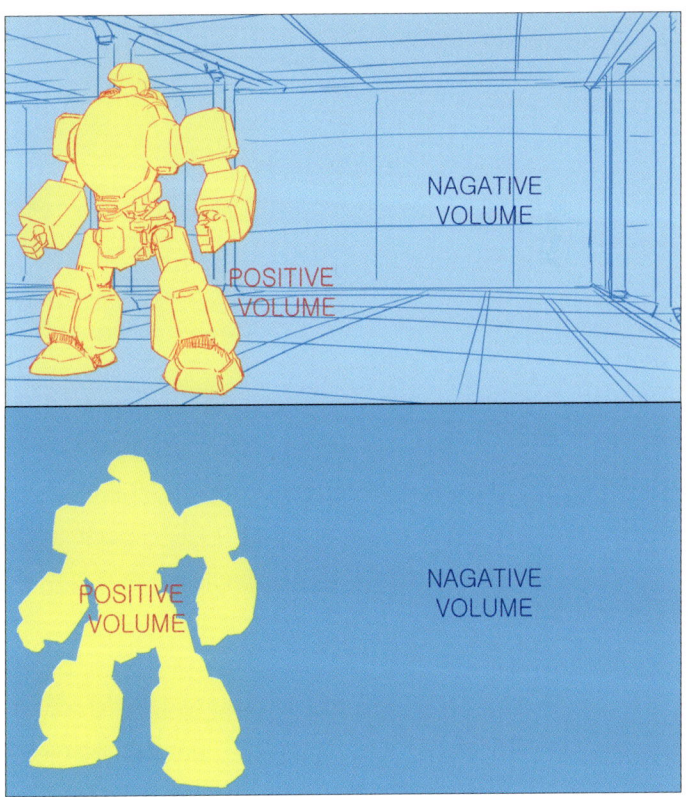

로봇의 위치를 의도적으로 화면의 왼쪽 구석에 배치하여 일부러 불안정한 레이아웃을 구성해 보았습니다.
그러나 로봇 자체의 강한 존재감 때문에 레이아웃의 문제점을 즉각적으로 인지하기가 어렵습니다.
이럴 때는 머릿속에서 이 이미지를 단순화하여 볼륨으로 변환해 보면, 균형과 구도의 흐름을 보다 명확하게 파악할 수 있습니다.

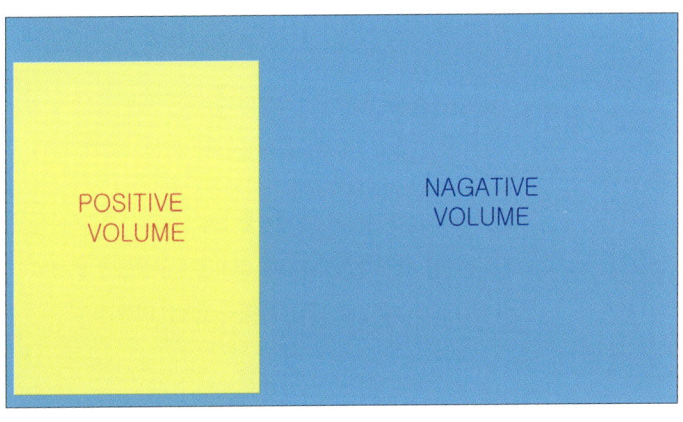

볼륨으로 생각해 보면 포지티브 볼륨이 한 쪽에 치우쳐 있다는 걸 명확하게 알게 됩니다.

여기서 한 단계 더 나아가, 네거티브 볼륨만 존재한다고 가정해 보면 레이아웃의 불균형이 더욱 명확하게 드러납니다. 네거티브 영역의 한쪽이 마치 부러지거나 잘려나갈 듯한 불안정한 형태를 띠며, 구도의 균형이 무너진 것이 한눈에 보이게 됩니다.

볼륨의 활용

위의 그림처럼, 표현해야 할 이미지를 단순화하여 포지티브 볼륨과 네거티브 볼륨으로 인지하고, 포지티브 볼륨의 위치를 조정할 때 네거티브 볼륨의 모양과 프레임과의 관계를 고려하여 균형을 잡으려 한다면, 레이아웃이 무너지거나 보기 좋지 않을 경우 이를 즉각적으로 파악하고 빠르게 수정할 수 있습니다.

한 가지 주의할 점은, 프레임 안에서 피사체를 단순히 가운데 배치한다고 해서 반드시 좋은 이미지가 되는 것은 아니라는 점입니다. **"피사체를 가운데에 두면 안정적일 것이다"** 라는 단순한 생각만으로 작업을 진행하면, 오히려 볼륨의 균형을 제대로 이해하지 못한 채 일관성 없는 구성이 될 수 있습니다.

물론, 단일 볼륨의 경우에는 중앙 배치가 안정적인 구성을 만들 수 있지만, 우리가 표현해야 할 장면이나 이미지는 훨씬 더 복잡한 경우의 수를 포함합니다.

- 여러 개의 볼륨을 한 화면에 배치할 경우
- 크기가 다른 두 개 이상의 볼륨을 조화롭게 구성해야 할 경우
- 여러 개의 피사체가 서로 다른 시각적 무게를 가질 경우

이처럼 다양한 요소가 포함된 복잡한 이미지의 레이아웃을 구성할 때는, 단순히 중앙 정렬이 아닌, 볼륨 간의 관계를 고려한 조화로운 배치가 필수적입니다. 결국, 볼륨을 이해하고 활용하는 것이 좋은 레이아웃을 만드는 핵심 요소라는 점을 반드시 기억해야 합니다.

이제부터 각각 볼륨의 종류를 알아보고 구체적인 예를 소개해보겠습니다.

단일 피사체

단일 피사체는 가장 쉽게 접근할 수 있는 레이아웃 방법입니다. 프레임과 포지티브 볼륨 사이의 적당한 균형을 가운데 배치했을 때 자연스럽게 구성할 수 있습니다. 사람을 그릴 경우 아래 쪽 네거티브 볼륨이 너무 얇아지는 것에 주의해야 합니다. 네거티브 볼륨이 부족하면, 화면이 답답해 보이거나 피사체가 바닥에 '눌린 듯한' 느낌을 줄 수 있습니다. 따라서, 단일 피사체를 배치할 때는 프레임과 볼륨의 균형을 고려하여 적절한 공간을 확보하는 것도 중요합니다.

가장 기본이 되는 단일 피사체 레이아웃입니다. 화면의 자성이 균등하게 분포되어 있어 특정 방향으로 시선이 치우치지 않으며, 안정적인 구도를 형성합니다.

또한, 연출자의 의도에 따라 캐릭터의 시선을 중앙에 더 가깝게 배치하고자 할 경우, 위쪽 공간을 넓게 잡아 조정하기도 합니다.

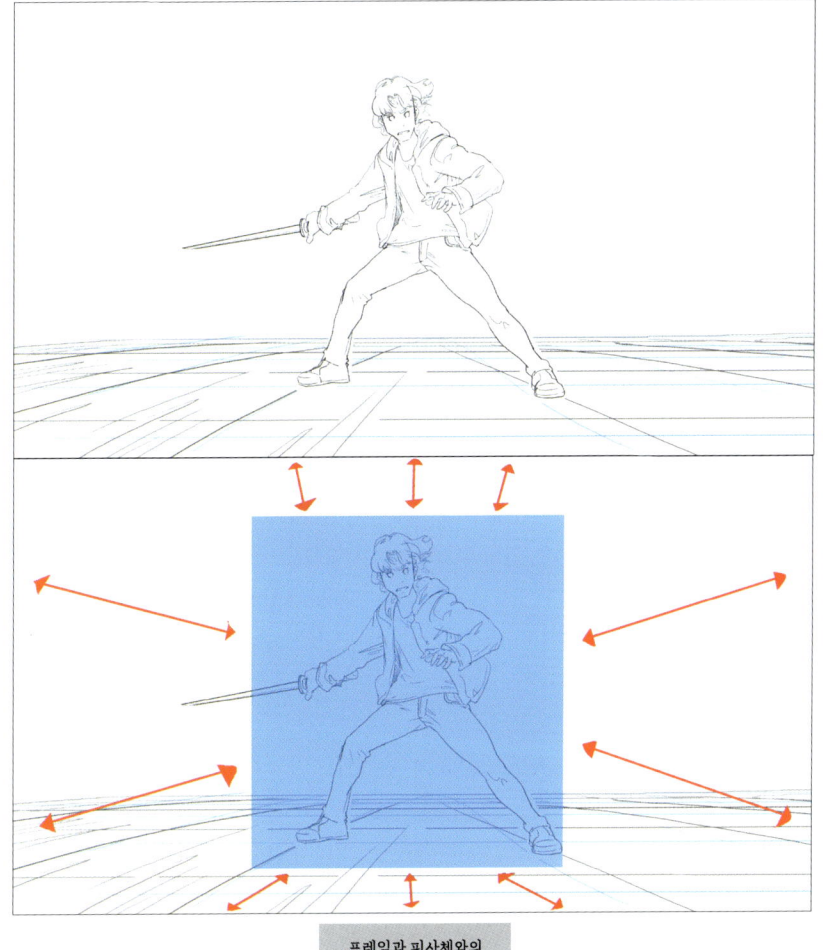

프레임과 피사체와의 균형을 이루고 있다

대사가 있고 2인 이상인 경우

대사가 있는 두 명 이상의 캐릭터가 등장하는 레이아웃은 대부분 좌우로 균형을 맞추어 구성됩니다. 특히, 두 캐릭터의 볼륨이 비슷할 경우, 양옆에 배치하고 네거티브 공간을 양쪽에 균등하게 조정하여 시각적 균형을 유지합니다.

대사를 하는 캐릭터가 다수일 경우 일단 서로를 그룹화를 해줍니다.

서로 같은 팀이나 비슷한 성향의 캐릭터나 사물을 묶어주고 특징이 다른 그룹을 좌우로 배치합니다.

한쪽 캐릭터가 상대적으로 클 경우, 대화 중인 작은 캐릭터들을 그룹으로 묶어 하나의 볼륨처럼 보이게 하면 좌우 무게 균형이 더욱 안정적으로 유지됩니다.

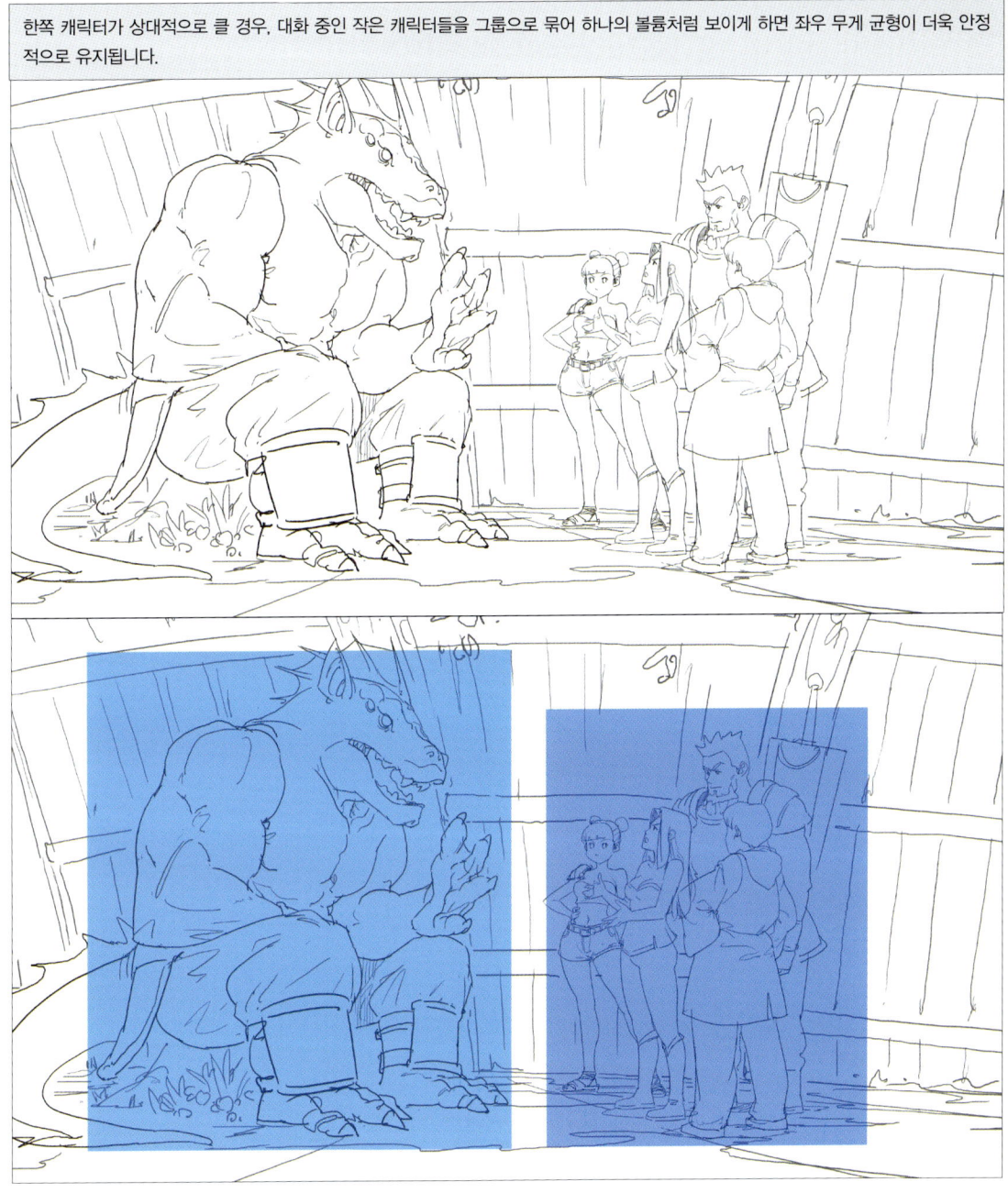

다수의 피사체

다수의 피사체 같은 경우는 크게 두 가지가 있다고 생각합니다.

비슷한 크기의 볼륨들을 비슷한 거리로 가깝게 구성하고 한 군집처럼 가운데 배치하는 경우와 크기가 작은 피사체의 집단의 군집과 크기가 큰 단독 피사체를 서로 양쪽으로 균형을 맞추는 경우입니다.

다수의 피사체를 마치 하나의 볼륨처럼 가운데로 모아서 구성합니다.

화면에 주인공 격인 큰 주요 피사체를 한쪽에 배치하면 작은 피사체들은 반대쪽에 모이게 해서 균형을 이루는 구성입니다.

실제 영상에서 자주 활용하는 볼륨들

이제부터 영상물을 보면서 보기 좋은 레이아웃을 보게 되면 피사체들의 위치와 면적을 단순화시켜 그려 본다면 어렵기만 했던 레이아웃이 조금씩 이해되고 쉬워질 것입니다.

아래에 영화나 애니메이션에서 자주 쓰이는 예제들이 있습니다. 볼륨을 단순하게 생각 해서 전체적인 프레임 안에서 어떤 모양으로 배치되는지 유의하면서 직접 구성해 보길 바랍니다.

포지티브 볼륨 양자 구도

포지티브 볼륨을 화면의 양 끝에 극단적으로 분할한 구도입니다. 이러한 배치는 서로 다른 두 집단의 대비, 개개인의 대립, 혹은 성격 차이를 강조하는 데 효과적입니다.

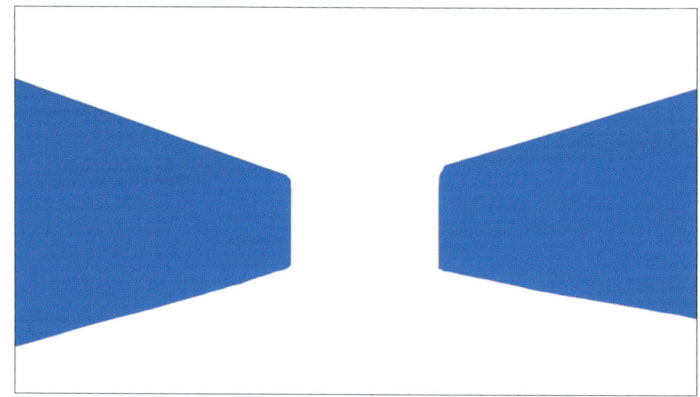

영상에서의 양자 구도 사용하는 예시.
서로 다른 집단처럼 보이는 인물들의 긴장감 있는 대치 묘사할 수 있습니다.

포지티브 볼륨의 강성

피사체가 화면을 가득 채우는 레이아웃입니다. 기본적인 레이아웃 이론과는 다소 어긋나는 듯 보일 수 있지만, 의외로 다양한 연출에서 효과적으로 활용됩니다.

어떤 건물의 외벽을 꽉 채우는 샷입니다. 답답함이 느껴져 위화감과 긴장감을 고조시키고 어떤 일이 일어날 것이지 암시도 합니다.

캐릭터의 딥 클로즈업 피사체를 화면 꽉 차게 찍는 레이아웃은 답답하고 부정적인 이미지를 먼저 생각 하는데 경우에 따라 인물을 클로즈업하는 경우 감정적 몰입감을 상승시킬 수 있습니다.

네거티브 볼륨의 강성

공간을 넉넉하게 넓게 표현한 레이아웃입니다. 네거티브 공간 비율이 넓습니다.

로우 앵글 시선에서 포착한 넓은 바다의 풍경입니다. 수평선이 시야를 가로지르며 탁 트인 공간감과 함께 평온하고 안정적인 느낌을 전달합니다.

언덕 위로 아름답게 펼쳐진 지평선, 그리고 그곳에 홀로 서 있는 한 사람의 뒷모습. 이 샷은 정서적으로 다양한 감정을 불러일으키며, 고독, 기대, 회상 등 보는 이에 따라 여러 감정으로 해석될 수 있습니다.

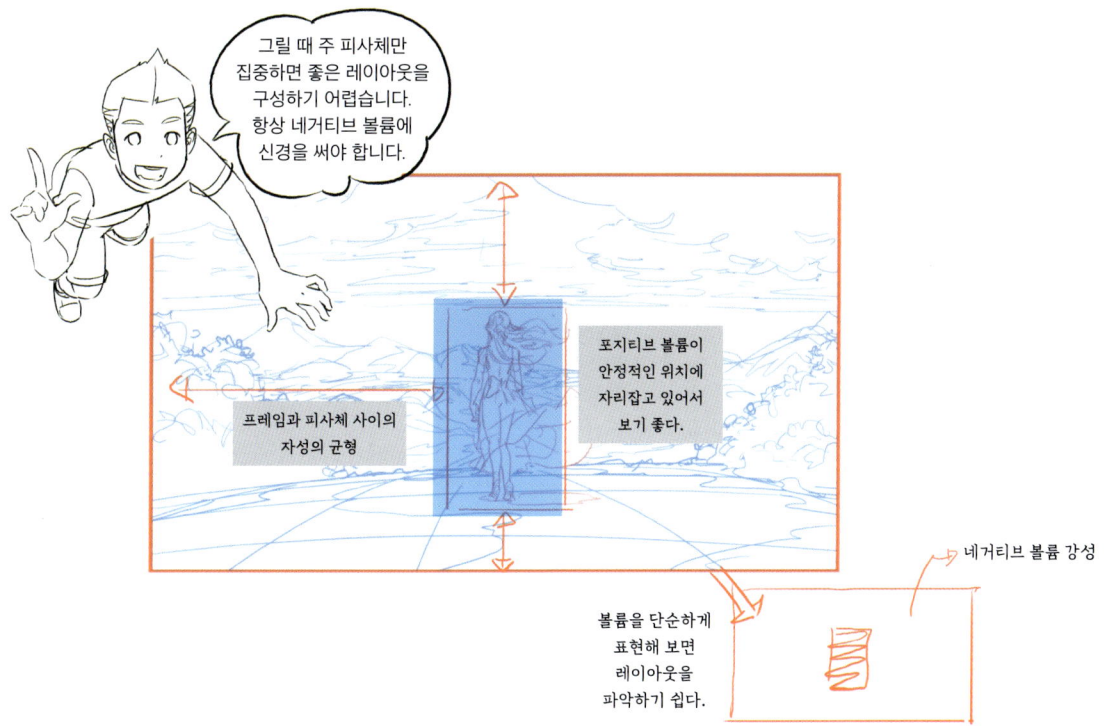

볼륨을 이용한 프레임 변형

우리가 주로 사용하는 프레임은 16:9 비율의 영상 프레임입니다. 하지만 연출에 따라 세로 프레임이 더 효과적일 때도 있습니다. 예를 들어, 인물을 강조하거나 모바일 환경에 맞춘 영상에서는 세로 프레임이 더 적합할 수 있습니다. 이럴 때는 단순히 화면 비율을 조정하는 것이 아니라, 피사체의 위치와 볼륨의 균형을 새롭게 조정해야 합니다.

제가 볼륨 개념을 강조하는 이유는, 프레임이 변하더라도 자연스럽고 안정적인 구성을 유지할 수 있기 때문입니다. 예를 들어, 기존의 16:9 프레임을 세로로 변형할 경우, 가로로 배치된 요소들을 수직적인 구도로 재배치해야 합니다.

이 과정에서 프레임과 피사체 간의 '자성' 원리를 이해하면, 새롭게 구성된 화면에서도 자연스럽고 조화로운 레이아웃을 만들 수 있습니다.

결국, 볼륨과 네거티브 공간을 활용하면, 프레임의 형태가 변하더라도 연출 의도를 효과적으로 유지하면서도 시각적으로 안정적인 구성을 할 수 있습니다.

조명을 이용한 인물 중심적 프레임 형성

가로로 긴 프레임의 비율을 볼륨을 활용해서 프레임의 모양을 세로로 다시 구성할 수 있습니다. 주로 인물에 집중시키고 싶을 때 많이 쓰입니다.

실내에서 열린 문을 통해 밖의 빛이 들어오는 화면입니다. 조명과 배경을 적극적으로 활용해서 가운데에 시선을 집중시킬 수 있습니다.

화면을 일부러 복잡하게 가려서 주 피사체를 집중하는 경우

의도적으로 화면에 복잡한 볼륨들을 불규칙하게 배치하여 오히려 중앙에 있는 피사체를 집중시키는 레이아웃입니다.

혼잡하게 나무들이 화면을 채우고 그 가운데에 탐험가처럼 보이는 캐릭터가 숲길을 걷고 있습니다. 나무들에 의한 경계선들이 절묘하게 캐릭터를 부각시킵니다.

피사체를 이용해서 가로로 길게 가운데 집중하게 프레임을 변형

프레임을 가로로 더 얇게 보이게 하는 구성입니다.

침대 밑에서 숨어 있는 시야는 침대 밖 상황을 살피려 더욱 집중하게 됩니다. 침대 프레임과 그림자에 의해서 방 안의 빛이 시선을 더욱 사로 잡습니다.

스토리보드 콘티 노트

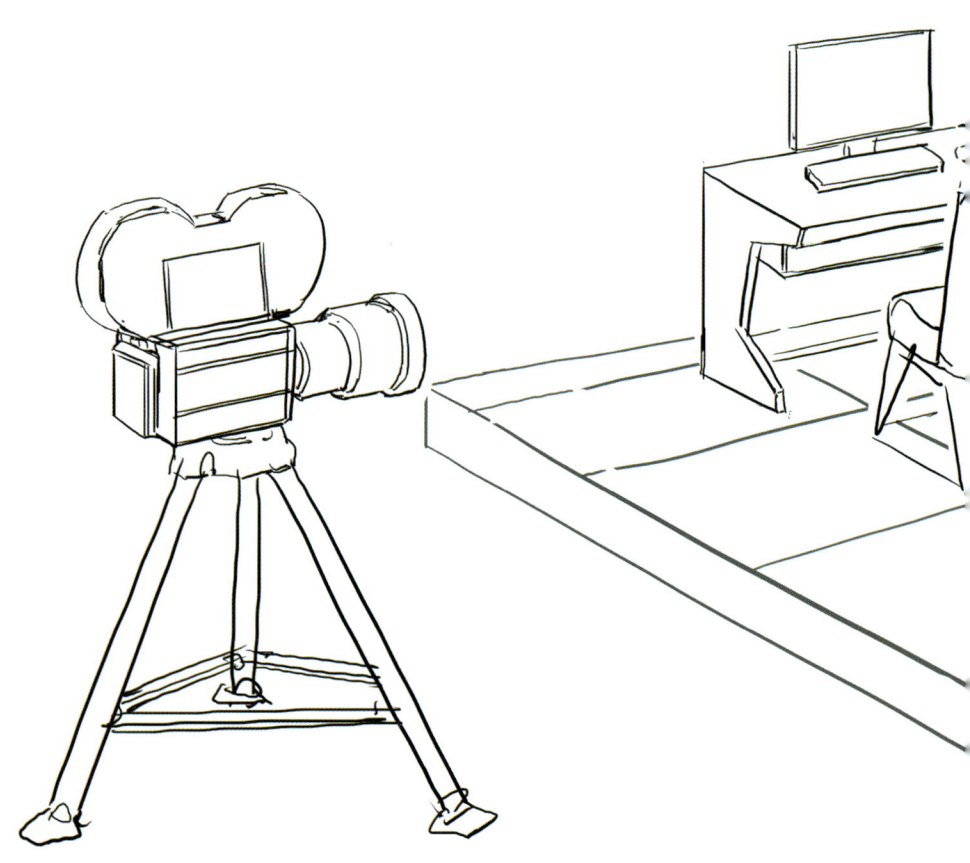

5. 렌즈의 이해

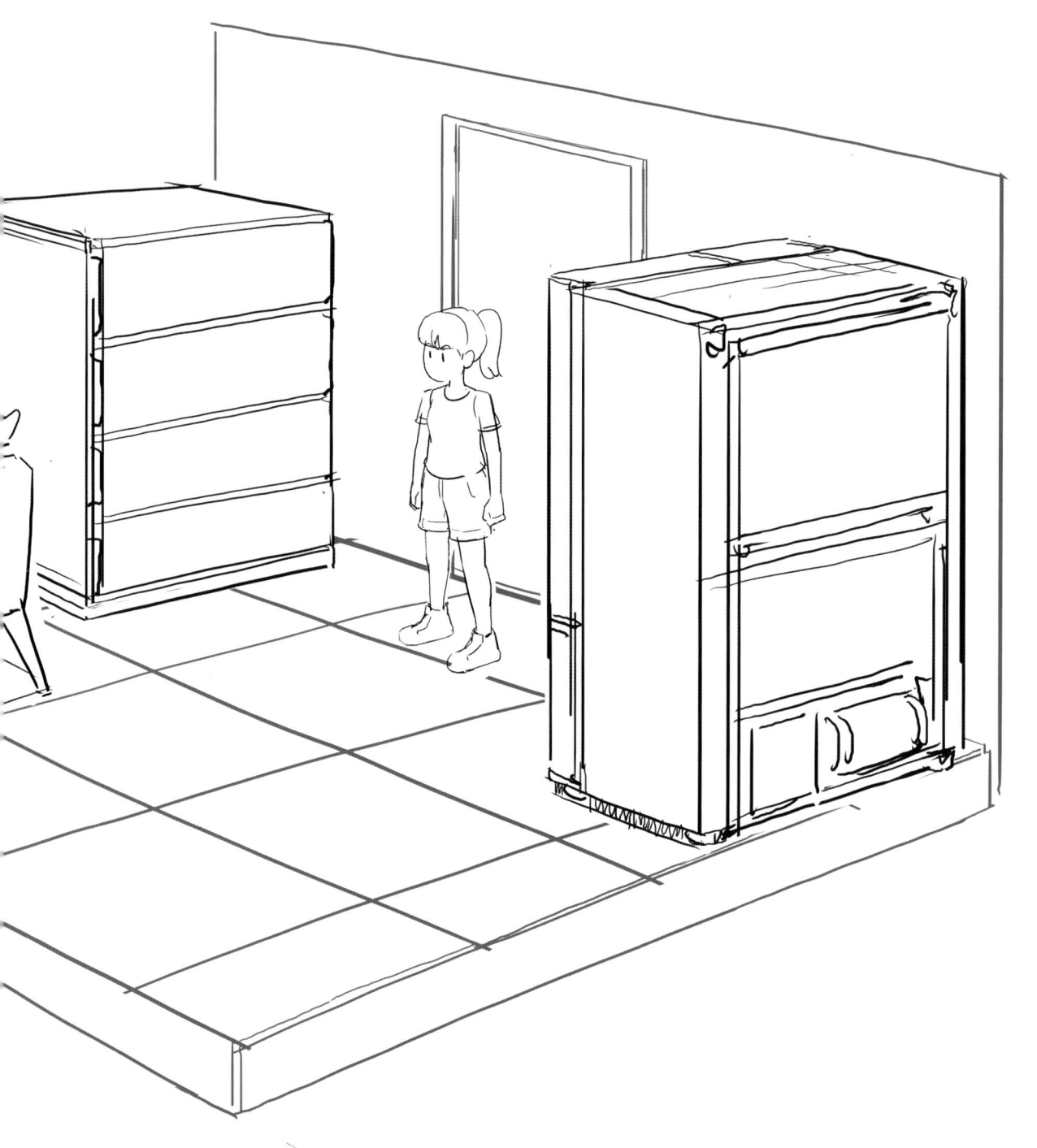

투시도법

이 책을 보시는 분들 중에는 미술이나 그림을 전공한 분들도 있겠지만, 그림을 배운 지 얼마 되지 않은 초보자들도 있을 것입니다. 따라서, 스토리보드 작업에 필요한 기본적인 투시도법과 렌즈 개념을 간단히 소개하려 합니다.

투시도법에는 여러 가지 유형이 있지만, 가장 기본이 되는 1점 투시도를 중심으로 설명하겠습니다.
그 이유는 스토리보드는 그림을 그리는 개념보다는 카메라로 사물을 찍는 개념의 예측도를 그리는 작업이기 때문에 1점 투시도를 기준으로 이해하는 것이 가장 직관적이고 쉽기 때문입니다.
다만, 여기서 주의할 점은 투시도법이 스토리보드 작업에서 만능이 아니라는 점입니다. 모든 연출을 투시 원근감이 강조된 그림만으로 표현할 수는 없습니다. 따라서, 이 개념을 익힌 후, 꼭 필요한 순간에만 적절히 활용하는 것이 중요합니다. 하지만, 공간을 드로잉으로 구성하는 기본적인 방법으로서, 입체적인 구도를 구현하기 위해서는 반드시 알고 넘어가야 할 개념입니다. 이를 잘 익히면 스토리보드 작업에서 더욱 효과적으로 공간을 구성할 수 있을 것입니다.

투시도 조건

투시도법이 적용되는 이미지는 몇 가지 조건을 만족해야 합니다.
표준 렌즈나 광각 렌즈를 사용할 것, 피사체와 카메라의 거리가 가까울 것 등입니다. 이 중에서 가장 핵심 조건은 피사체와 카메라의 거리가 가까워야 한다는 점입니다. 투시도법은 가까운 것은 크게, 먼 것은 작게 표현하는 원근법의 개념을 기반으로 합니다. 따라서, 카메라가 피사체에서 멀어질수록 원근감이 약해지며, 투시도법을 적용하기가 어려워집니다.

지금부터 설명할 투시도법은 '표준 줌 렌즈'를 사용하고, 피사체와 카메라가 가까운 환경을 기준으로 설명됩니다. 이 조건을 염두에 두고 이해하면, 스토리보드 작업에서 보다 효과적으로 투시 원근을 활용할 수 있을 것입니다.

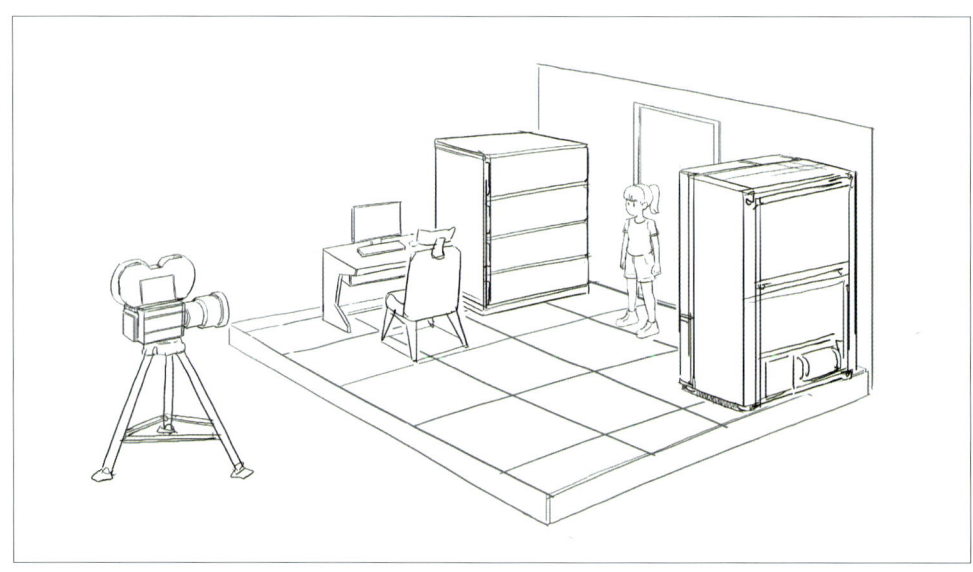

프레임에서 카메라 시선의 높이

프레임에 투시도로 공간을 구성할 때 가장 먼저 해야 할 일은 '눈높이'를 정하는 것입니다.
여기서 말하는 눈높이는 카메라의 설치 높이를 말하며 이는 화면에서 지평선(혹은 수평선)으로 나타납니다. 만약 우리가 실제 물리적인 공간에서 촬영을 한다면, 모든 영상은 이 원리를 기반으로 구현됩니다.

- **표준 앵글 (Standard Angle)** 카메라를 적당한 높이에 설치하면, 지평선이 프레임의 중앙에 위치합니다.
- **로우 앵글(Low Angle)** 카메라를 낮은 위치에 설치하면, 지평선이 프레임의 하단에 위치하게 됩니다.
- **하이 앵글(High Angle)** 카메라를 높은 위치에 설치하면, 지평선이 프레임의 상단으로 올라갑니다.

스토리보드를 제작할 때, 샷을 구성하는 첫 번째 단계는 카메라의 높이를 정하고 이를 지평선으로 표현하는 것입니다. 이 과정을 통해 투시도를 기반으로 공간을 효과적으로 구성할 수 있으며, 장면의 연출 의도를 더욱 명확하게 전달할 수 있습니다.

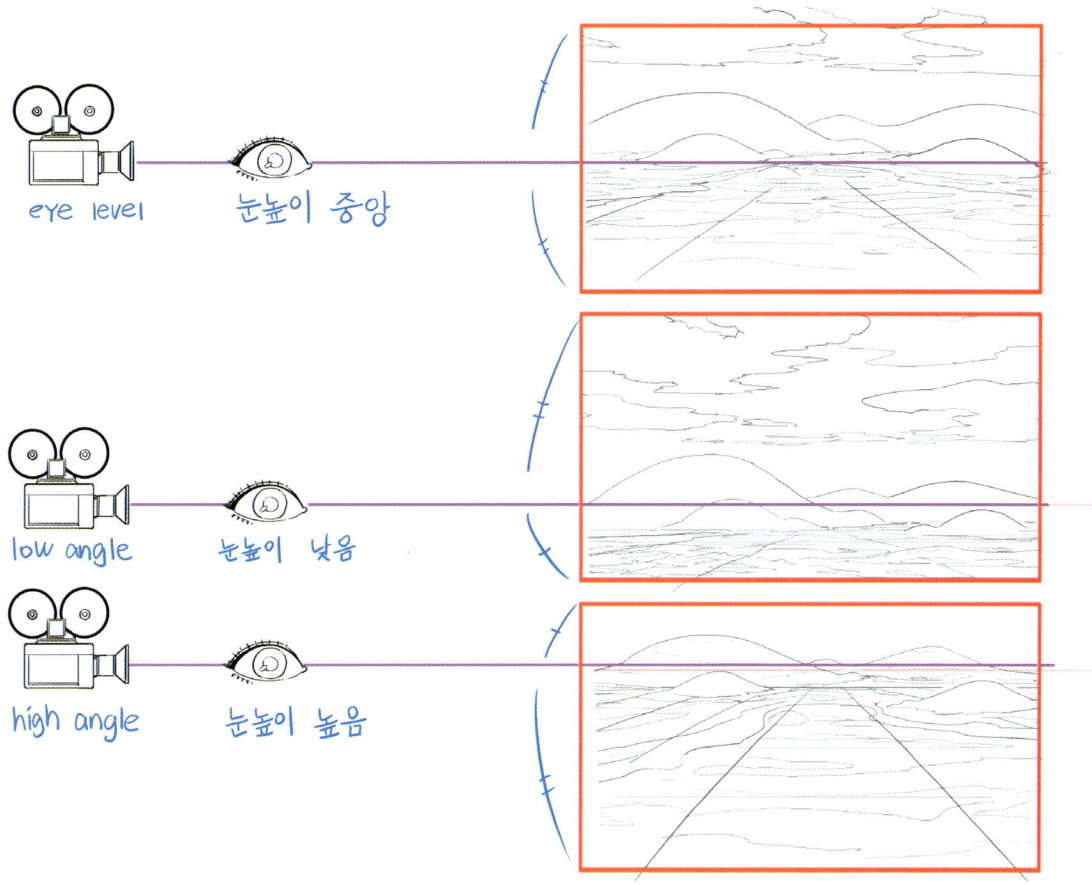

소실점

지평선(수평선)이 설정되었다면, 이제 투시도법의 핵심 요소인 '소실점'을 정할 차례입니다. 소실점은 투시도법을 활용해 입체적인 공간을 구성하는 절대적인 기준이며, 정확하게 이해하고 설정하는 것이 중요합니다.

소실점은 기본적으로 카메라의 시선 방향입니다. 지평선(수평선)이 프레임 안에서 높이였다면 소실점은 시선의 좌우를 정합니다. 그래서 소실점의 위치는 지평선 높이에서만 그 위치를 정합니다.

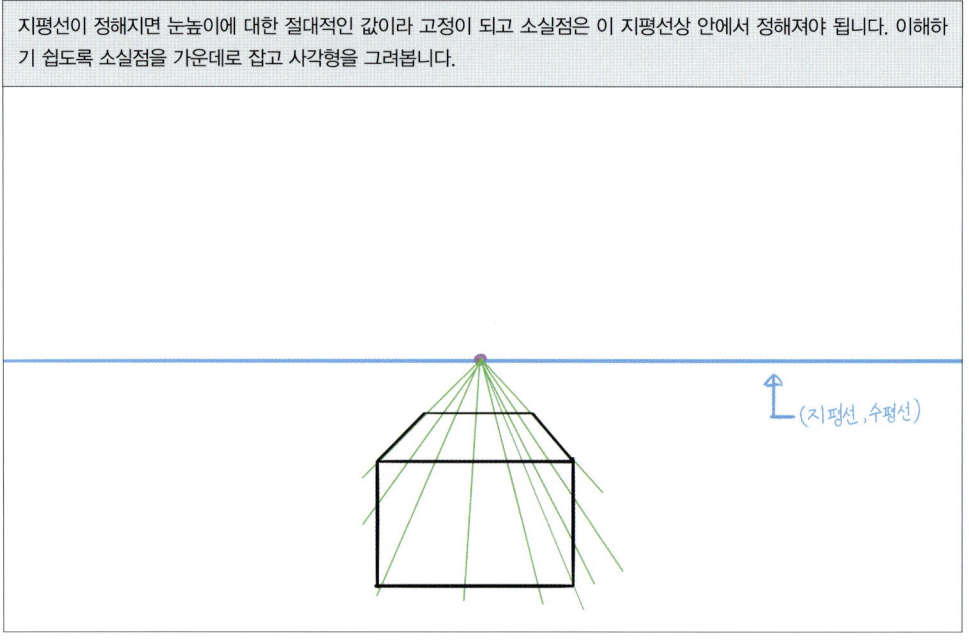

지평선이 정해지면 눈높이에 대한 절대적인 값이라 고정이 되고 소실점은 이 지평선상 안에서 정해져야 됩니다. 이해하기 쉽도록 소실점을 가운데로 잡고 사각형을 그려봅니다.

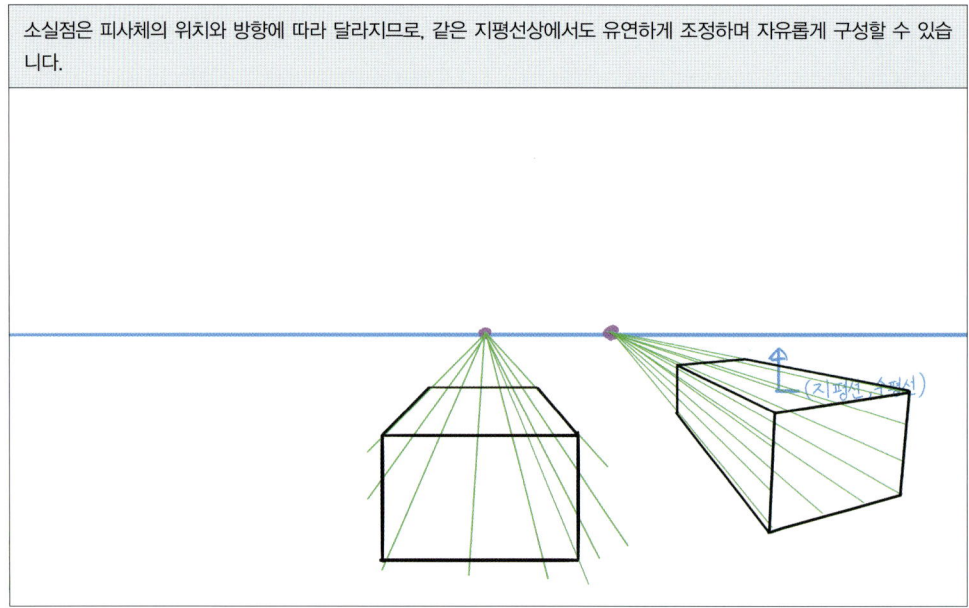

소실점은 피사체의 위치와 방향에 따라 달라지므로, 같은 지평선상에서도 유연하게 조정하며 자유롭게 구성할 수 있습니다.

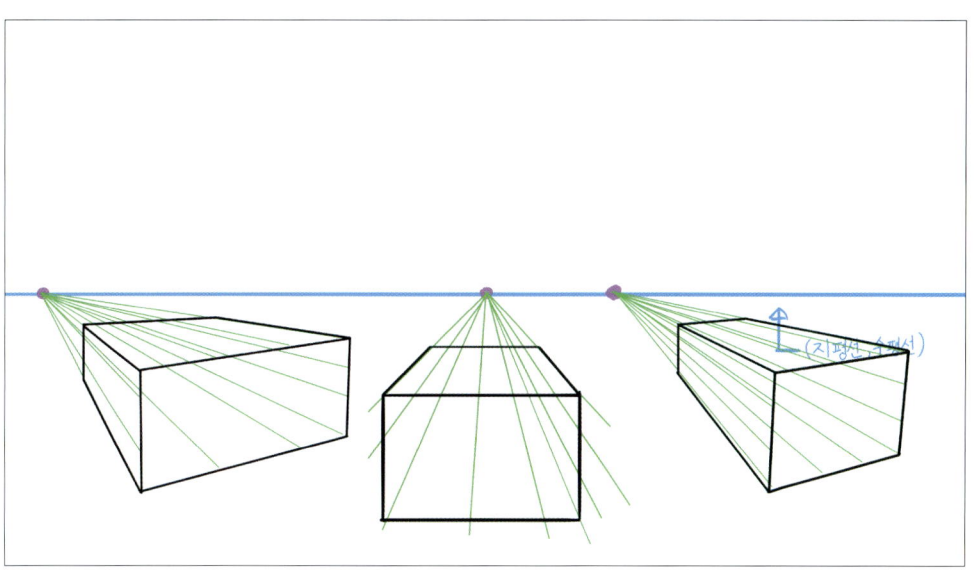

위로 올려다보는 로우 앵글도 그려 봅니다. 이런 연습을 하다 보면 자연스럽게 지평선과 소실점에 대해 이해됩니다.

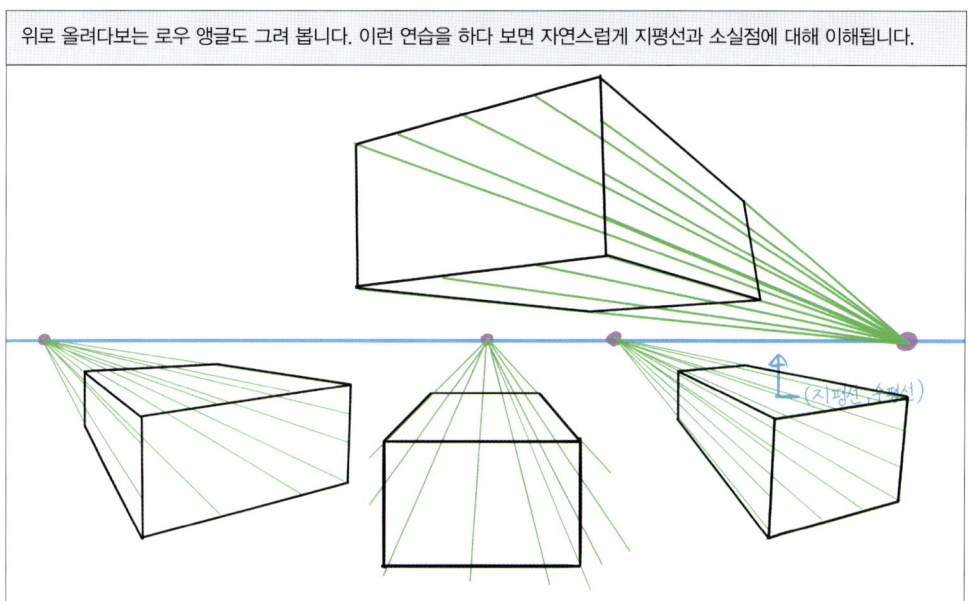

그려진 그림 안에서 비율 맞추기

본격적으로 소실점을 이용한 배경을 그려보기 앞서 사각형에서 비율을 재는 방법을 알아보겠습니다.

방안을 그린다고 했을 때 방 전체 벽면이 될 사각형을 그립니다. 어른이 방에 서 있을 때 높이를 예측해서 소실점을 정합니다.

방에 사물을 배치하려면 그리드선을 그려야 합니다. 사각형의 모서리를 이용해 X자 선을 그어서 사각형의 반을 구합니다.

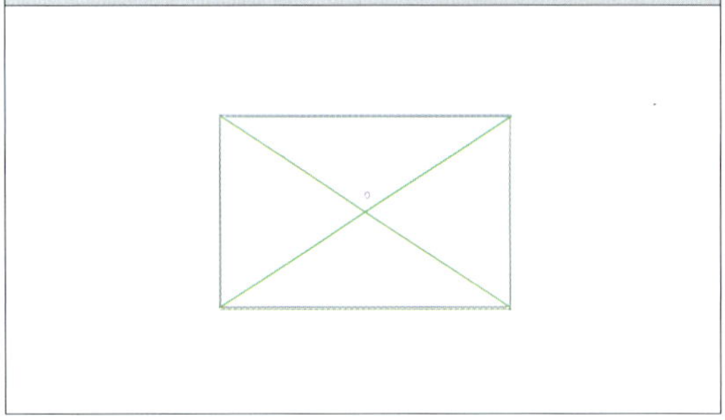

계속 X자 선을 그어서 반반을 나누고 또 나눕니다.

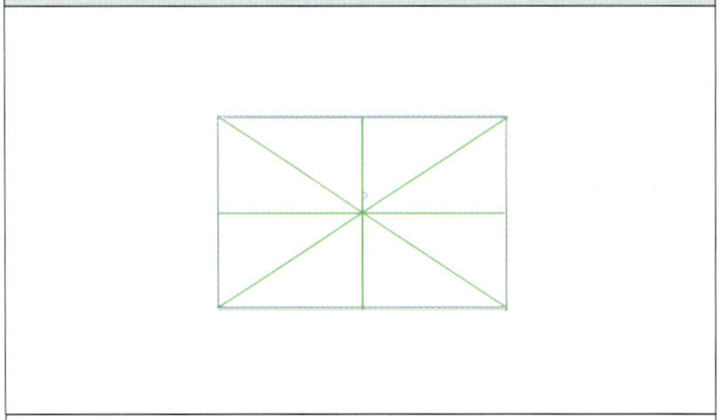

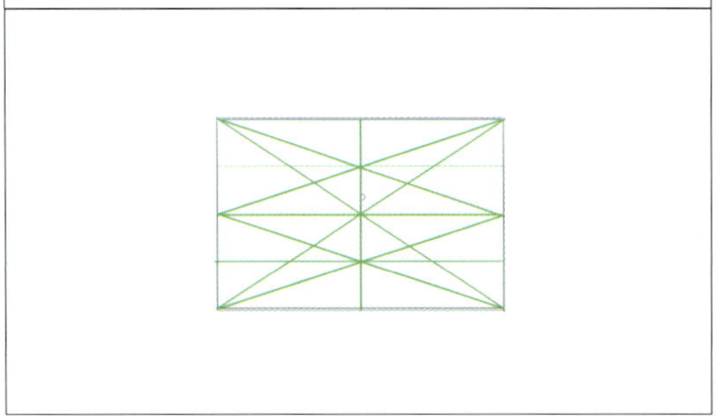

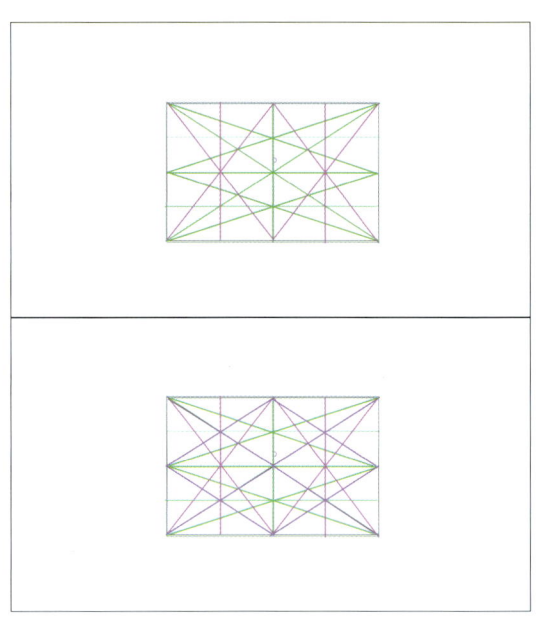

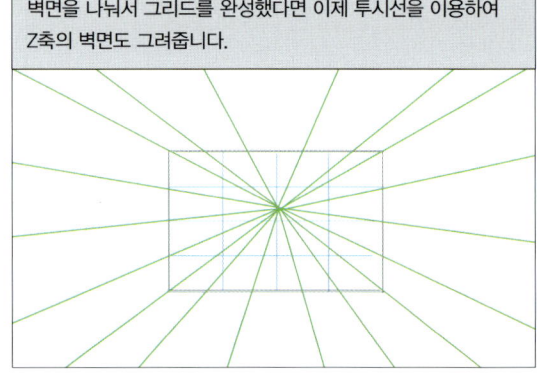

벽면을 나눠서 그리드를 완성했다면 이제 투시선을 이용하여 Z축의 벽면도 그려줍니다.

보기 좋을 정도 방의 길이감을 정하고 가까운 사각형 둘레를 정한 다음 또 X자를 이용해서 그리드를 그려줍니다.

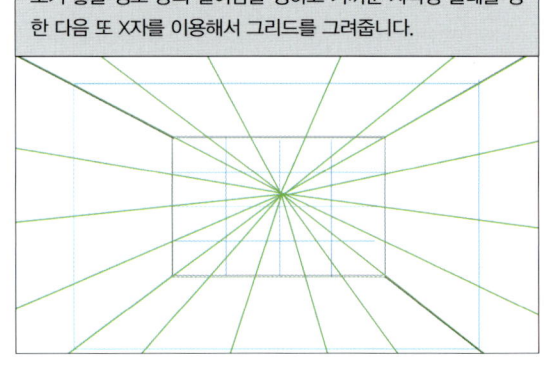

사각형들의 둘레가 Z축의 원근법으로 자연스럽게 점진적인 간격으로 그려줍니다.

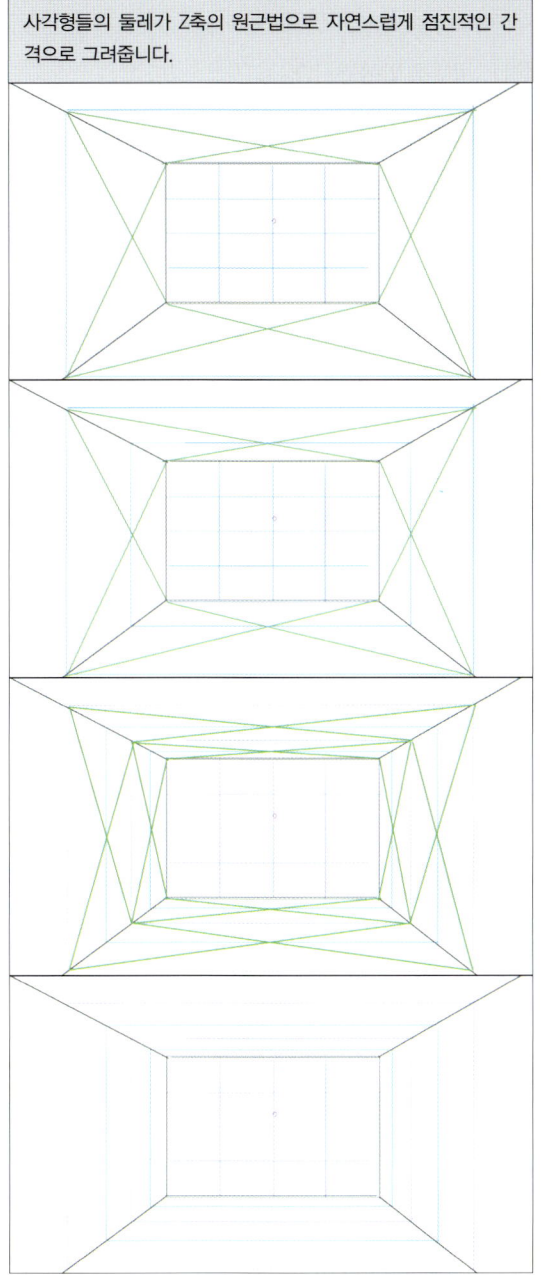

처음 그린 사각 벽면의 그리드를 기준으로 투시선을 대응시키면서 그리드를 정리합니다.

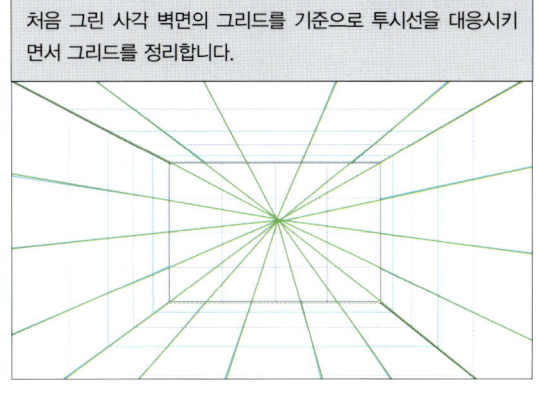

가상의 공간을 원하는 비율로 정확하게 그리드를 그릴 수 있습니다.

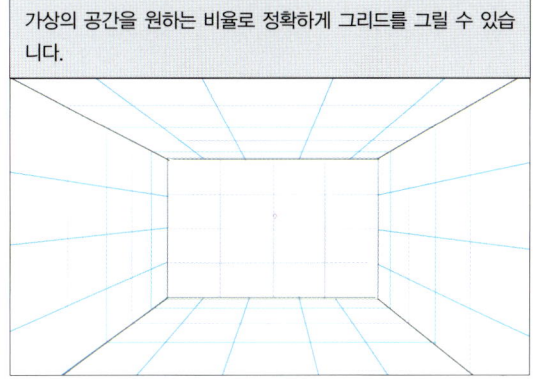

실전 연습

공간을 그렸으니 그 공간안에 사람과 사물을 정확하게 배치하는 방법을 알아봅시다.

기준이 되었던 방 벽면에 공간에 배치할 캐릭터나 사물의 크기를 먼저 정합니다. 저는 책상과 책장, 사람, 서랍을 그렸습니다. 벽면을 기준으로 정확하게 비율을 설정합니다.

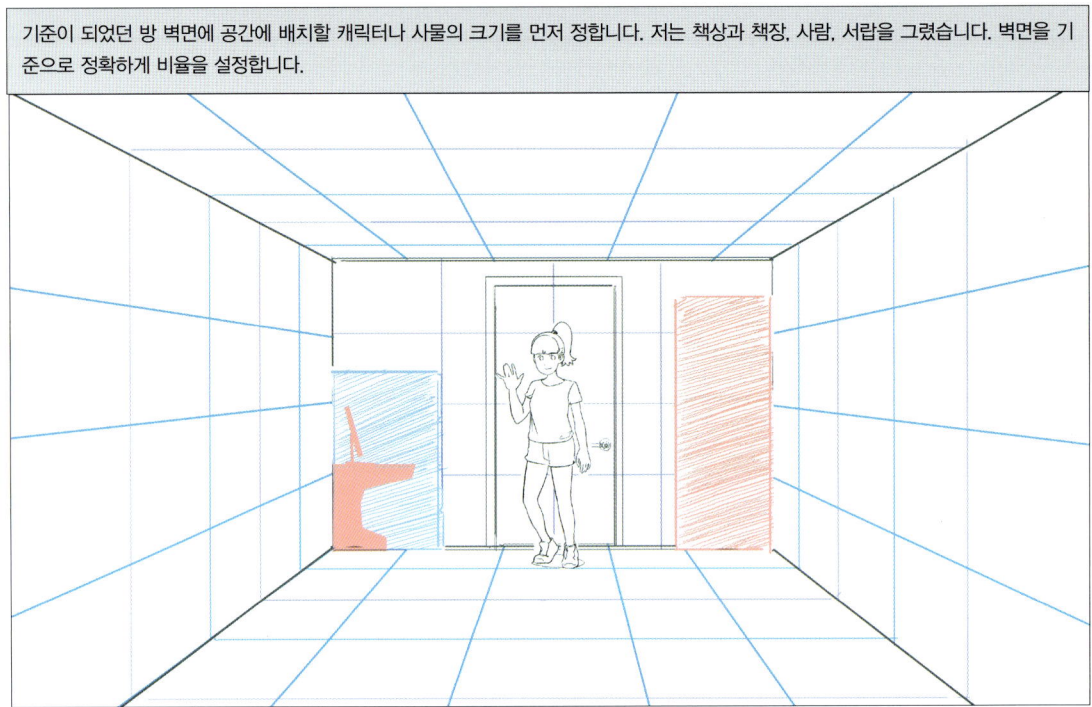

각 피사체의 길이와 높이를 방에 맞게 설정했다면 이제 바닥을 기준으로 배치할 위치와 부피감을 결정합니다. 특히 피사체의 위치는 무조건 바닥을 기준으로 삼아야 됩니다. 그리면서 대충 느낌으로 판단해서 피사체들을 배치하면 어딘가 어색하거나 실수를 합니다. 다수의 피사체들을 배치할 때는 반드시 바닥을 기준으로 배치하고 영역을 정한 다음 수직선을 이용해 정확하게 위치를 잡아야 합니다.

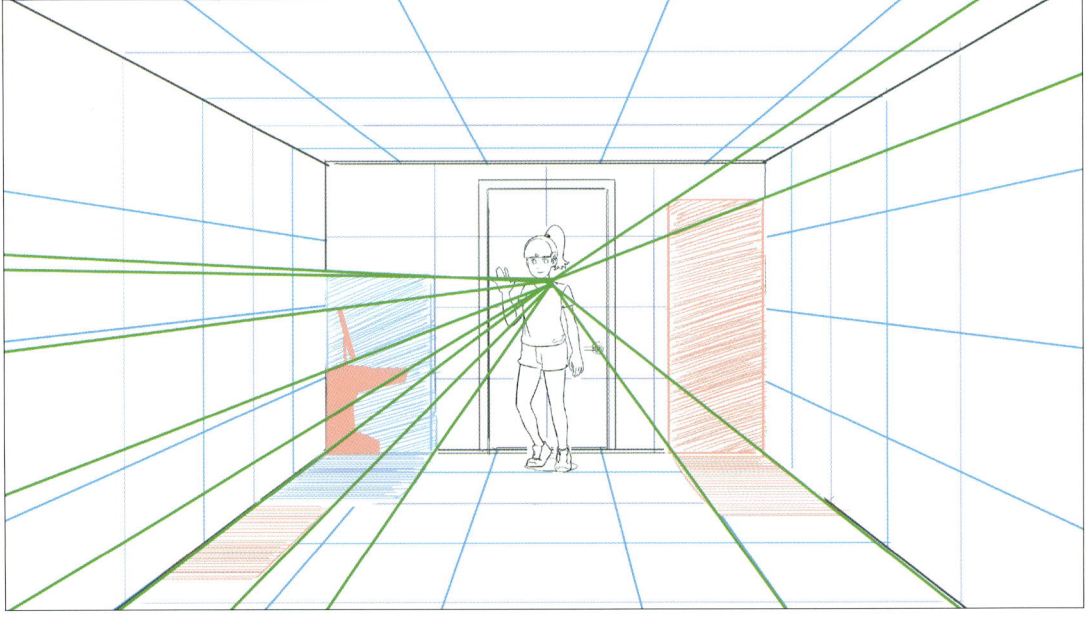

바닥에서 영역을 정했다면 그 면적에 맞게 수직선들을 세워서 원래 벽면에 그렸던 높이를 기준으로 투시선을 각각 매치하면서 피사체가 들어간 공간을 정확하게 표시합니다.

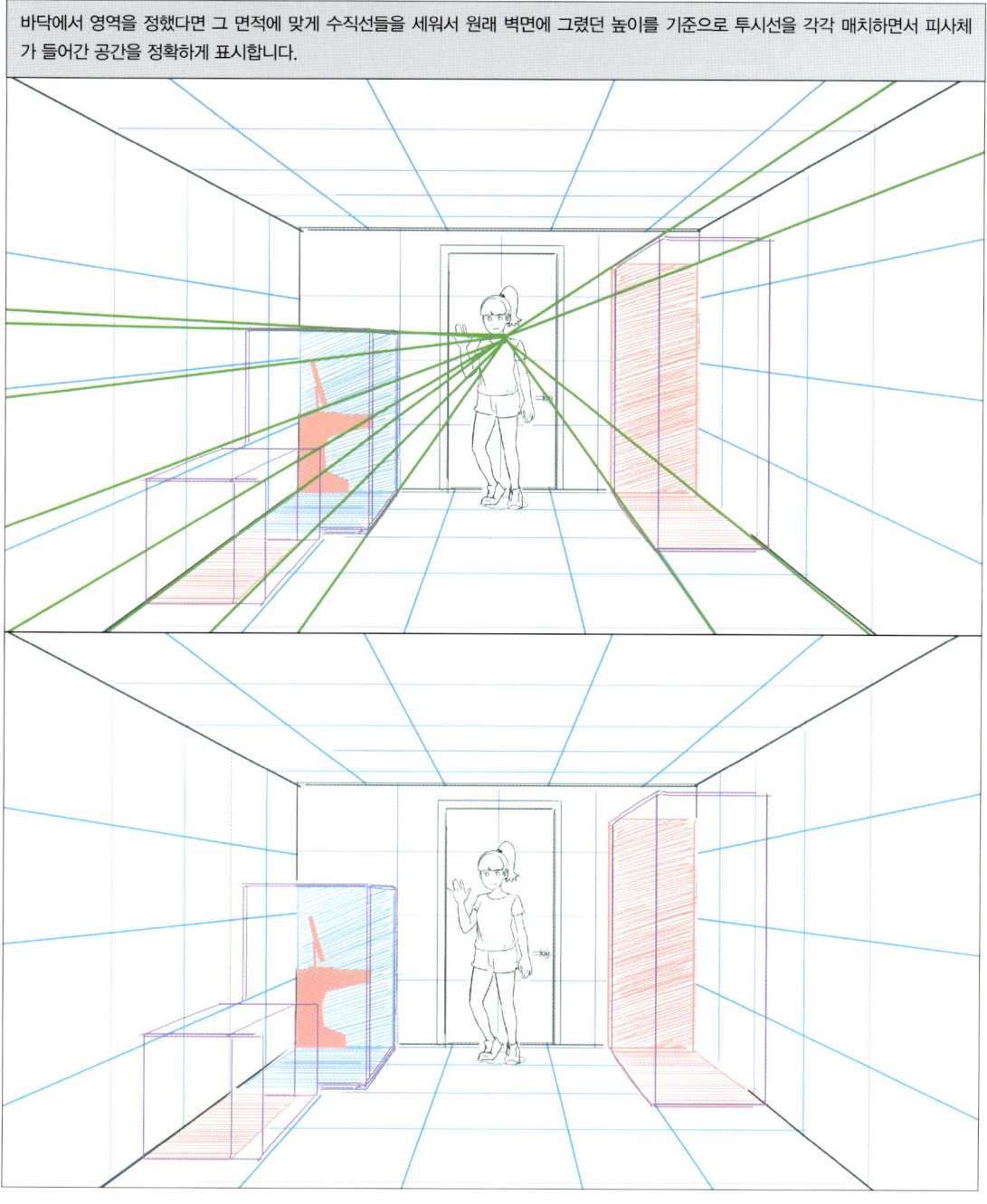

표시한 영역을 바탕으로 각각 피사체들을 그려 넣습니다.

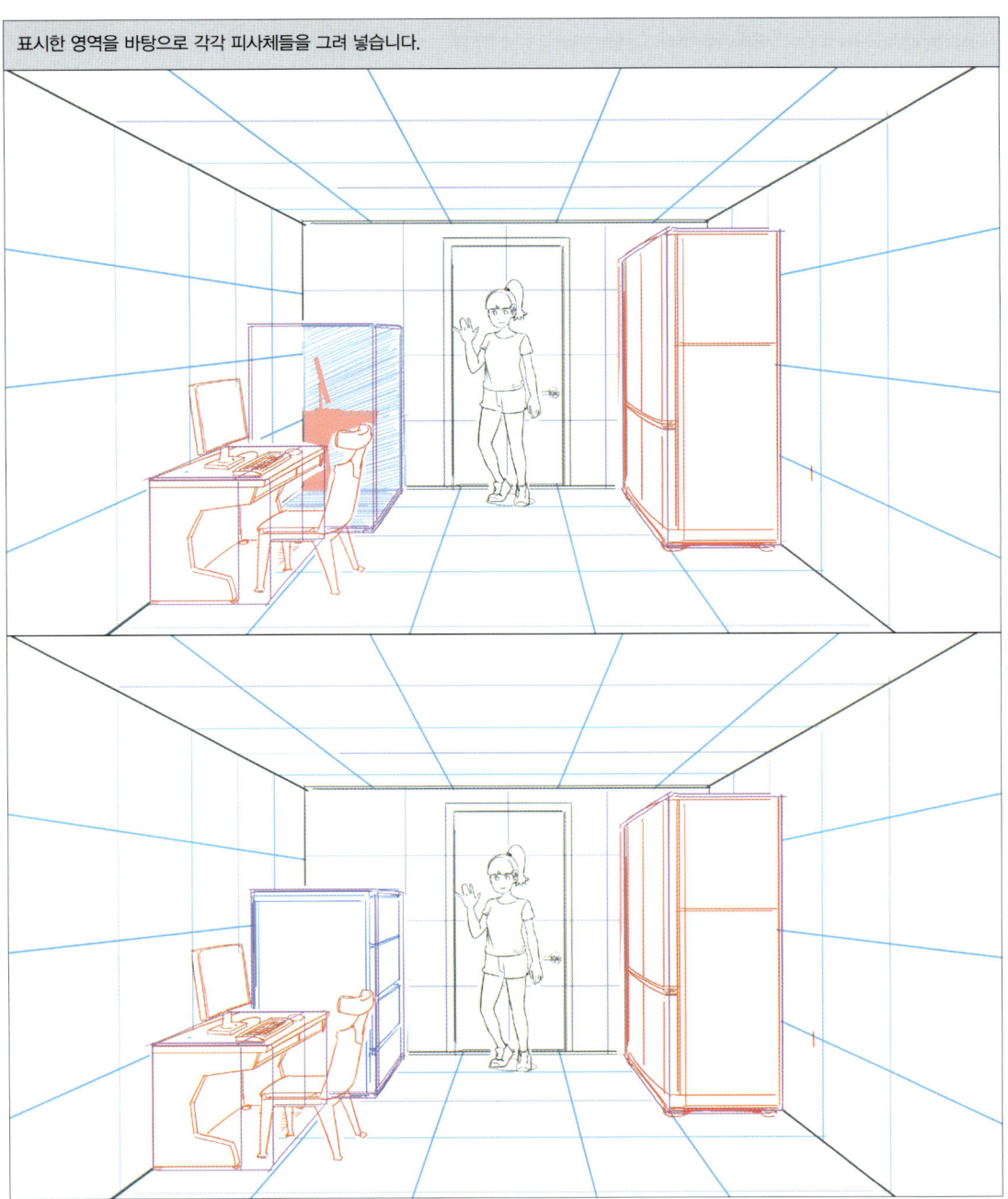

같은 방법으로 다른 인물을 정확하게 방 중앙에 배치해 봅니다.

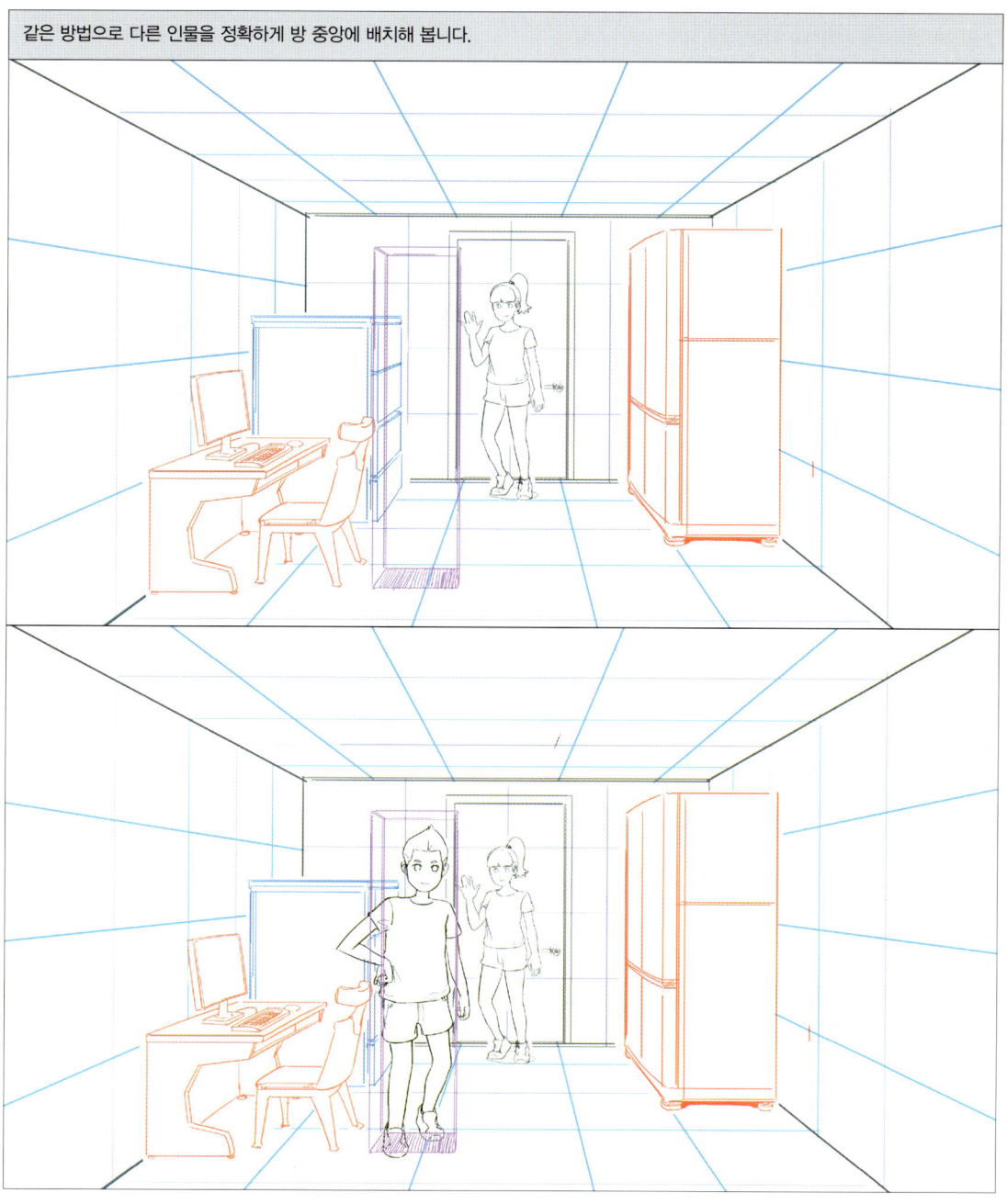

처음 위치한 여자 캐릭터를 화면 가득 차게 확대하면서도 정확한 위치를 유지하고 싶다면, 소실점 높이에 위치한 신체 부위를 기준으로 확대하면 됩니다.

소실점 높이에 위치한 부분은 확대하더라도 높이 변화가 발생하지 않으므로, 원래 위치에서 안정적으로 확장할 수 있습니다. 이 경우, 여자 캐릭터의 얼굴이 소실점 높이에 해당하므로, 얼굴을 소실점 높이에 맞춘 상태에서 확대하여 화면 앞쪽에 배치했습니다.

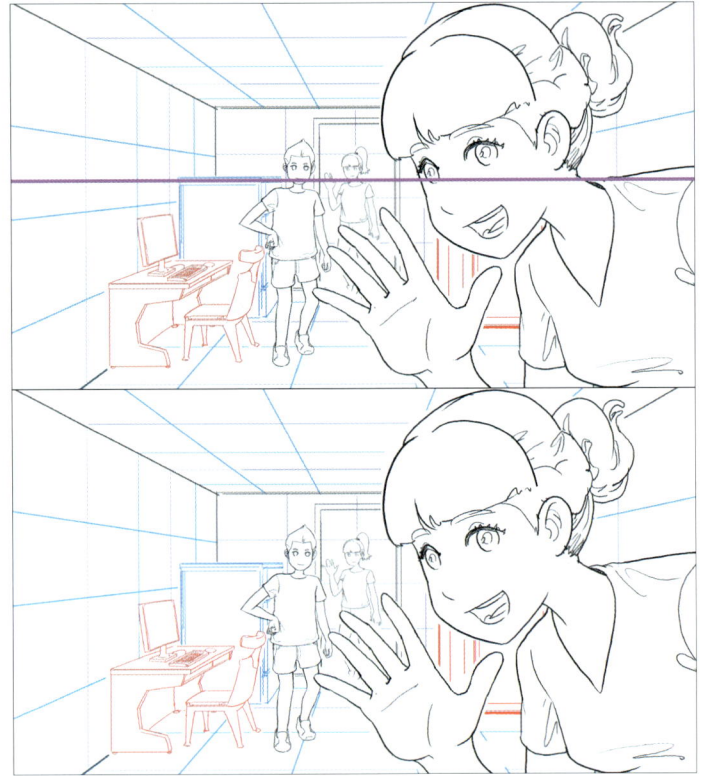

위의 과정을 영상으로 제작해보았습니다.
QR 코드로 확인하거나, 다운로드로 제공하는 예제데이터에서 확인해보실 수 있습니다.

렌즈의 종류와 특징

드로잉으로 입체적인 공간을 표현하는 방법을 이해했다면,
이제 본격적으로 렌즈를 통해 투영되는 피사체들의 특성을 알아보고 함께 알아보겠습니다.

스토리보드를 제작하는 사람들은 최종 결과물을 직접 연출하는 것이 아니라, 제작팀에게 방향성을 전달하는 역할을 합니다. 따라서, 세밀한 렌즈 특성을 완벽하게 드로잉으로 구현하기보다는, 장면 연출에 맞는 적절한 렌즈의 방향성을 제시하는 것이 중요합니다. (실제로, 모든 렌즈의 특성을 정확하게 드로잉으로 표현하는 것은 매우 어렵고, 실무에서도 이를 완벽하게 구현하기보다는 핵심적인 원리를 이해하고 활용하는 것이 더 중요합니다.)

렌즈의 종류는 매우 다양하고 복잡하지만, 스토리보드 작업에서 반드시 알아야 할 핵심 렌즈는 크게 표준렌즈, 광각렌즈, 망원렌즈입니다.

영상이나 사진에서 피사체는 렌즈를 통해 이미지 센서에 투영되며 시각화됩니다. 이 과정에서 초점거리가 짧으면 광각 렌즈군, 초점거리가 길어질수록 망원 렌즈군에 속하게 됩니다.

표준 렌즈 : 사람 눈과 비슷한 화각과 적당한 거리에서 촬영

렌즈의 초점거리는 다소 복잡하게 느껴질 수 있지만, 조금 단순하게 접근하면 쉽게 이해할 수 있습니다. 즉, 실제로 보이는 이미지 차이만 생각한다면, 카메라가 담는 화각의 차이가 가장 보편적인 비교 기준이 됩니다.

광각 렌즈는 화각이 넓어 더 넓은 공간을 한 프레임 안에 담을 수 있고, 망원 렌즈는 화각이 좁아 먼 거리에 있는 피사체를 확대해 보여주는 효과를 줍니다.

광각 렌즈 : 화각 폭이 넓으며 피사체를 근거리 촬영

이처럼 렌즈의 화각 차이를 이해하면, 스토리보드 작업에서 적절한 구도를 설정하고 연출 의도를 효과적으로 전달할 수 있습니다.

다음 페이지에서 좀더 자세히 알아보겠습니다.

망원 렌즈 : 화각 폭이 좁고 피사체를 원거리 촬영

표준 렌즈

표준 렌즈는가장 보편적으로 사용하는 렌즈군이며, 투시도법으로 그려지는 이미지와 가장 유사한 특징을 가집니다. 이 렌즈의 초점거리는 일반적으로 30~50mm 사이입니다. 최근에는 풀프레임 카메라뿐만 아니라 크롭 이미지 센서를 사용하는 카메라도 많아지면서, 표준 렌즈의 기준이 제조사마다 조금씩 다를 수 있습니다.

스토리보드를 제작할 때는 이 렌즈가 우리의 시야각과 가장 유사하다는 점만 이해하고 활용하면 충분합니다. 특수한 연출이 필요하지 않을 때, 가장 일반적으로 사용하는 렌즈입니다. 공간과 인물을 동시에 담을 때 적합하여, 일상적인 장면이나 자연스러운 구도를 연출하는 데 널리 사용됩니다. 투시도법을 기준으로 그리면 표준 렌즈를 통해 보이는 피사체와 유사한 느낌을 얻을 수 있습니다.

마치 사람의 눈으로 바라보는 가장 자연스러운 화각을 표현합니다.

배경과 인물이 가장 조화롭고 자연스럽게 보입니다.

Part 05. 렌즈의 이해

카메라에 가까운 사물은 원근감이 있어 보이고 멀수록 원근감이 줄어듭니다. 근경, 중경, 원경의 차이가 확실한 렌즈입니다.

광각 렌즈

광각 렌즈는 표준 렌즈에 비해 초점 거리가 짧고, 화각이 넓게 보이는 렌즈를 말합니다.
일반적으로 초점 거리가 30mm 이하로 짧아질수록 광각 렌즈에 해당하며, 너무 짧아지거나 특수 렌즈를 사용하면 어안 렌즈군에 속하여 왜곡이 심한 이미지가 형성됩니다.

광각 렌즈는 표준 렌즈의 특징을 따르면서도 더 강한 원근감과 왜곡이 나타납니다.
피사체가 카메라 가까이 배치될수록 원근감 표현이 극대화됩니다. 화면 가까이에 있는 피사체는 더 커 보이고, 멀리 있는 피사체는 더 작아 보이는 효과가 강해집니다. 화각이 넓기 때문에 좌우 이동 시 운동감이 약하게 느껴지지만, Z축(깊이 방향) 움직임에서는 차이가 뚜렷하다는 특징이 있습니다.
광각 렌즈는 '팬 포커싱(Pan Focusing)'이 유리합니다. 즉, 포커스가 맞춰진 피사체뿐만 아니라 그 주변까지 넓은 영역이 선명하게 보입니다. 반대 개념은 '아웃 포커싱(Out Focusing)'으로 특정 피사체 외에 주변 배경이 흐려지는 효과를 말합니다.

광각 렌즈 느낌을 그림으로 표현하는 것은 투시도법을 익히면 비교적 쉽게 구현할 수 있습니다.
카메라 위치를 피사체에 더 가깝게 배치하고, 원근감 차이를 부각시키는 방식으로 연출하면 효과적입니다. 과장된 원근감을 활용하면, 강한 공간감을 가진 다이내믹한 장면을 만들 수 있습니다.

카메라에 가까운 사물은 원근감이 강하게 적용되어서 크게 왜곡되서 보입니다.

카메라가 피사체와 거리가 가깝게 배치 됩니다.

망원 렌즈

제가 이 책에서 렌즈 개념을 꼭 포함하고 싶었던 이유가 바로 망원 렌즈 때문입니다.
저 역시 사진학이나 영상학을 전공한 사람이 아니라, 어릴 때부터 그림을 그려왔고, 자연스럽게 애니메이션을 전공한 사람입니다. 그렇기 때문에 처음에 렌즈에 의해 형상이 왜곡되고 모양이 다르게 표현된다는 사실을 알았을 때 매우 큰 충격을 받았습니다. 특히, 망원 렌즈로 촬영된 피사체의 형태는 투시도법을 기반으로 훈련해 온 저에게 매우 어려운 개념이었습니다. 어떻게 보면, 광각 렌즈가 원근감을 과장하여 왜곡하는 것보다 망원 렌즈의 왜곡이 더욱 비현실적으로 느껴질 수도 있습니다.

대체 무엇 때문에 이런 느낌이 들었을까요?
망원 렌즈는 광각 렌즈와 완전히 반대되는 성질을 가집니다. 화각이 좁아 한 번에 많은 요소를 담을 수 없습니다. 프레임이 제한적이기 때문에 특정 피사체에 집중하는 데 유리합니다. 하지만 답답한 느낌을 줄 수도 있습니다. 초점거리가 길어 피사체와 카메라 사이의 거리가 멀어집니다.
피사체와 배경 간의 거리 차이가 크더라도 화면에서는 원근감 차이가 적게 표현됩니다. 즉, Z축(앞뒤 거리)상의 원근감이 거의 형성되지 않아서 앞뒤로 이동하는 피사체의 크기 변동이 적습니다. Z축 방향으로 움직여도, 크기가 거의 변하지 않기 때문에 거리감이 줄어듭니다. 이는 평면적인 느낌을 강조하는 효과를 만들어냅니다. 화각이 좁기 때문에, 피사체가 좌우로 조금만 움직여도 프레임 밖으로 쉽게 벗어납니다.

망원 렌즈는 일러스트처럼 깔끔한 실루엣을 표현하는 데 좋습니다.

Z축의 공간을 압축해 버려서 원근감이 약해지고 모두 자신의 비율대로 보입니다.

망원 앵글 그리기

망원 렌즈를 그림으로 표현할 때는 일정 부분 투시도법을 무시해야 합니다. 물론, 공간을 표현하거나 훈련하기 위해 투시도법을 숙지하는 것은 필수적이지만 모든 이미지를 투시도법만으로 정확하게 표현할 수는 없습니다.

망원 렌즈는 Z축을 압축한다는 개념을 가지고 그려야 됩니다. 이 개념이 다소 어려울 수 있지만, 기본적으로 카메라가 바라보는 주 피사체를 기준으로, 앞뒤 공간을 압축하는 방식입니다.

원근감이 줄어들어 모든 피사체들이 실제 형태에 가깝고 깔끔하게 보입니다. 마치 2D 일러스트 같은 느낌으로 인물이나 캐릭터를 표현할 수 있습니다. 원근감이 완전히 사라진 것은 아니므로, 앞뒤 피사체의 크기 차이를 미세하게 조정해야 합니다. 공간감을 완전히 없애기보다는 적절한 차이를 두어 거리감을 표현하는 것이 중요합니다. 망원 렌즈에서는 1점 투시도처럼 소실점에서 뻗어 나오는 직선이 강하게 적용되지 않습니다. 그래서 카메라 높이를 고려하여 적당한 느낌을 찾아 표현해야 합니다.

망원 렌즈를 그림으로 표현할 때는 Z축 압축 개념을 이해하고, 원근감을 최소화하면서도 미세한 차이를 유지하는 드로잉 연습이 중요합니다. 스토리보드에서 망원 렌즈를 활용하면 보다 평면적이고 정돈된 구도를 연출할 수 있으며 특정 피사체에 집중하는 효과도 극대화할 수 있습니다.

	광각	망원
피사체거리	가깝다	멀다
z축 거리	늘어 난다.	짧다.
운동성	앞 뒤로 이동 효과 좋음	양. 옆으로 이동 효과 좋음
원근감	차이가 많이 남	차이가 줄어든다.

[광각 그리기] 카메라가 피사체와 가까이에 있고 원근감을 적극적으로 사용하면서 그립니다.

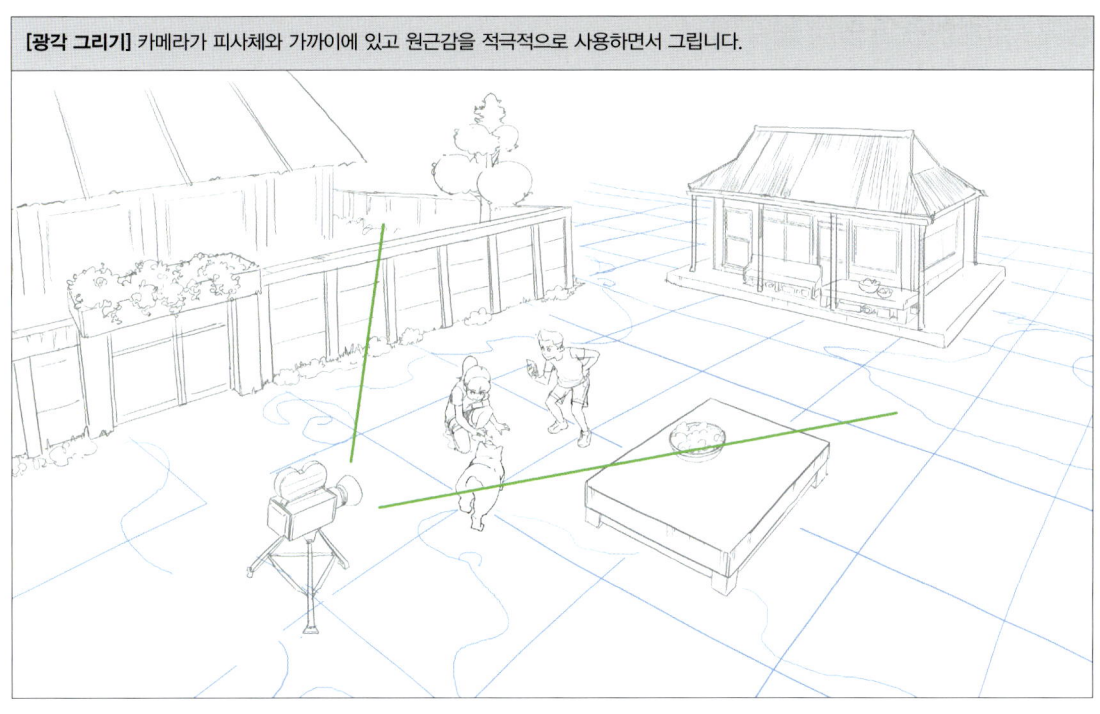

[망원 그리기] 카메라가 멀리서 위치하고 Z축을 압축해서 거리감을 없애고 원근감을 없다시피 표현합니다.

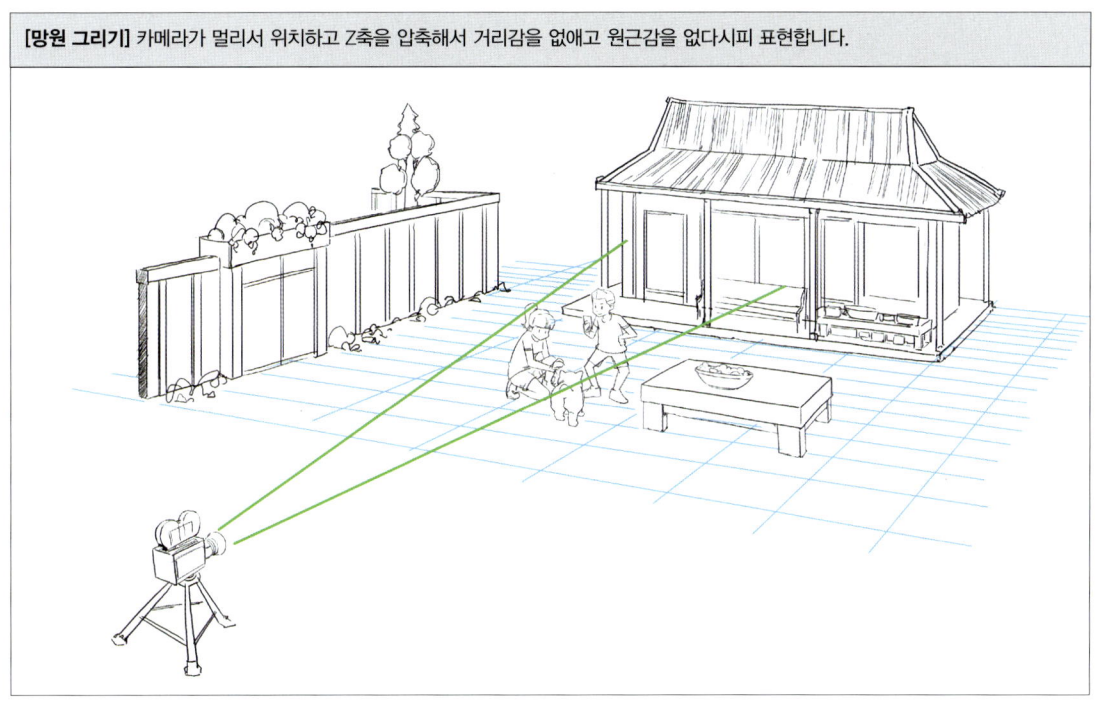

광각 / 망원렌즈의 실제 촬영 예시

AI를 활용한 광각, 망원 이미지 생성

AI를 이미지 생성툴도 카메라의 화각 차이를 분명하게 표현할 수 있습니다.
미드저니(Midjourney)로 카메라 렌즈감을 표현하는 프롬프트를 소개하겠습니다.

기본 프롬프트는 girl, front, movie style, park background를 넣어주고,
그 다음에 카메라 렌즈의 관한 프롬포트를 입력하면 됩니다.
광각 렌즈 프롬프트는 wide-angle, wide-view, wild-angle, wild-view, fish-eye 을 넣어주고,
망원 렌즈 프롬프트는 telephoto-angle, telephoto-view, bokeh 등을 넣어주면 됩니다.

프롬프트 : girl, front, movie style, park background, wide-angle, --aspect 16:9

프롬프트 : girl, front, movie style, park background, telephoto-view, --aspect 16:9

프롬프트 : girl, front, movie style, park background, wide-angle, --aspect 16:9　zoom out

프롬프트 : girl, front, movie style, park background, telephoto-view, --aspect 16:9　zoom out

프롬프트 : girl, front, movie style, park background, wide-angle, --aspect 16:9　zoom out

프롬프트 : girl, front, movie style, park background, telephoto-view, --aspect 16:9　zoom out

6. 인물 중심 샷 구성

인물을 프레임에 담는 법

3분할선을 활용해서 안정적인 인물 레이아웃을 구성합니다.

풀샷 Full shot

인물의 전신을 프레임에 모두 보이게 담는 샷입니다. 3분할선을 활용해서 안정적인 볼륨으로 배치합니다. (너무 타이트하지 않게 배치하는 것이 좋습니다.)

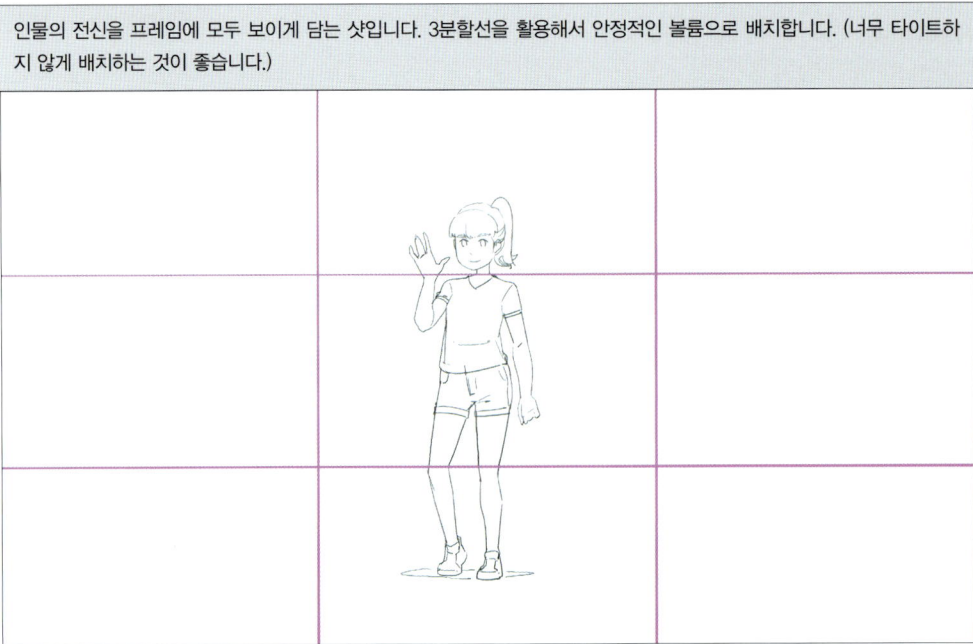

항상 배치를 끝내고 볼륨으로 단순화를 시켜보고 마지막 체크를 합니다.

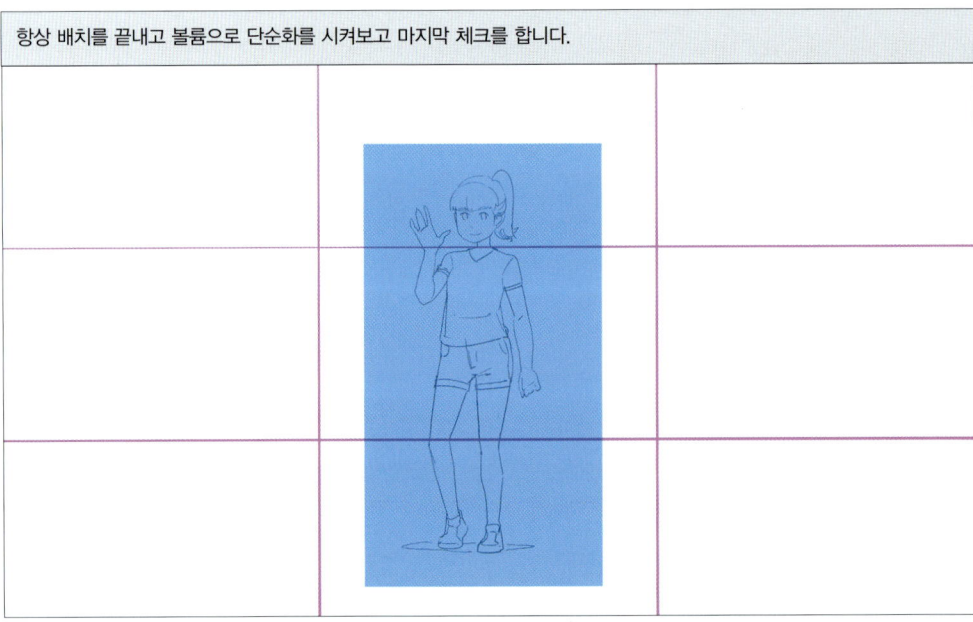

풀샷 Full shot charactor

가분수 캐릭터는 동일한 풀샷 레이아웃에서도 일반적인 인물보다 볼륨감이 더 두껍게 느껴집니다. 특히, 머리가 크기 때문에 풀샷에서도 표정과 제스처가 더욱 돋보이며, 예상보다 감정 이입이 잘 이루어집니다.

미디엄샷 Medium shot

인물을 허벅지 중간 정도에서 자른 크기입니다. 대사나 제스처가 모두 잘 보이는 샷이라 범용성이 높은 레이아웃입니다.

가분수 캐릭터의 미디엄샷은 얼굴이 보통 인물의 바스트샷이랑 비슷한 크기라 바스트샷처럼 사용이 됩니다. 대사씬이나 감정이입이 더 잘 되지만 답답해 보이기도 합니다.

바스트샷 BUST SHOT

인물을 화면 속 볼륨에 맞게 배치할 때, '3분할선'을 활용하면 처음 기준을 잡는 데 도움이 됩니다. 가장 안정적인 위치는 3분할선이 만드는 중앙 직사각형 영역이며, 이 위치에 중요한 요소를 배치하면 자연스럽고 조화로운 구도를 만들 수 있습니다.

바스트 샷(상반신 샷)을 그릴 때, 인물에서 가장 중요한 요소인 '눈'을 중앙으로 눈 높이를 3분할선의 첫 번째 줄에 맞추면, 성인 캐릭터를 촬영할 때 카메라 높이와 유사해져 감정이입이 용이해집니다. 완전한 정면 샷은 관음적 시점을 깨뜨릴 수 있기 때문에, 아주 미세한 방향성을 추가하는 것이 좋습니다. 그 방향으로 공간을 살짝 더 넓게 배치하면, 보다 자연스럽고 안정적인 레이아웃을 구성할 수 있습니다.

이렇게 3분할 구성을 잘 활용하면 인물 배치를 좀 더 직관적으로 조정할 수 있으며, 감정전달이 효과적인 구도를 만들 수 있습니다.

바스트샷(BUST SHOT) character

> 가분수 캐릭터의 경우, 바스트샷을 잡으면 너무 클로즈업처럼 잡히기 때문에 신중하게 꼭 필요한 씬에 넣는 것이 좋습니다. 생각보다 답답해 보이고 너무 심각한 분위기가 되기 쉽습니다.

웨스트 샷 West shot

바스트샷과 미디엄샷의 중간 정도의 사이즈인데 주로 바스트샷이 너무 답답하거나 미디엄샷을 쓰기에는 감정선이 부족할 때 사용됩니다.

클로즈 업 샷 Close up shot

너무 자주 쓰게 되면 답답해 보이고 이야기 흐름을 알기 힘들기 때문에 꼭 필요할 때 신중하게 써야 됩니다. 대사의 힘이 강해질 때 인물의 감정선이나 관객들과 같이 감정을 공유할 때 효과적인 샷입니다.

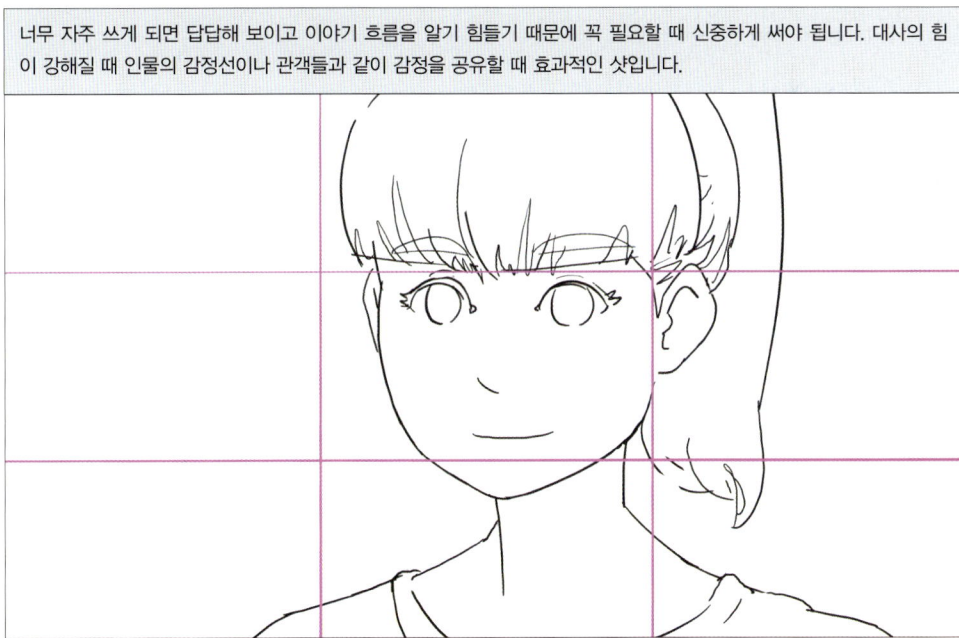

오버 숄더 샷 Over Shoulder Shot

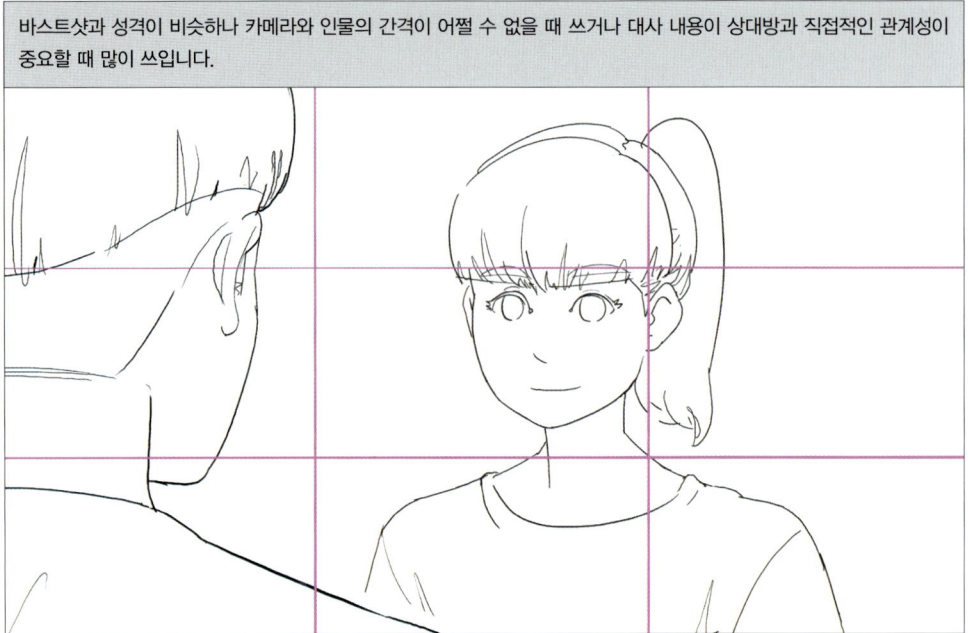

바스트샷과 성격이 비슷하나 카메라와 인물의 간격이 어쩔 수 없을 때 쓰거나 대사 내용이 상대방과 직접적인 관계성이 중요할 때 많이 쓰입니다.

소개해 드린 인물의 레이아웃은 정답이 없고 장르마다 다릅니다. 여기서 제시한 예들은 보편적인 틀이고 기본적인 것을 연습하여 각자의 연출에 맞는 상황에 레이아웃을 활용하시기 바랍니다.

캐릭터 그룹화

'그룹화'라는 개념은 제가 팀원들에게 레이아웃을 쉽게 설명하기 위해 만든 개념입니다. 다른 영상 이론서에서도 비슷한 주제를 다루지만, 저와 같은 방식으로 설명된 것을 본 적이 없습니다. 이 개념은 제가 오랜 실무 경험을 통해 깨닫고 응용한 방법을 쉽게 전달하기 위해 만든 용어이므로, '그룹화'가 유일한 이론적 대명사는 아니라는 점을 미리 말씀드립니다.

핵심은 전체적인 맥락을 이해하는 것입니다. 용어가 다르더라도 개념을 이해하고 적용할 수 있다면 어떤 표현을 사용해도 무방합니다.
스토리보드에서 두 명 이상의 캐릭터가 대사하는 장면을 처음 구성할 때, 대부분 큰 어려움을 겪습니다. 이미지 라인을 기준으로 '너와 나', '좌와 우' 같은 두 가지 방향성을 설정하여 대화 장면을 구상하면 도움이 됩니다. 더 나아가, 다수의 캐릭터가 등장할 경우에도 두 개의 그룹으로 묶어 생각하면 화면 구성을 보다 직관적으로 만들 수 있습니다.

이미지 라인 (프레임 기준으로 각 피사체의 방향성을 유지하는 것)

지금부터 설명할 카메라 기본 세팅 방법은 '이미지 라인'을 지키기 위한 목적입니다.
이미지 라인이란, 프레임을 기준으로 각 피사체의 방향성을 유지하는 것을 의미합니다. 180도 법칙을 이용하여 화면 속 피사체들의 위치와 시선 방향을 일정하게 유지해야 합니다. 가장 쉽게 이해하는 방법은 두 개 이상의 피사체가 등장할 때, 각 피사체가 프레임 내에서 일정한 방향성을 유지한다고 생각하는 것입니다.

예를 들어, 프레임 기준으로 양쪽에 두 캐릭터를 배치했다고 가정했을 때, 왼쪽에 있는 캐릭터는 항상 왼쪽에 위치하도록 유지해야 하고, 오른쪽에 있는 캐릭터는 항상 오른쪽에 위치하도록 배치해야 합니다. 이렇게 하면 화면의 일관성이 유지되며, 시청자가 캐릭터의 위치를 혼동하지 않게 됩니다.
뮤직비디오, 브이로그, 홈비디오 같은 특수 영상 형식을 제외하면, 우리가 보는 대부분의 영상은 시나리오를 기반으로 한 이야기 중심의 영상입니다. 스토리보드 역시 이러한 이야기 중심의 영상을 효과적으로 제작하기 위해 존재하는 도구라고 볼 수 있습니다.

이야기 중심의 시나리오에서는 반드시 두 명 이상의 캐릭터가 등장하게 됩니다.
그 이유는 기본적인 갈등 구조를 만들기 위해서는 '나'와 '너'라는 개념 이상의 복수의 캐릭터가 필요하기 때문입니다. 두 명 이상의 캐릭터가 연기하고, 갈등을 만들고, 이를 해결하는 과정을 시청자에게 명확하게 전달하는 가장 기본적인 방법이 바로 '이미지 라인'을 지키는 것입니다. 이미지 라인이 잘 유지되지 않으면, 캐릭터들의 위치가 계속 바뀌어 시청자가 혼란을 느낄 수 있습니다.

이제, 이미지 라인을 구체적으로 적용하는 방법과 이를 활용한 카메라 세팅법을 살펴보겠습니다.

A와 B라는 캐릭터의 대화 씬 씬을 구성할 때, A는 왼쪽, B는 오른쪽에 오도록 정합니다.

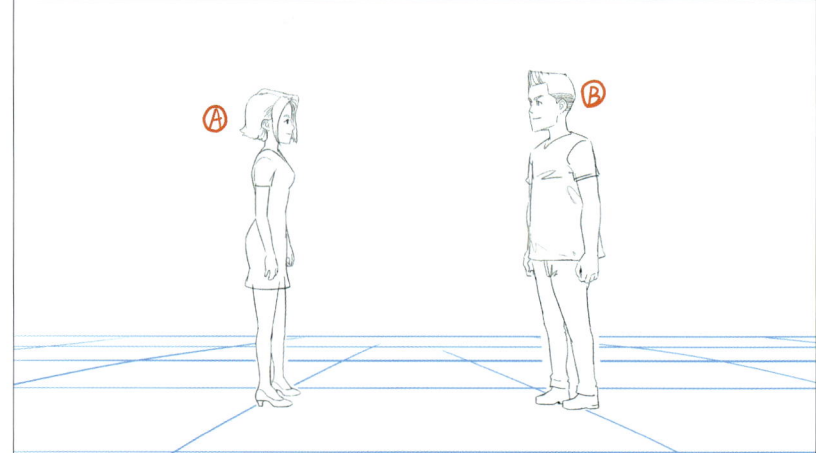

스토리가 진행되면서 인물들 각각 따로 샷을 구성할 때에도 A는 왼쪽에서 우향을 보고, B는 오른쪽에서 좌향을 보도록 계속 유지시켜주는 것이 이미지라인을 지키는 것입니다.

이미지라인 지키면서 다 수 캐릭터 배치해보기

이제 이미지 라인을 잘 지켜 질 수 있도록 카메라를 가상의 스튜디오에 세팅해 보겠습니다.

먼저, 탑뷰(Top View) 시점에서 카메라와 인물 배치를 이해해 봅시다.
두 명의 등장인물을 좌우 대칭적으로 배치하고, 두 인물을 온전히 같은 크기로 보이도록 카메라를 중앙에 배치합니다. 이 중앙 카메라를 [C 캠]라고 칭하며, 개념적으로는 마스터 앵글(Master Angle)로 사용됩니다.
이 상태에서 [A 캐릭터], [B 캐릭터]를 관통하는 평행선을 그리면 이것이 180도 기준선이 됩니다. 이 기준선을 넘지 않는 한 카메라를 어디에 배치하더라도 이미지 라인은 유지됩니다.

그림과 같이 [A캐릭터]는 [B캠]이 찍고, [B캐릭터]는 [A캠]이 촬영하도록 카메라를 배치합니다.

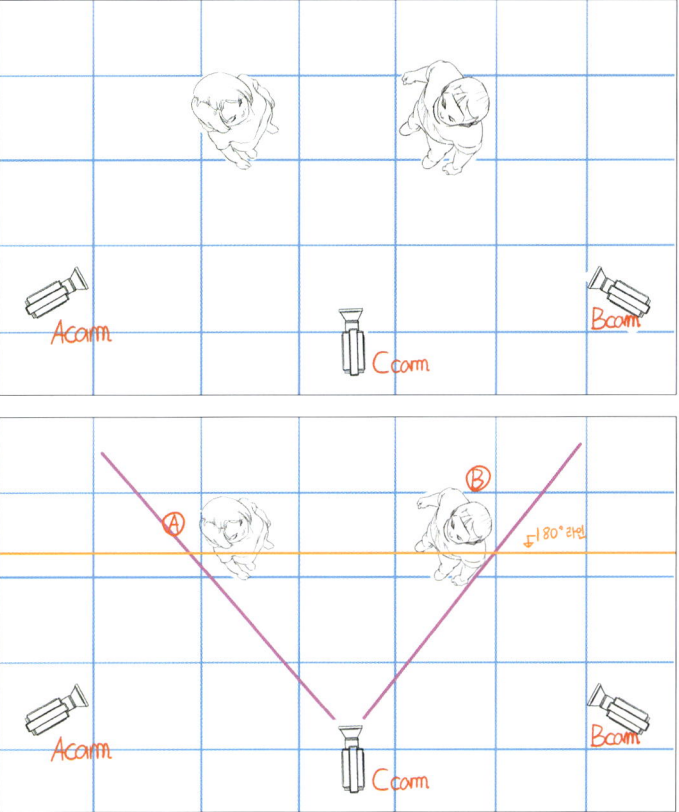

마스터 앵글 [C캠]에서 보면 [A캐릭터]가 왼쪽, [B캐릭터]가 오른쪽에 오게 됩니다.

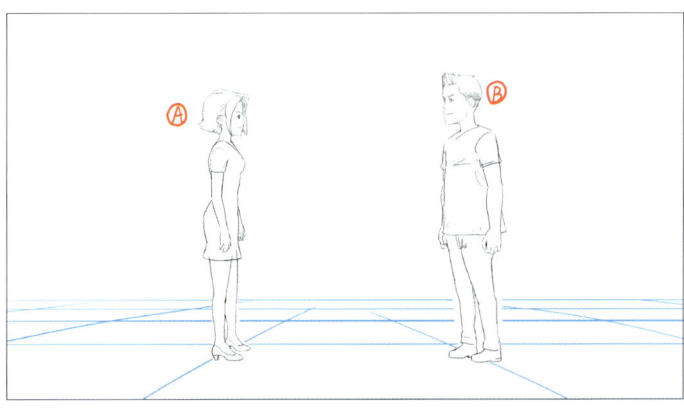

이 상태에서 보여지는 바스트샷은 다음과 같습니다.

[B캠]으로 [A캐릭터]를 촬영하게 되면 [A캐릭터] 바스트샷이 됩니다.

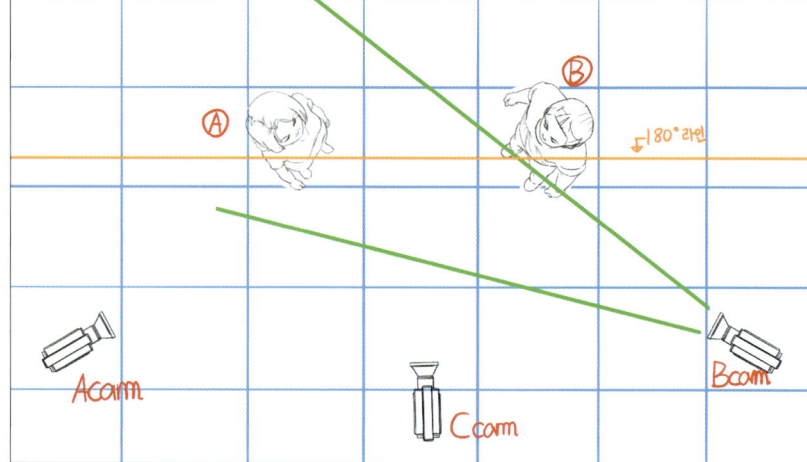

바스트샷으로 촬영되어도 180선을 넘지 않는 [B캠]으로 찍고 있기 때문에 [A캐릭터]는 왼쪽에서 우향을 보도록 유지됩니다.

스토리보드 초보자들이 생각보다 많이 헷갈려 하는 오버 숄더 샷도 [A캐릭터]를 왼쪽에, [B캐릭터]를 오른쪽으로 유지한다고 생각하면 쉽습니다.

이 같은 방식으로 반대편 b를 바스트샷으로 만들어 봅시다.

[A캠]으로 [B캐릭터]를 촬영합니다.

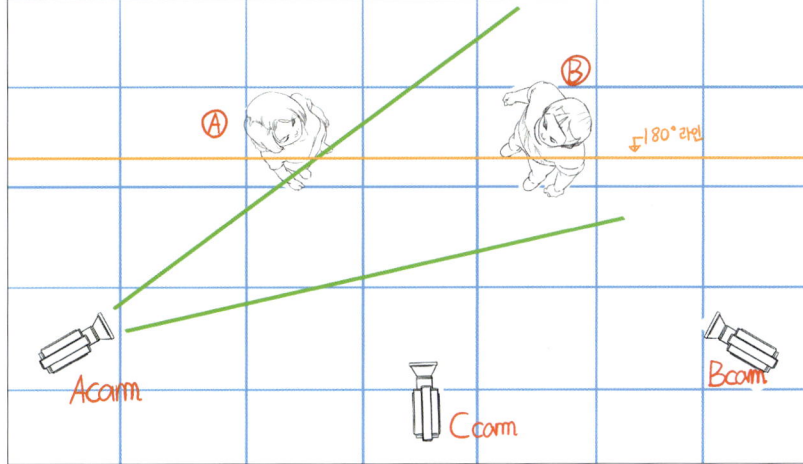

[B캐릭터]는 오른쪽에서 좌향을 향하게 됩니다.

오버 숄더 샷도 방향이 바뀌는 경우는 없습니다.

실수하기 쉬운 180도 선을 넘은 예시도 보여드리겠습니다.

B 캠을 라인 넘어 배치해서 다시 [A 캐릭터]를 촬영하면 화면 기준으로 오른쪽에서 좌향으로 바라보게 됩니다. 결과적으로 실제 위치는 그대로인데 화면상 좌우가 바뀌게 되는 것이 입니다. 이렇게 되면 컷이 연속적으로 진행할 때 시청자들은 캐릭터 위치가 일관성이 없어 가독성이 떨어져서 영상에 몰입할 수 없게 됩니다. 그래서 연속적으로 컷을 디자인할 때 캐릭터 이미지 라인을 지켜주는 것이 좋습니다.

[B캠]이 180도 선을 넘어 [A캐릭터]를 촬영합니다.

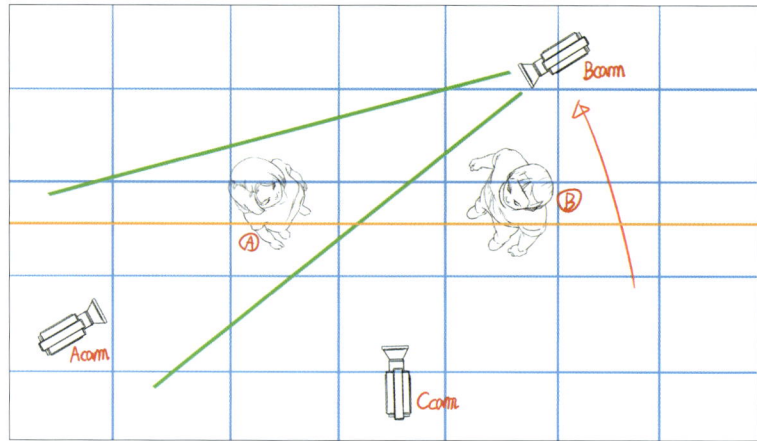

[A캐릭터]는 화면 상 오른쪽에서 좌향을 보게됩니다.

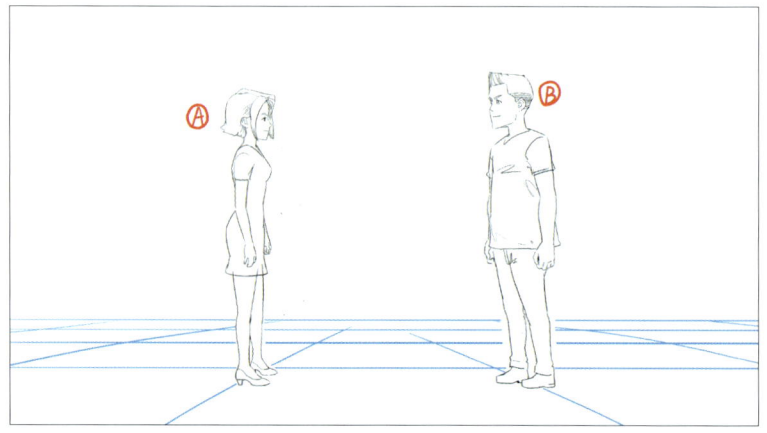

3명의 캐릭터를 이용 그룹화 이해하기

제가 생각하는 레이아웃상의 그룹 개념은, 소규모일 때는 '너와 나', 즉 한 캐릭터와 그 캐릭터가 대화하는 상대를 의미합니다. 다수의 캐릭터가 등장할 경우, 같은 성격을 지닌 집단이나 가족과 다른 가족, 영웅과 악당, 사원과 직장상사 등 성격이나 역할이 비슷한 캐릭터들을 한 그룹으로 묶어 상대 그룹과 구분하는 방식입니다. 여기서 중요한 것은 두 그룹 이상을 넘지 않도록 항상 좌우 양쪽으로 배치되도록 구성하는 것입니다.

3명 이상이 나누는 다수의 대화 씬은 3명 모두 다른 생각을 가지고 대사를 하고 갈등을 벌이는 상황에도 레이아웃에서는 이를 적절하게 두 그룹으로 나누어 배치해야 합니다. 그러면 관계와 갈등 구도를 직관적으로 전달할 수 있으며, 관객의 이해와 몰입도가 올라갑니다.

공원에서 [여자1], [남자2]가 대화를 하고 있습니다. 앞서 봤던 기본적인 카메라세팅과 동일하게 레이아웃이 구성됩니다.

여기에 [여자3]이 프레임인으로 들어옵니다.

대화하는 사람들이 모두 세명이 됐습니다.

Part 06. 인물 중심 샷 구성

이제 각자 3명이 대사를 하면 어떤 식으로 화면을 구성할 수 있는지 알아보겠습니다.

먼저, [여자1]이 대사를 시작하면, 2남자 3여자는 1여자를 바라봅니다. 여기서 [여자1]은 왼쪽 그룹이고, [남자2], [여자3]이 오른쪽에서 [여자1]의 말을 듣는 다른 그룹이 형성됩니다.

이렇게 되면 자연스럽게 3명이 두 그룹으로 구분된 레이아웃 구성됩니다.

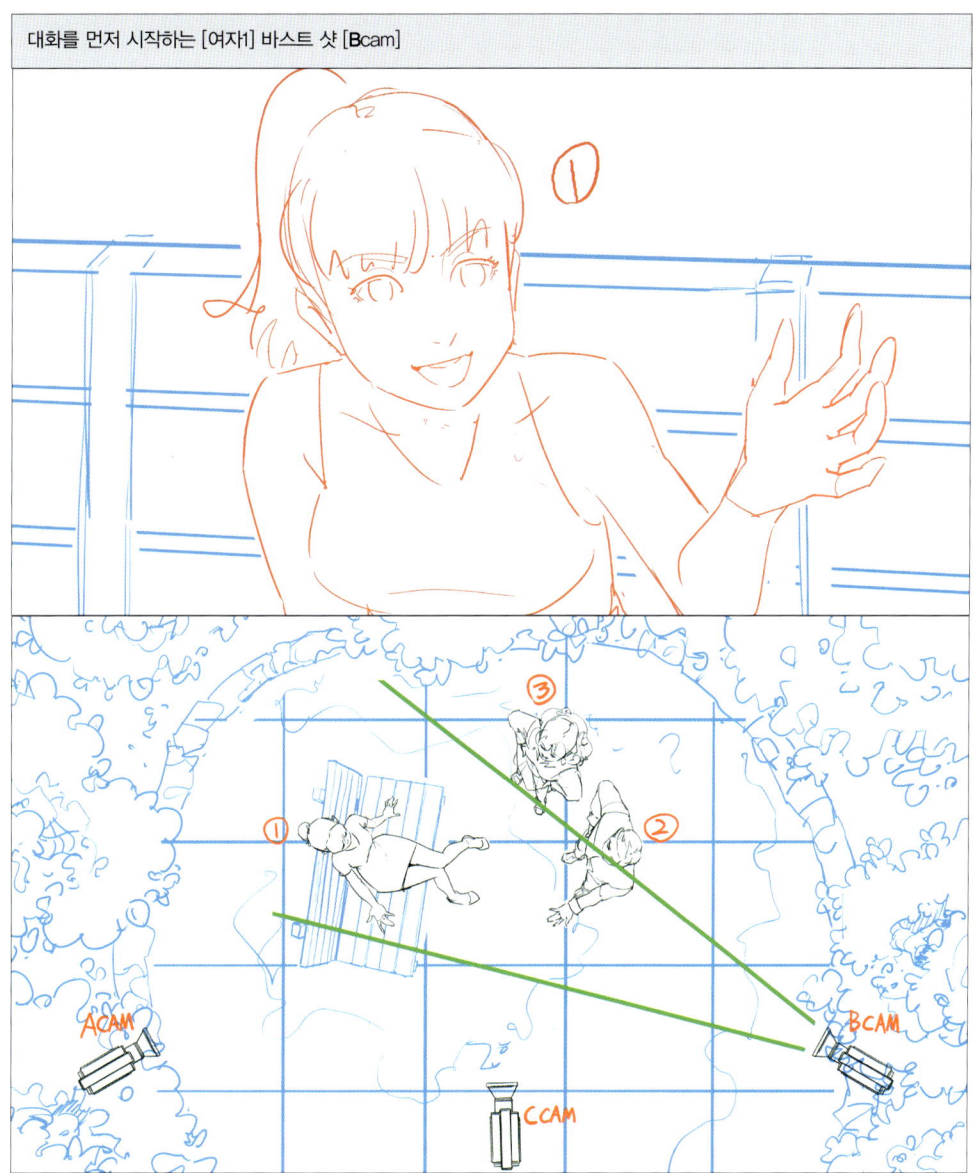

109

[남자2], [여자3] 로우앵글 바스트 투샷 [Acam]

이런 식으로 컷이 자연스럽게 이어갈 수 있습니다.
[여자1]이 대사를 시작하면, [남자2], [여자3]이 붙어서 [여자1]를 바라보게 하면 됩니다.
(같은 시선을 바라보며 같은 그룹을 형성)

이야기를 듣던 중 [남자2]가 대사를 시작하고 [여자3]이 그를 바라봅니다.

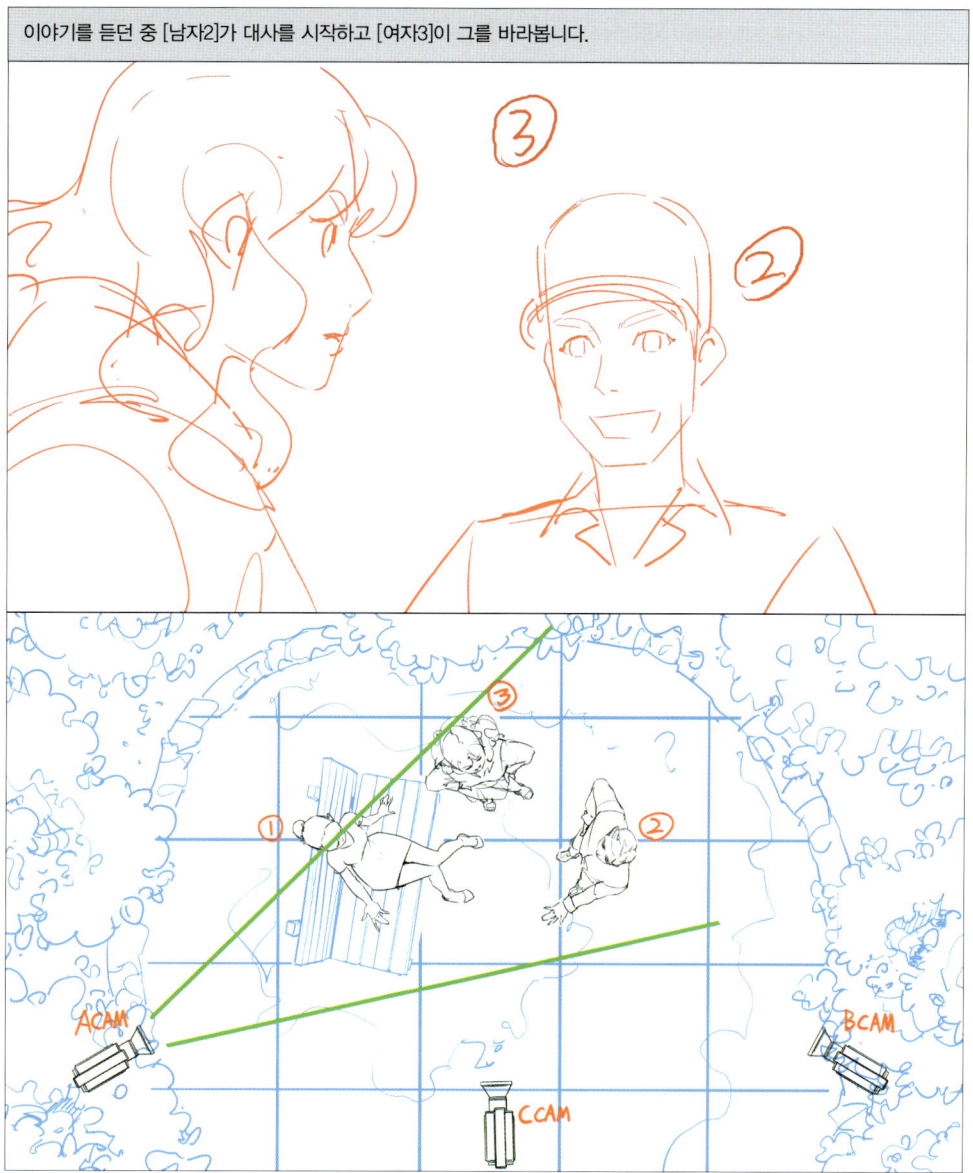

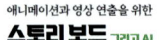

[세 사람 노말사이드 미디엄샷 ccam]
자연스럽게 [여자1]이 일어나면서 [여자3]과 같은 위치가 되면서 두 여자가 [남자2]의 말을 듣는 같은 시선의 왼쪽 그룹을 만듭니다. 말을 하는 [남자2]는 오른쪽 그룹이 됩니다.

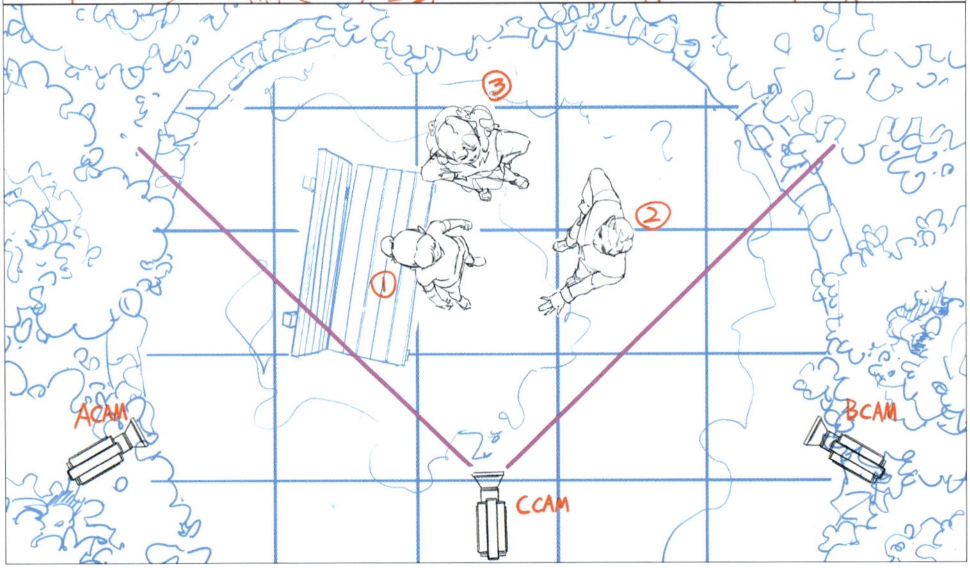

Part 06. 인물 중심 샷 구성

카메라를 그대로 두고 이번에는 [여자3]가 대사를 시작하면 [여자1]과 [남자2]가 카메라를 등지고 [여자3]을 바라봅니다.

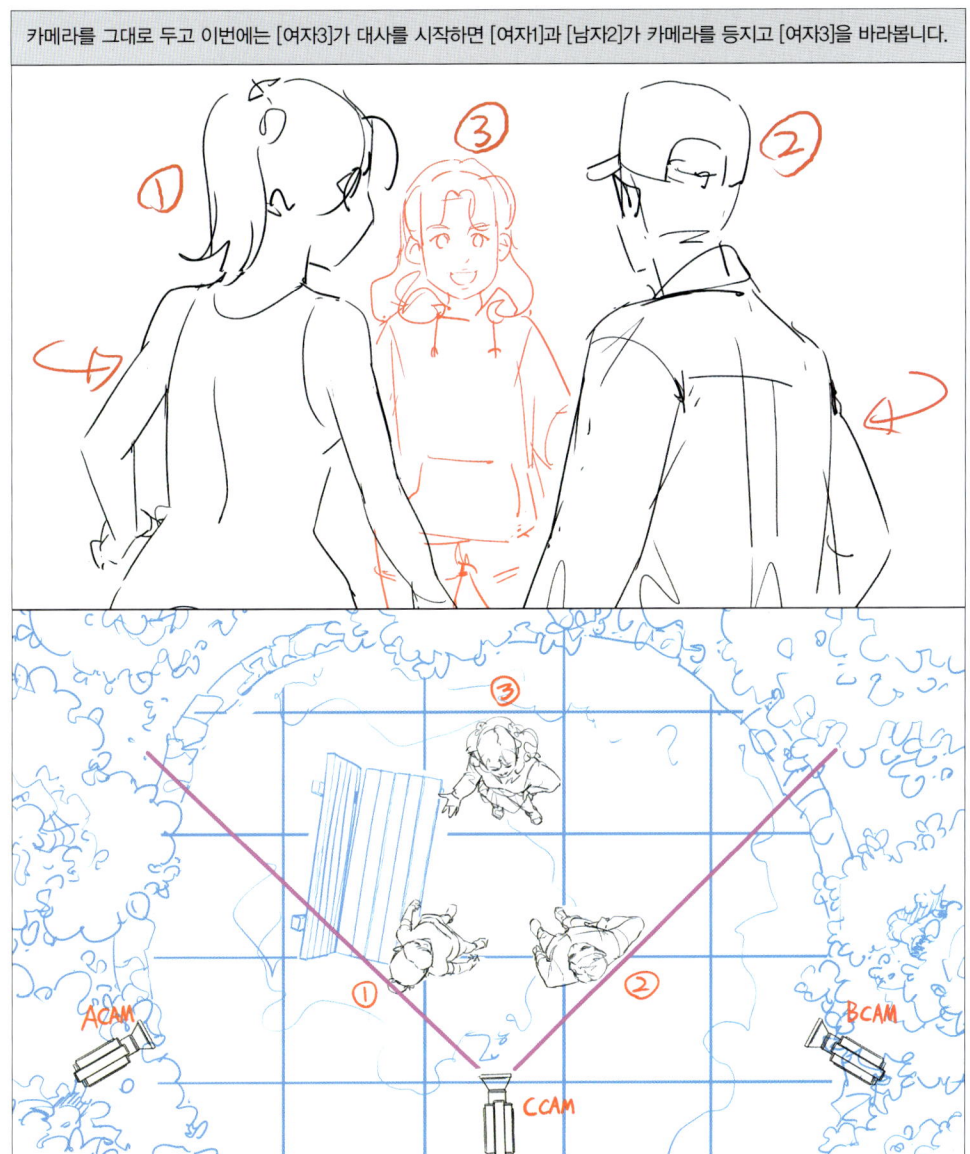

113

이 때 다음 장면으로 [여자3]의 시선으로 [여자1], [남자2] 정면성 바스트샷을 구성하면 기존 카메라 세팅 전체가 90도로 이동하게 되고 왼쪽 그룹이 새롭게 만들어집니다.

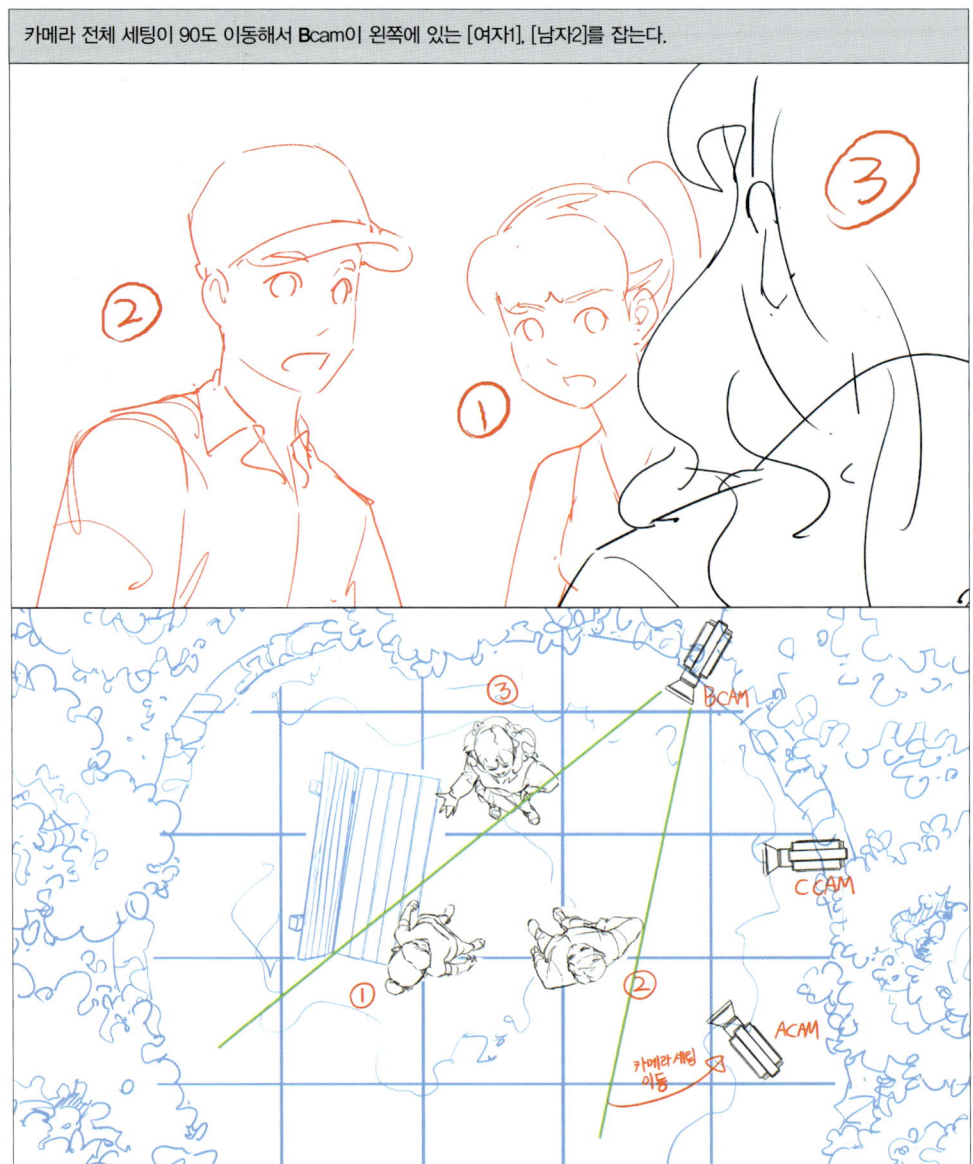

Part 06. 인물 중심 샷 구성

마찬가지로 새로운 그룹을 형성한 오른쪽에 있는 [여자3]을 Acam으로 바스트샷을 담는다.

여기서 알 수 있는 것은 3명이 이야기하는 씬이지만 레이아웃은 항상 말하는 사람과 듣는 사람 두가지 그룹으로 나타낼 수 있다는 것입니다. 만약 이런 것을 고려하지 않고 대사 씬을 만든다면 가독성이 매우 떨어지고 연출하다가 갑자기 이미지 라인이 벗어나는 경우도 생길 수 있습니다.

115

앞에서 연출된 이미지들을 콘티형식으로 편집하면 아래와 같습니다.

다수의 그룹화 형성 추가로 새 다수 그룹 추가되는 경우

이제 이 것을 응용해서 다수 대 다수의 집단의 그룹화를 예를 들어 보여드리겠습니다.

서로 적대감을 들어내고 있는 A, B 그룹이 있고 각각 양쪽에 배치해서 Ccam으로 풀샷을 잡아줍니다.

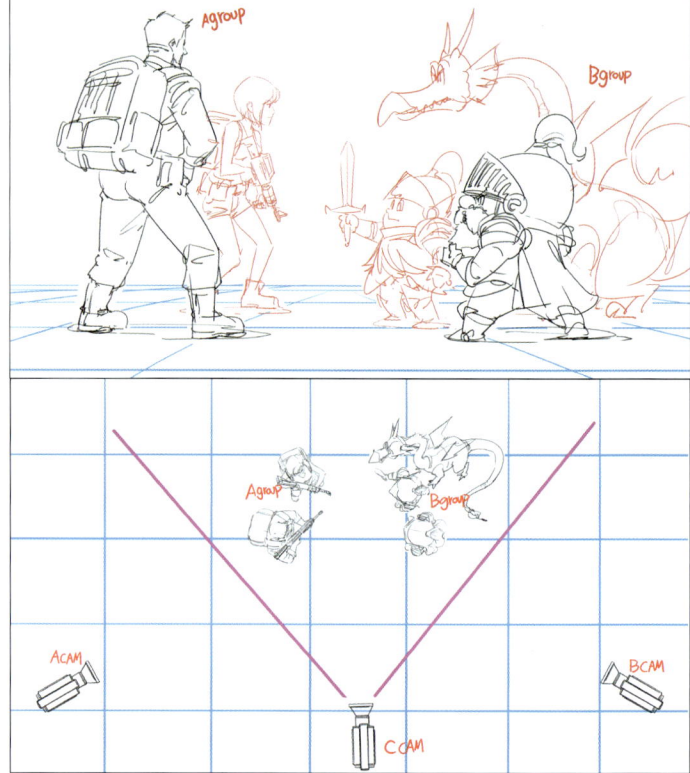

개인의 대사 씬처럼 크게 묶어서 서로 대치된 [A그룹]을 [Bcam]으로 타이트 풀 샷으로 표현합니다 다수를 그룹화 한 경우 샷들이 좀 넓어집니다.

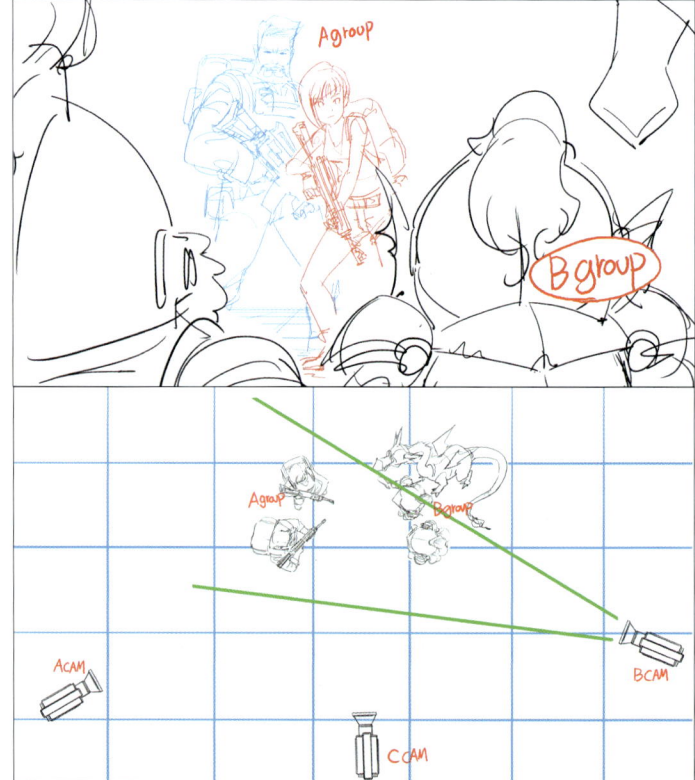

[A그룹]과 대치되는 [B그룹]을 [Acam]으로 미디엄 샷을 찍습니다. (긴장감 고조)

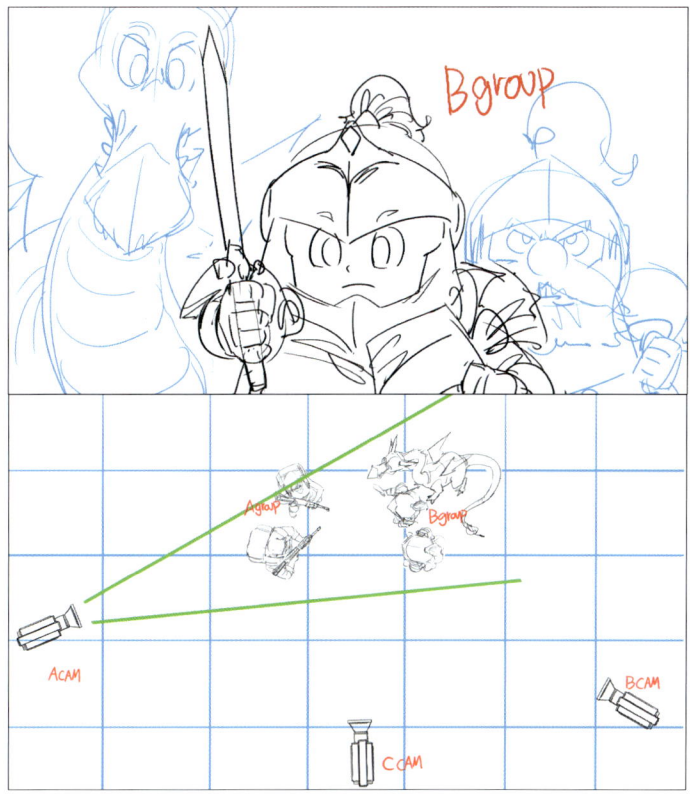

두 그룹의 노말사이드 미디엄샷 [Ccam] 입니다.
두 그룹이 긴장감이 도는 분위기 일 때 어떤 소리가 들리면서 두 그룹은 화면 쪽을 쳐다봅니다.

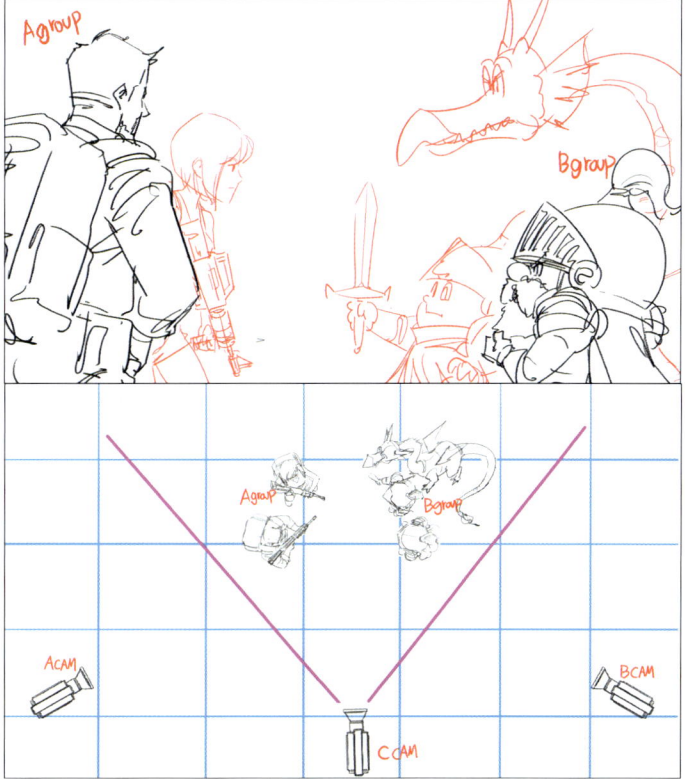

이렇게 서로 나눠져 있던 그룹이 한 곳을 보게 되면 다시 같은 그룹으로 묶입니다. 그룹화의 핵심은 시선 방향이란 것을 알 수 있습니다.

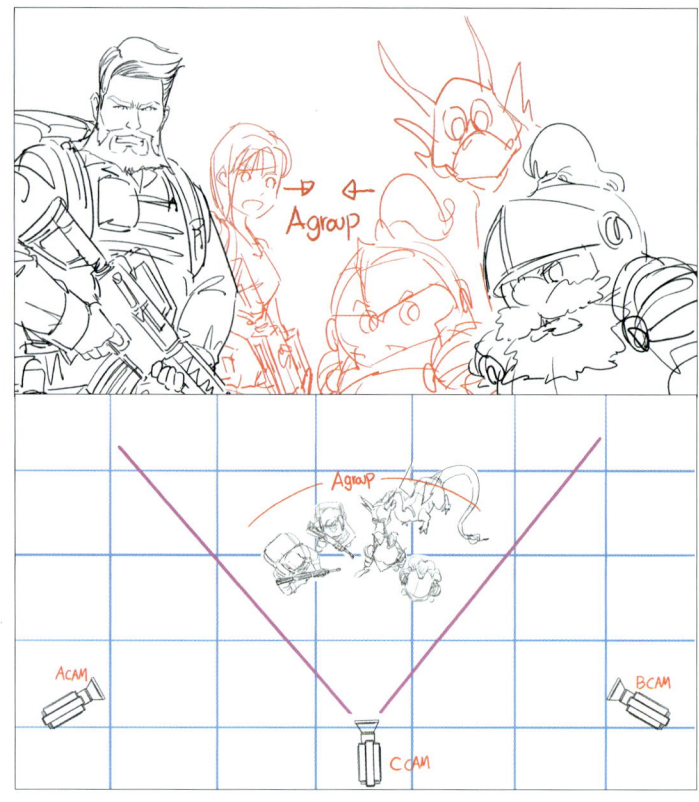

카메라 세팅이 새로운 그룹이 만들어 지면서 90도 돌면서 다시 세팅 됩니다.

새로 생긴 [A그룹]의 시점으로 반대편 새로운 그룹을 보는 샷 [Bcam]

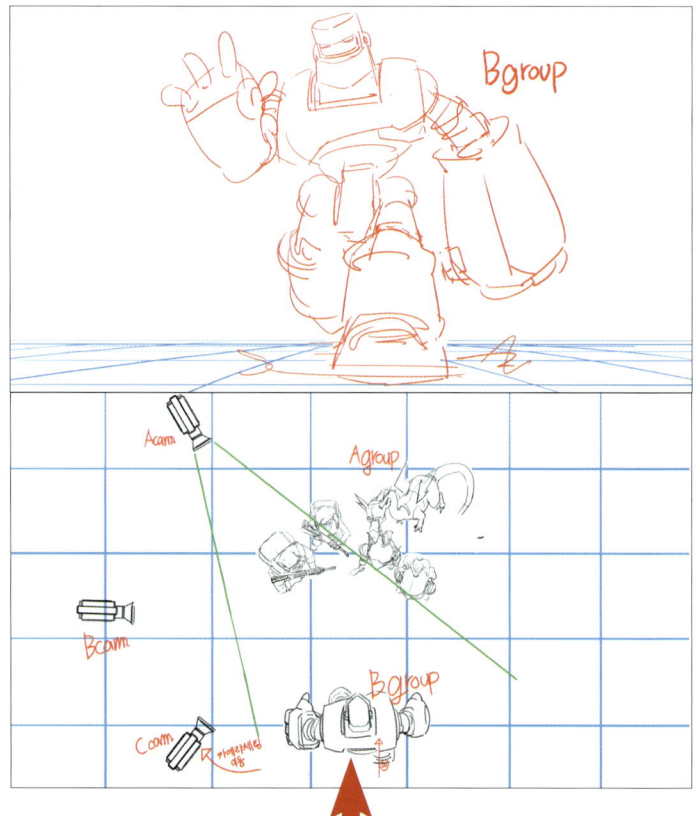

[Ccam]으로 새로운 레이아웃 전체를 보여줍니다. 왼쪽이 [A그룹], 오른쪽이 [B그룹]

이렇게 아무리 다수의 캐릭터나 피사체가 나와도 2개의 그룹화를 이용해서 같은 성격의 집단을 두 가지 그룹으로 압축하는 것을 연습하면 복잡해 보이는 씬도 가독성이 높은 화면 구성으로 만들 수 있습니다.

콘티형식으로 편집

#	Page NO.			
Cut	Picture	Time	Action	Dia
s06c01			s06 a, b 그룹 사이드 full shot 새로운 국면으로 분위기가 전환 된다.	

7. 사물 중심 샷 구성

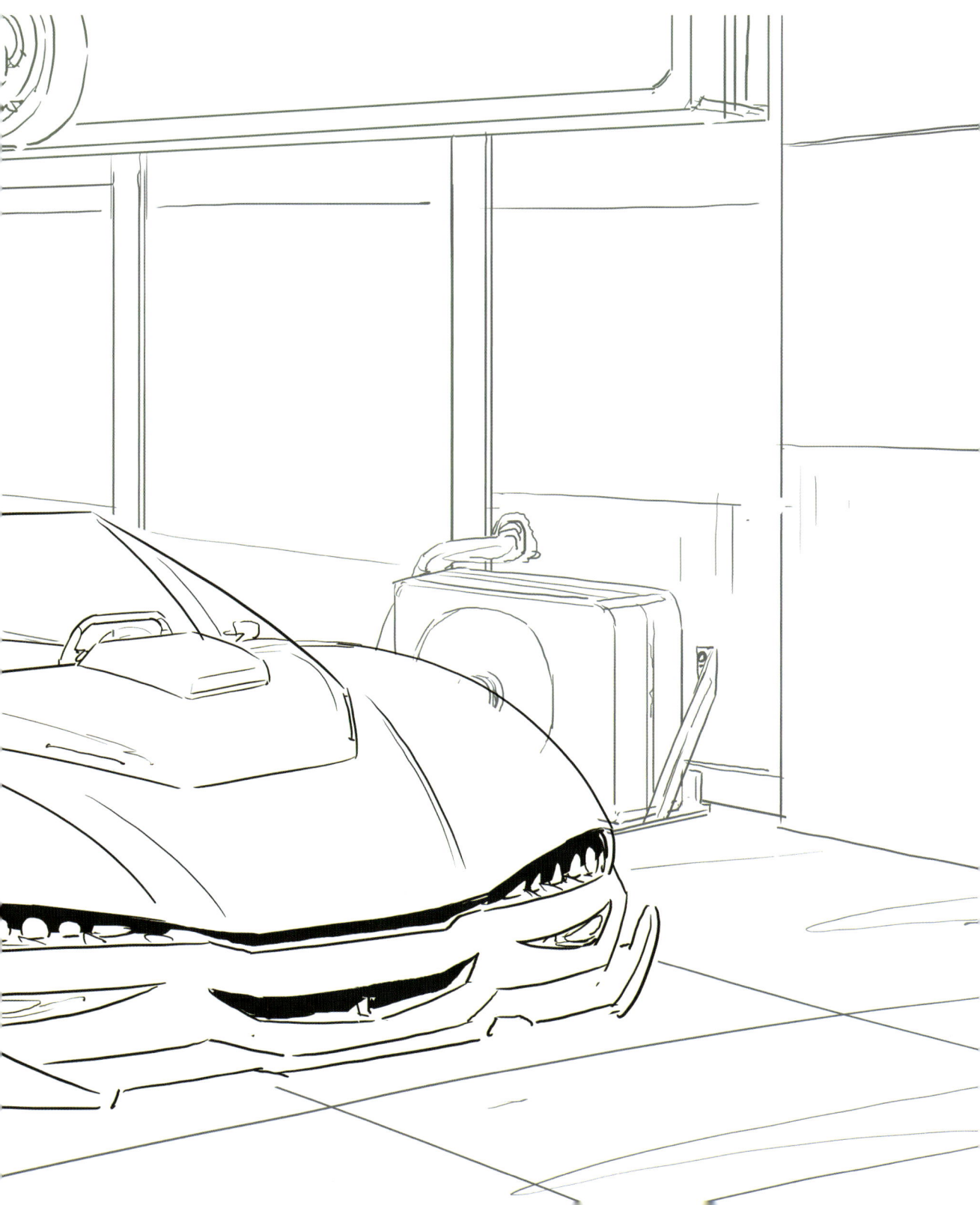

단일 개체

로봇

로봇은 사람을 그릴 때와 다르게 거대한 느낌을 살려서 로우앵글로 잡으면 효과적입니다.

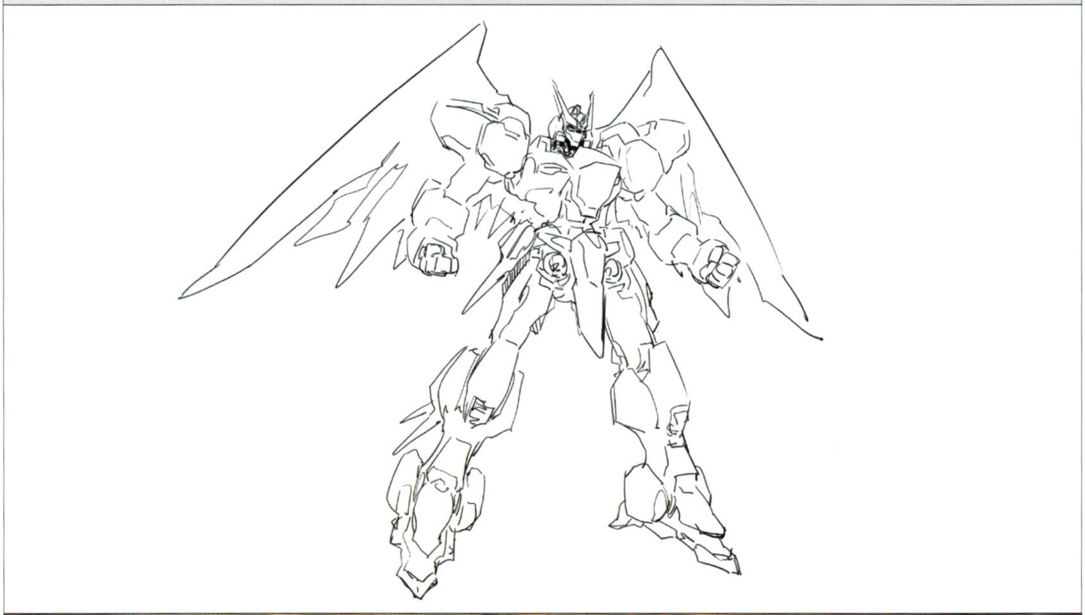

자동차

자동차는 사람보다 시선이 약간 아래에 있기 때문에 반측면에서 사람 시선으로 그리는 경우가 많습니다. 자동차 카탈로그나 광고를 참고하셔도 좋습니다.

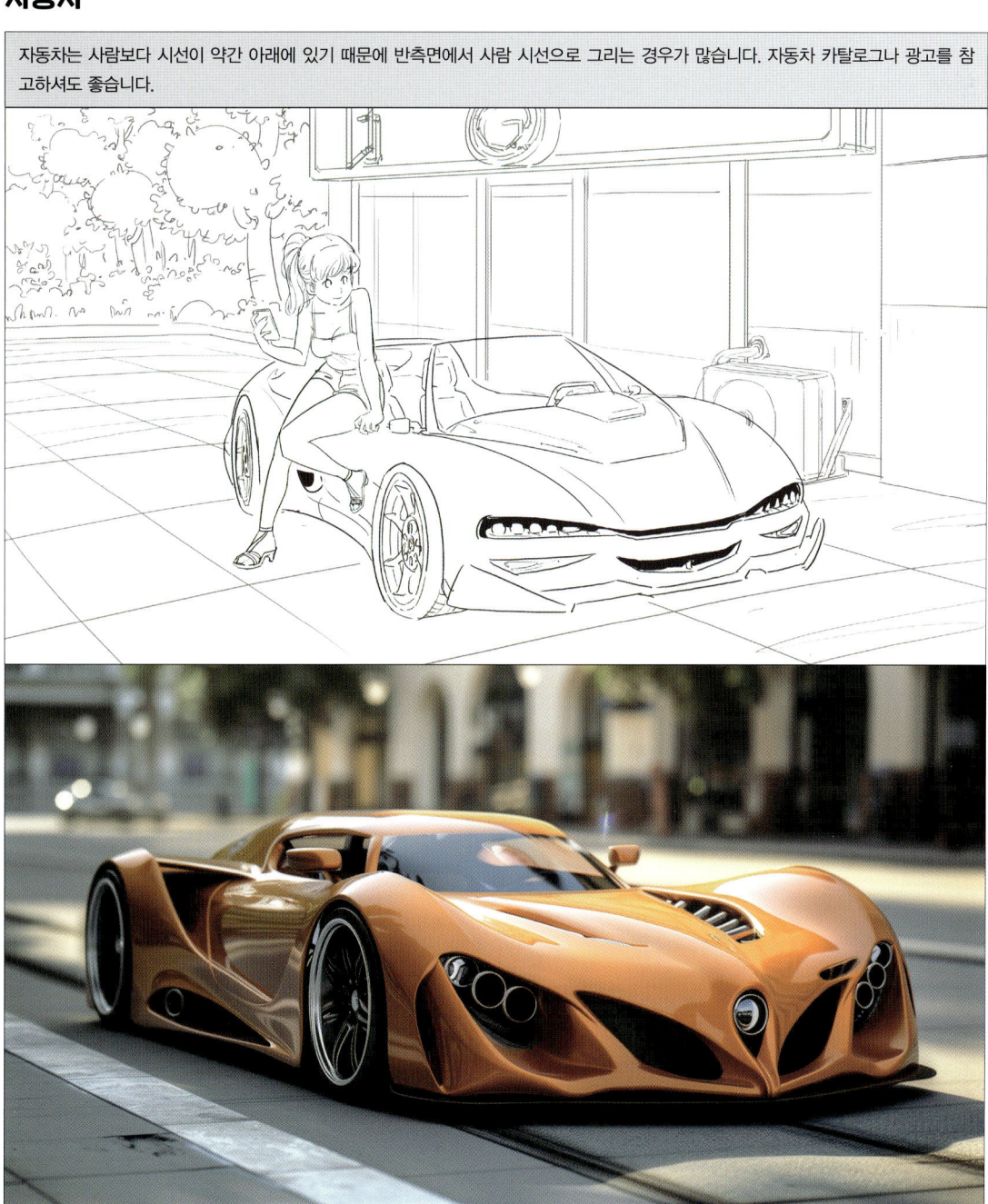

전투기

전투기는 사람의 시선이 상관없는 곳에서 주로 앵글에 담겨서 옆에서 같이 날고 있는 새에 시점에서 많이 그려집니다. 측면이 긴 형상 때문에 반사이드 앵글에서 안정적으로 멋지게 보입니다.

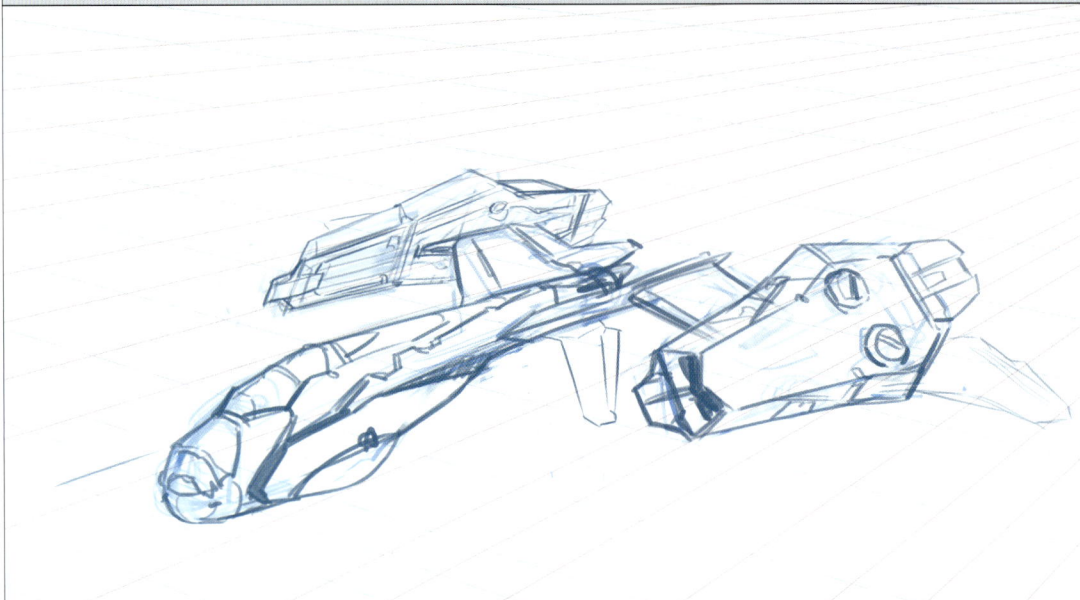

바이크

영상에서 바이크는 항상 속도감을 높이기 위해서 질주하는 바이크 바로 옆에 광각 카메라를 달아서 같이 질주하는 느낌으로 많이 연출합니다.

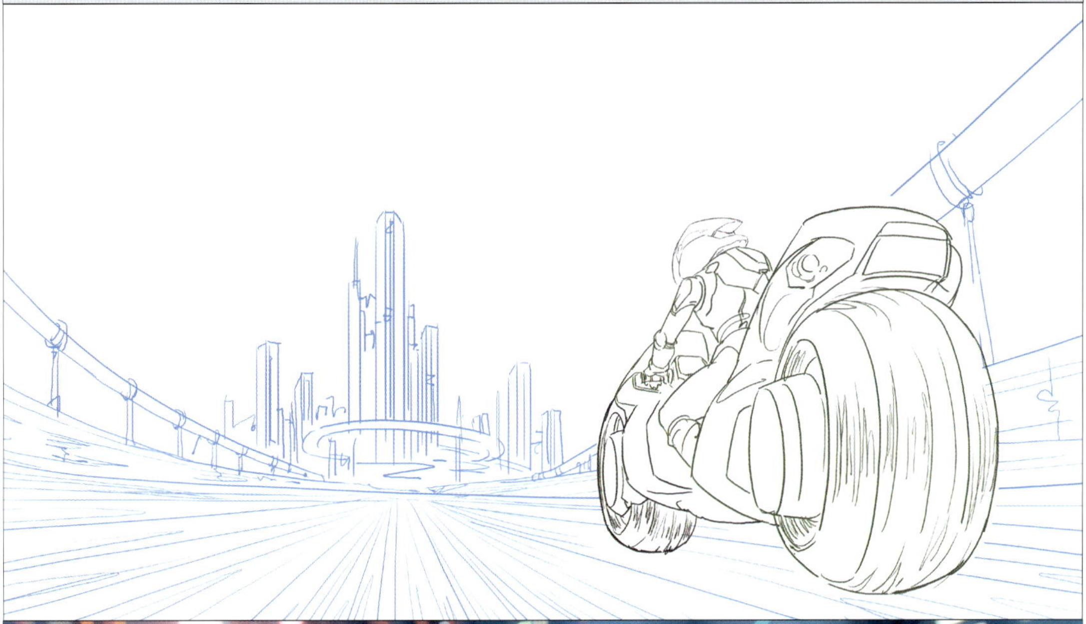

항공모함

거대 선박은 로우앵글도 좋은 선택이지만 갑판과 수평선을 맞춰서 위에 실린 물건들의 규모를 보여주는 것도 효과적인 방법입니다.

다수 개체

크리처

크리처물에서 괴물이 덤비는 상황이 많이 연출이 되는데 위기에 처한 주인공을 화면에 걸고 로우앵글에서 덮치는 괴물을 화면 꽉 차게 표현하면 효과가 좋습니다.

로봇들의 나열

> 거대한 규모감을 잘 표현하고 싶다면 z축으로 거대한 물체들을 나열하면 꽤 괜찮은 장면을 연출할 수 있습니다. 화면에 가까이 보이던 거대 로봇이 여러 대가 z축으로 점점 축소되면서 협각 현상으로 겹쳐 보이며 더 많아 보이고 입체적으로 느껴집니다.

드래곤과 파티원

거대하고 위협적인 드래곤을 로우앵글 가운데로 두고 도전하는 파티원들을 주변에 위성처럼 위치를 시키면서 드래곤을 향해 집중하는 모습으로 레이아웃을 잡습니다.

로봇 편대

여러가지 로봇을 날거나 편대로 비행하는 경우 주인공격인 한 대를 정해서 그 중심으로 크기나 위치를 잡아 주는 것이 좋습니다.

전통적인 대결구도

옛날 서부극에 자주 사용되던 구도를 현재도 널리 통용되고 있어서 미리 공부해 두면 응용할 곳이 많습니다.

8. 스토리보드 제작

시나리오 분석

시나리오 세번 정독 하기

스토리보드를 제작할 때 가장 먼저 해야 할 일은 시나리오를 읽는 것입니다.
단순히 읽는 것이 아니라, 누구보다도 시나리오의 내용을 잘 이해하고 맥락을 정확히 파악해야 합니다. 이해도가 높아야 이미지 전환을 효과적으로 구성할 수 있기 때문입니다. 스토리보드는 빠른 작업이 요구되는 경우가 많기 때문에 시나리오를 효율적으로 습득하는 것이 중요합니다. 이를 위해 세 번에 걸쳐서 각각 다른 기준으로 시나리오를 읽는 방식을 추천합니다. 팀원들에게 시나리오를 처음 접 했을 때 꼭 정독으로 세번 읽으라고 하는데 읽는 순서에 따라 중요하게 살피는 점이 다릅니다.

처음에 읽을 때 - 지문 위주로 읽어 나갑니다 (이야기의 큰 흐름을 빠르게 파악)

처음 읽을 때는 대사를 배제하고 지문(상황 설명) 위주로 읽어 나갑니다. "언제, 어디서, 누가, 어떤 사건을 겪는지" 전체적인 맥락을 빠르게 이해하는 것이 핵심입니다. 대사까지 모두 읽으면 초반에 너무 복잡해질 수 있기 때문에, 우선 큰 그림을 잡는 데 집중합니다.

두 번째 읽을 때 - 대사 위주로 읽습니다 (캐릭터 감정과 정서적 흐름 파악)

첫 번째 읽기를 통해 대략적인 이야기 구조와 캐릭터들의 관계를 이해했다면, 두 번째는 대사 위주로 읽으며 감정을 분석합니다. 대사에 담긴 캐릭터의 감정과 제스처를 상상하며, 씬(Scene)의 정서적 흐름을 파악하는 것이 중요합니다.

세 번째 읽을 때 - 지문, 대본을 정독하면서 이미지를 러프하게 생각하며 읽습니다 (시각적인 이미지로 전환)

지문과 대사를 모두 정독하며, 동시에 스토리보드의 이미지와 연출 방향을 러프하게 구상합니다. 전체적인 연출의 흐름을 머릿속에 정리하면서 장면별로 필요한 컷을 떠올립니다. 이 과정에서 초기 이미지가 정리되며 스토리보드 제작의 기초가 다져집니다.

사실 시나리오는 그 때 그 때 많이 읽을수록 좋지만 현실적인 상황에서 시나리오를 분석 하는 시간은 매우 제한적인 경우가 많기 때문에 글을 빨리 읽고 파악하는 자신만의 노하우를 쌓아가는 것은 아주 중요 합니다.

요약해서 적어 보기

스토리보드 작업은 예상보다 시간이 오래 걸릴 수 있기 때문에 작업 중 계속해서 시나리오 전체를 반복해서 읽으며 맥락을 파악하는 것은 비효율적입니다. 그래서 자신이 보기 편한 방식으로 시나리오를 요약해 정리해 두면 작업이 훨씬 편리해지고, 스토리보드의 정확도를 높일 수 있습니다.

갈등 구조를 따로 파악해서 요약해 두기

시나리오는 반드시 갈등 구조를 가지게 됩니다.
갈등이 생기고 주인공이 풀어 나가면서 재미를 전달하는 것이기 때문에 시나리오 작가의 의도를 파악하고 갈등 구조만 따로 요약해 두면 연출 방향을 결정할 때 도움이 되고, 스토리의 핵심을 놓치지 않고 구성할 수 있습니다.

우리가 처음 스토리보드를 제작할 때 가장 중요한 기준이 되는 씬들은 바로 갈등 구조가 형성되는 원인과 그 갈등이 해결되는 과정에서 캐릭터가 보이는 행동과 대사들입니다. 이 요소들은 스토리의 핵심을 이루기 때문에, 따로 염두에 두고 계속 확인해야 합니다.

이미지로 표현하는 과정에서 원래 의도와 다르게 보일 수도 있고, 완성된 후에도 스토리의 흐름이 명확하지 않을 수 있습니다. 그래서 반드시 요약본을 참고하면서 요약된 이야기의 본질과 느낌이 유지되는지 체크해야 합니다. 만약 씬의 이야기가 흐릿해진다면 원래 의도를 되돌아보고 수정해야 합니다.

시나리오 요약

- 딸이 급하게 준비 하고 방 밖으로 나가려는데 엄마가 갑자기 방으로 들어와 딸을 막는다.
- 엄마의 왼손에는 담배를 들고 있고 오른쪽 손에는 김치를 들고 있다.
- 아마 딸이 화장실에서 담배를 피우다가 걸린 것 같은 상황이고, 엄마는 딸에게 화가 나 있다.
- 딸은 말 대답을 하면서 엄마의 화를 돋구고 결국 김치를 휘두르는 엄마
- 딸은 순간 기지를 발휘해서 우산으로 김치를 막는다.

주요 이미지 정하기

시나리오를 요약했다면, 각 시퀀스마다 대표 이미지를 미리 생각해두고 썸네일로 간단히 스케치해 보는 것이 좋습니다.

스토리보드를 글의 순서대로 급하게 이미지 연출을 이어가다 보면 다음과 같은 문제가 발생할 수 있습니다.

- 이미지 감정 곡선이 엉망이 된다.
- 불필요한 씬이 많아지고, 흐름이 늘어지게 된다.
- 정작 중요한 핵심 장면이 제대로 연출되지 않는 표현으로 지나간다.

그래서 스토리보드를 제작하기 전에 썸네일 스케치를 활용하면, 각 씬의 핵심 장면을 미리 시각화할 수 있고, 스토리의 흐름을 효과적으로 조정하며, 감정 곡선을 자연스럽게 정리할 수 있습니다.

주요 이미지 예시

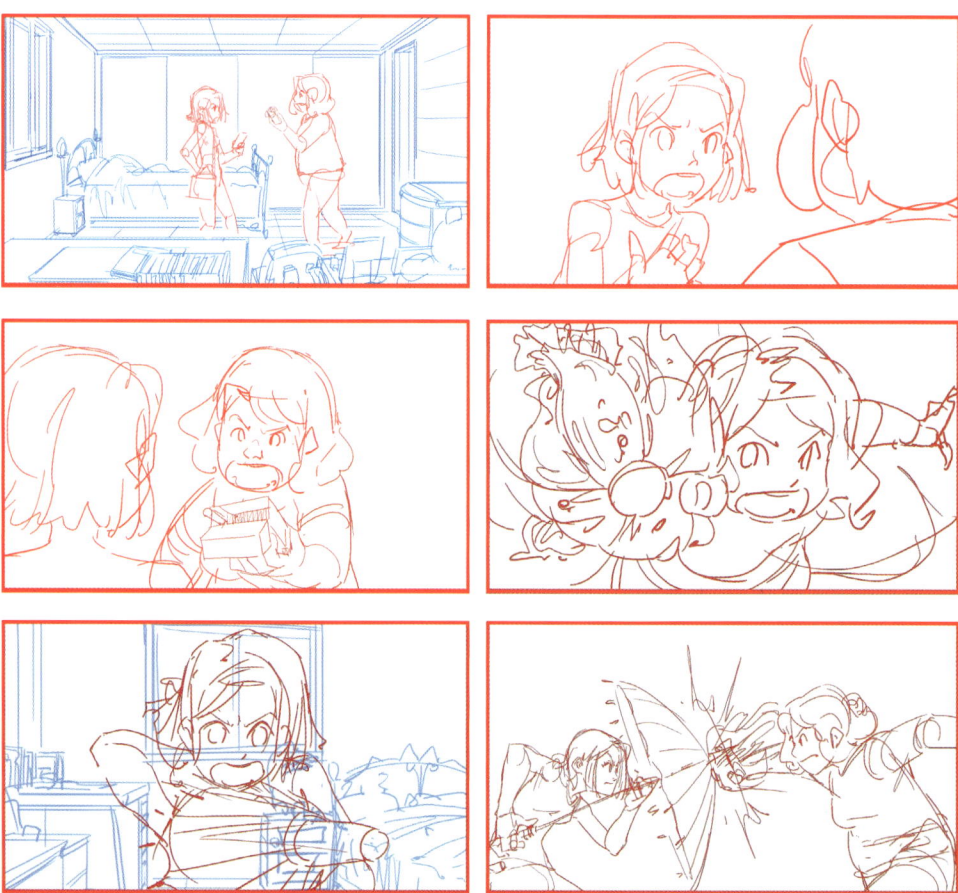

글 콘티 작성하기

스토리보드를 처음 그리는 사람들은 대부분 썸네일을 먼저 작성하여 화면을 구성하는 경우가 많습니다. 하지만 썸네일만으로 작업을 진행하면 생각보다 정확도가 떨어지는 문제가 발생합니다.
예를 들어, 오늘 시나리오를 분석하고 일주일 치 분량의 썸네일을 작성했다고 가정해 봅시다.
이제 이틀 후에 다시 그 썸네일을 보면서 원래 의도했던 연출을 정확히 이해할 수 있을까요?

대부분의 경우, 자신이 직접 그린 썸네일임에도 불구하고 어떤 상황을 상상하며 그렸는지 확실히 기억하지 못합니다. 이러한 문제를 방지하기 위해, 썸네일과 함께 '글 콘티(텍스트 콘티)'를 작성하는 것이 좋은 방법입니다.

글 콘티는 타인에게 보여주기 위한 문서가 아니라, 오직 자신을 위해 작성하는 기록입니다. 자신이 연출하려는 장면과 기획 내용을 쉽게 이해할 수 있도록 정리합니다. 간단한 메모 형태라도 충분하며, 시간이 지나도 원래 의도를 빠르게 떠올릴 수 있습니다.

저 같은 경우 해당 컷의 장면을 설명하는 문장을 대제목으로 표기하고 자세한 내용을 적어둡니다. 어떤 샷으로 할지, 캐릭터들의 행동과 감정 표현 방식은 어떻게 진행되는지, 이때 카메라 워크와 대사는 어떤 것을 하는지 등을 적어둡니다.

이렇게 미리 글로 작성해 두면 이미지 연출을 전체적으로 빠르게 파악할 수 있습니다. 작업 시간이 길어져도 원래 의도했던 연출을 정확하게 유지할 수 있으며, 수정이 용이하여 연출 방향을 조정하기 쉽습니다.

글 콘티 예시

[방안 사이드앵글 풀 샷]
방안 전경이 잘 보이는 앵글. 딸이 짐을 급하게 정리하고 나가려고 할 때 엄마가 들어온다.

[아이 걸고 엄마 정면성 바스트 샷]
엄마가 다급하게 김치 담그다가 온 첫 컷처럼 김치를 들고 왼쪽 손에는 어떤 물건을 내밀어 보이며 딸에게 따진다.

[엄마 어깨 걸고 딸 정면성 바스트샷]
딸이 억울 한 듯이 엄마에게 대든다.

[노말 사이드 미디엄샷]
두 사람 모두 격하게 말다툼한다.

Part 08. 스토리보드 제작

[엄마 정면성 타이트 단독 바스트]
엄마 화낸다

[딸 정면성 단독 바스트샷]
흠칫! 놀라며 엄마를 살피는 딸.

[딸 시점 엄마 바스트샷 팬 다운]
엄마 손에 든 김치

[딸 정면성 클로즈업]
주변을 살피는 눈빛

[딸 시점 인서트 pov 포인트 오브 뷰]

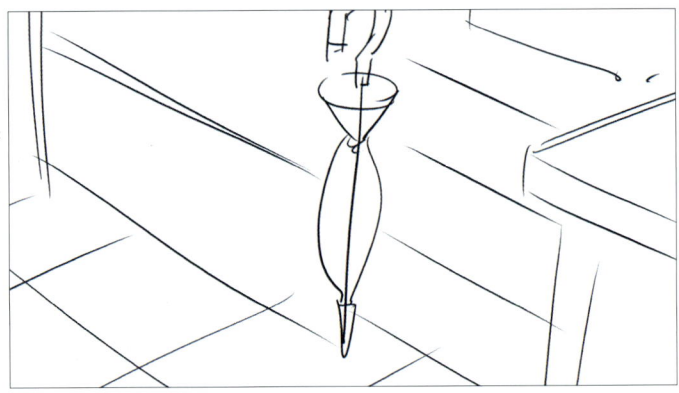

[엄마 정면성 웨스트 샷]
화면 앞으로 김치를 던진다.

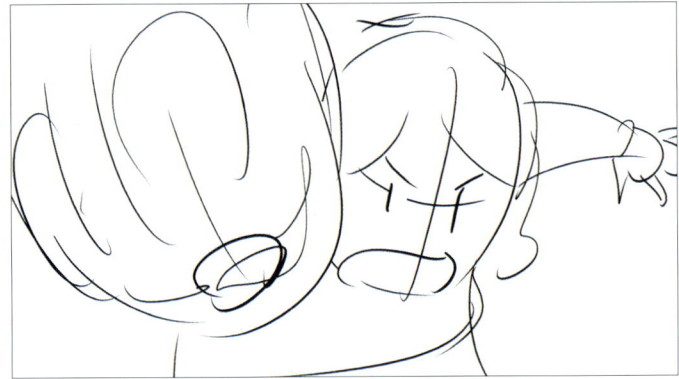

[딸 정면성 웨스트 샷]
딸은 아까 살폈던 어떤 물건을 통해서 화면 앞으로 날라오는 김치를 막는다.

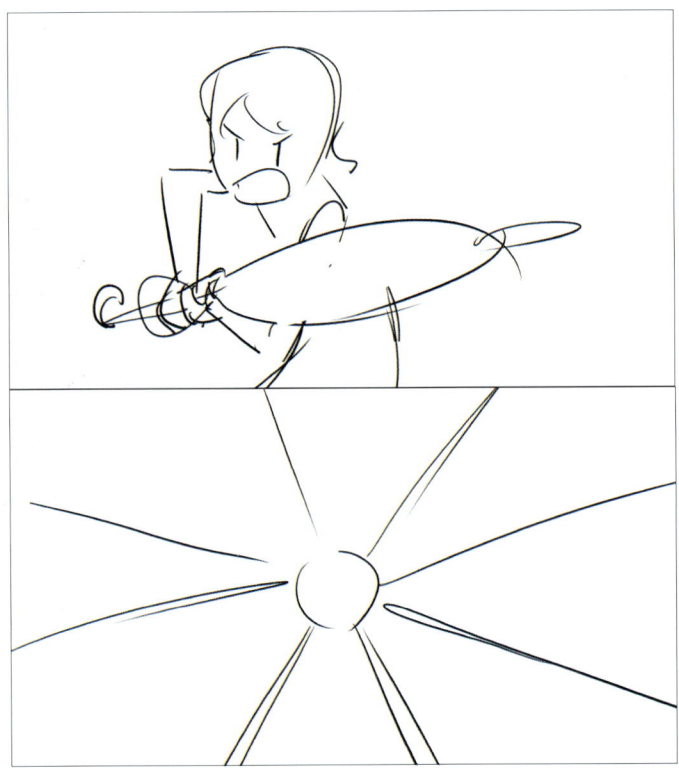

[노말 사이드 미디엄샷]
고속…(솔로우) 딸이 엄마의 김치를 먹는다.

컷의 연속성 연출

점프컷처럼 보이지 않도록 연출하는 방법

스토리보드를 연출할 때, 가장 어려운 부분 중 하나는 '다음 컷을 어떻게 연결해야 하는지' 모르는 경우입니다. 이야기가 있는 영상 연출에서는 필연적으로 컷을 연출해야 하는데, 컷의 순서를 잘못 설정하면 어색한 느낌이 들거나, 내용 전달이 원활하지 않을 수 있습니다. 이러한 문제가 발생하는 가장 큰 이유는 '점프 컷(Jump Cut)'이 원인인 경우가 많습니다.

> **점프 컷(Jump Cut)** : "컷 연결의 오류로 캐릭터의 행동이나 시간과 장소가 어색하게 튀는 현상"

스토리보드를 처음 제작하는 아티스트들에게는 이야기나 연출이 매번 다르고, 상황에 따라 점프 컷을 일일이 체크하는 것이 어렵습니다. 하지만, 점프 컷이 발생하는 상황을 미리 알고 있다면 기획 단계에서 잘못된 컷 연출을 미리 방지할 수 있습니다.

잘못된 연출 그림 첨부 (이미지 라인이 갑자기 바뀔 때)

점프 컷이 발생하는 조건은 다음과 같습니다.

같은 카메라 방향에서 카메라를 반복할 때 (행동 훅 업 불일치)

행동 훅 업이 맞지 않아서 시간이 반복될 때

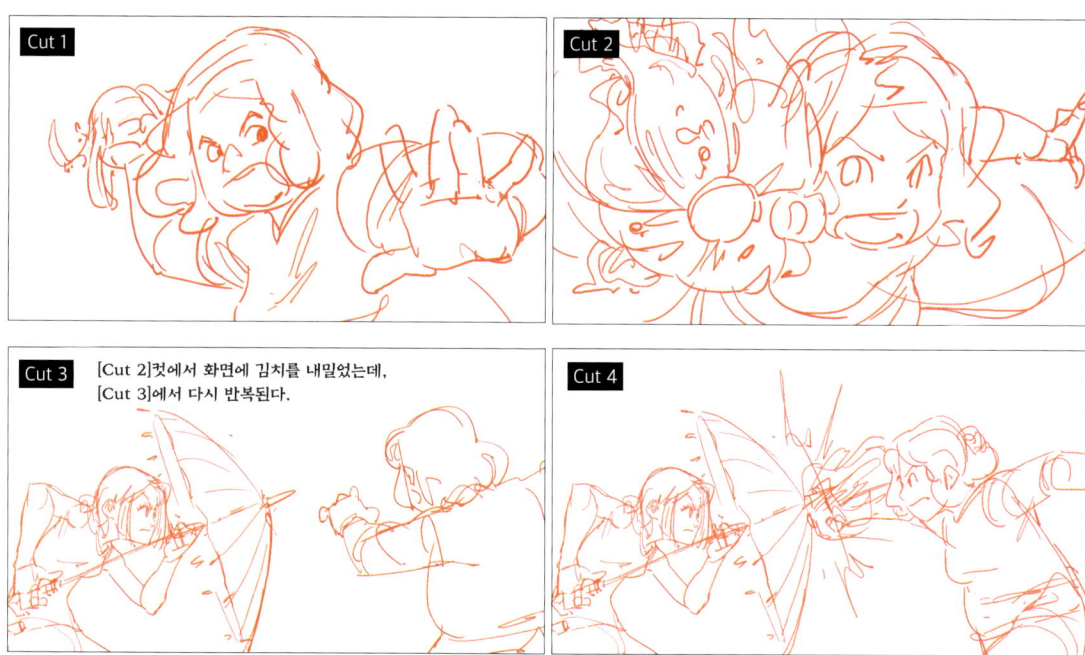

[Cut 2]컷에서 화면에 김치를 내밀었는데, [Cut 3]에서 다시 반복된다.

비슷한 캐릭터 크기가 다시 한 번 반복될 때

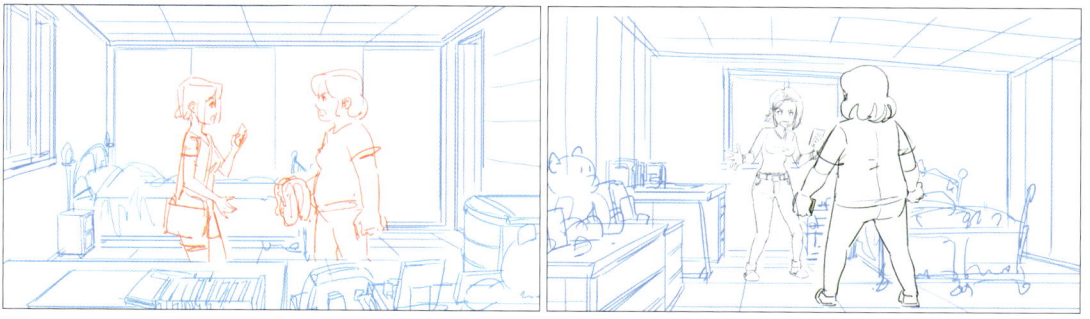

장소가 갑자기 바뀌면서 위치가 맞지 않을 때

[잘못된 연출 그림] 배경 세팅이 딸이 안쪽이고 엄마가 문쪽

[배경이 서로 바뀐 경우] 엄마가 창쪽, 딸이 문 쪽으로 갑자기 바뀜

[배경이 올바른 경우] 엄마가 문 쪽, 딸이 창 쪽

이렇게 점프 컷의 조건을 미리 알고 있으면 컷 연출을 구상할 때 실수를 미리 줄일 수 있습니다.

그럼 예제를 통해 기본적인 컷 순서를 알아볼까요?

이것은 처음 스토리보드를 구성할 때 참고할 수 있는 가이드라인일 뿐이며, 컷 연출의 순서는 정답이 정해져 있는 것이 아닙니다. 스토리보드 작업을 하다 보면, 경험과 지식이 쌓이면서 자신만의 스타일이 자연스럽게 형성됩니다. 이후에는 상황에 따라 연출을 유연하게 조정하고, 더 효과적인 방식으로 발전시킬 수 있을 것입니다.

컷 순서 예제

[사이드 풀샷]
처음에 장소와 나오는 인물들 인물들의 위치를 말해준다.

[A 캐릭터] 바스트 샷]
[A 캐릭터]를 [B캠]으로 찍어서 A 대사 진행

[A 캐릭터 바스트 샷]
[캐릭터 B]를 [A캠]으로 보여준다. B 대사 진행

[두 캐릭터 로우 앵글 망원 미디엄 샷]
다시 두 캐릭터를 모두 보여주면서 대사를 주고 받는 장면 (위에 예제처럼 컷을 진행하게 되면 점프 컷을 방지할 수 있는 순서가 됩니다.)

Part 08. 스토리보드 제작

앞에 썼던 글 콘티를 바탕으로 씬을 진행

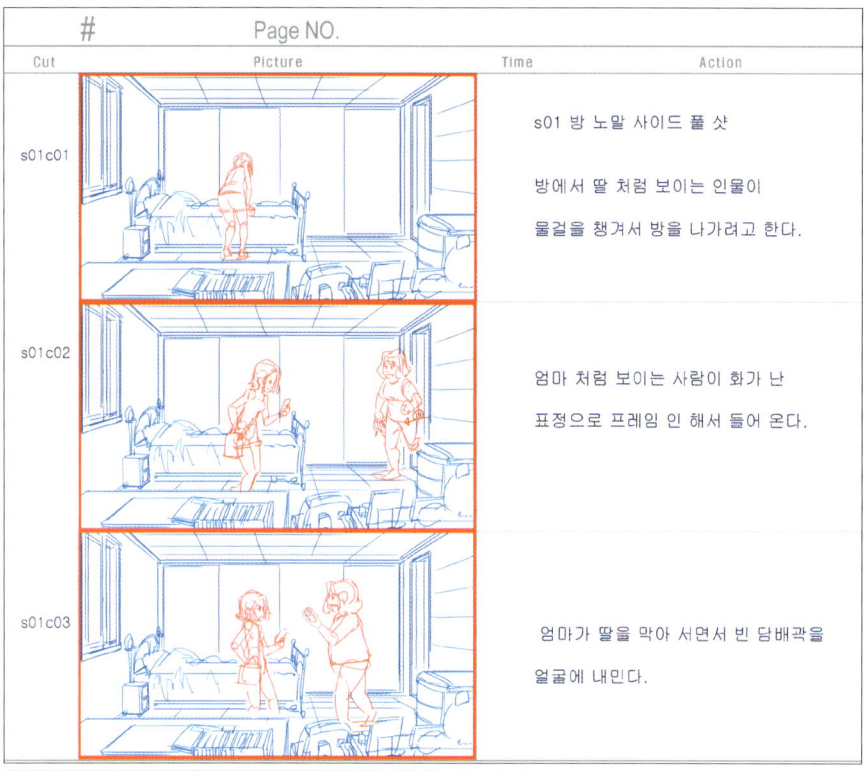

151

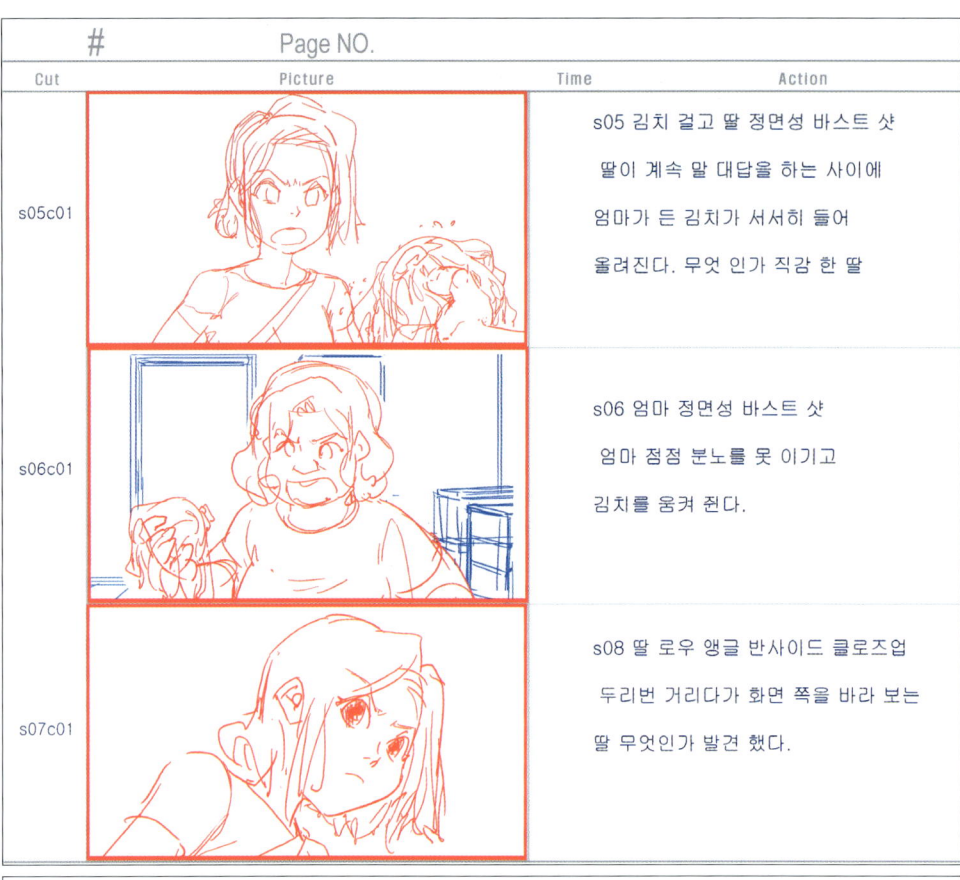

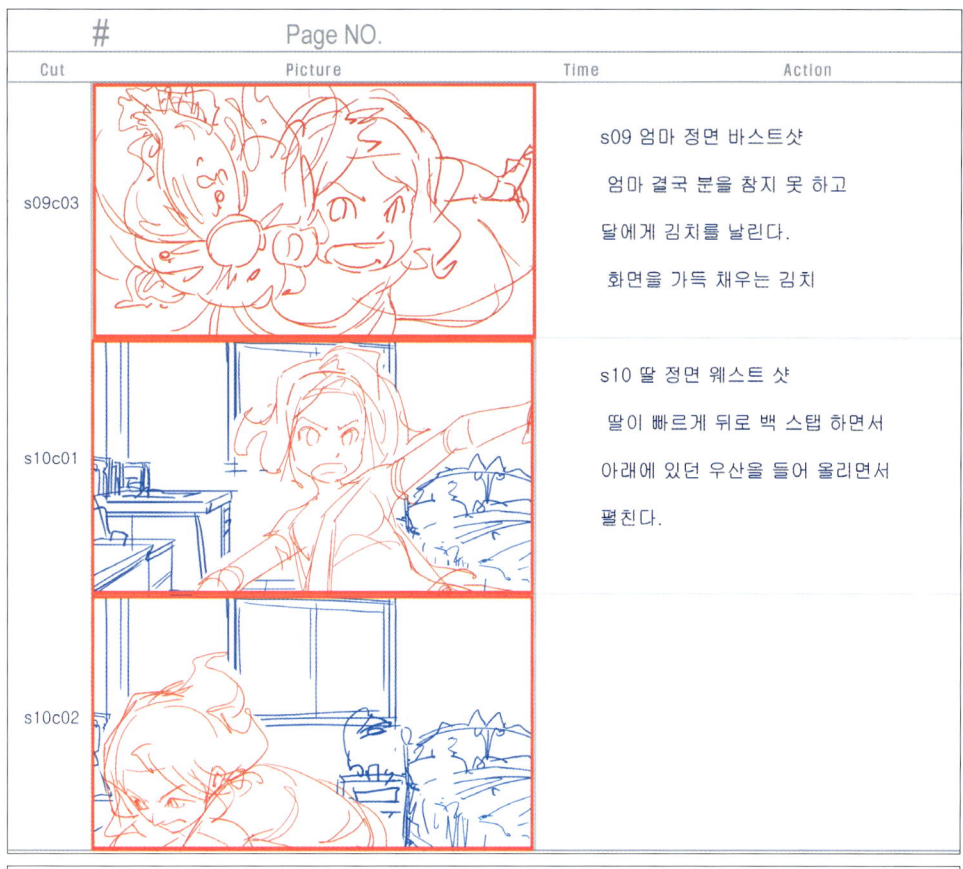

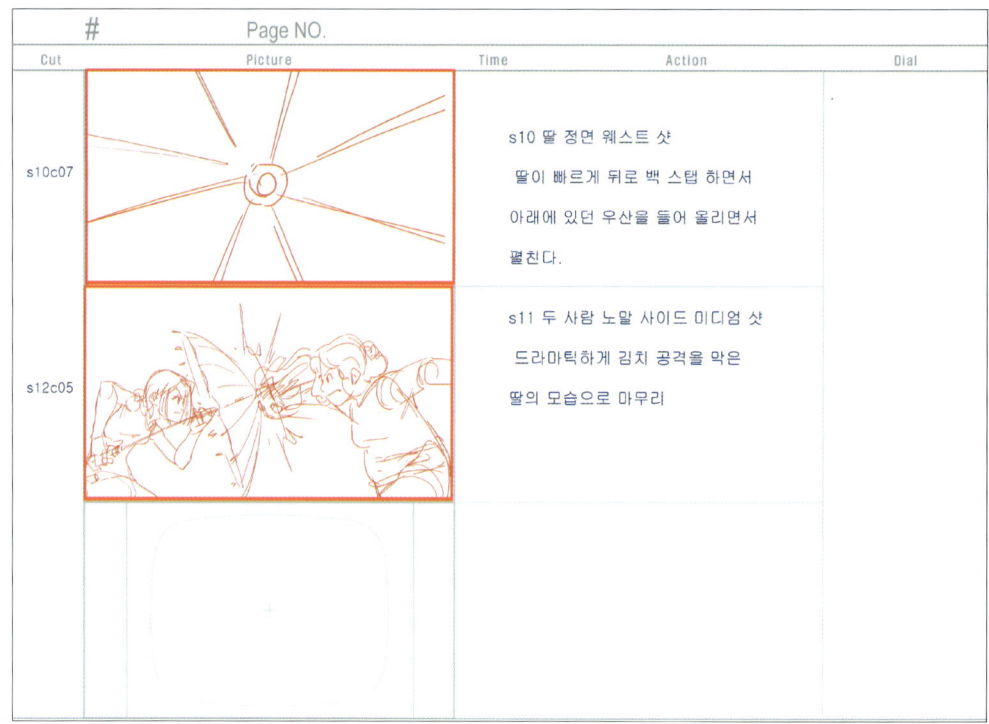

이런 형식으로 자신만의 스토리보드 시트를 만들어서 연습해 봅시다.

콘티로 작성된 스토리보드를 영상으로 제작해보았습니다.
QR 코드로 확인하거나, 다운로드로 제공하는 예제데이터에서 확인해보실 수 있습니다.

카메라워크

지금까지 설명드렸던 장면들은 모두 고정 카메라(fix shot)들이었지만 좀 더 다양하고 효과적인 연출을 위해 카메라워크에 대해서 알고 활용할 필요가 있습니다.

이제부터는 크게 두 가지의 대표되는 카메라워크를 알아보고 활용해 봅시다.
카메라워크를 잘 이해하기 위해서는 위치가 고정되는 경우와 이동되는 경우를 구분해서 생각하면 쉽습니다.

- **카메라 위치가 고정되는 카메라워크 :** Pan, Tilt up / down, Zoom in / out
- **카메라 위치가 이동되는 카메라워크 :** Dolly, Push in out, Tracking, Round paning, Boom up / down

현재 작품들은 디지털 기반이 되면서 여기 있는 카메라 종류가 혼용되는 경우가 많고 와이어 캠이나 로보틱스를 이용한 과거에는 전혀 불가능한 카메라들도 이용되기 대문에 점점 복잡해지고 있지만 스토리보드를 보다 쉽게 이해하고 응용하기 위해서 가장 단순한 현태의 카메라 워크부터 공부하고 습득해야 됩니다.

그럼 각각 카메라 워크에 대해 그려 보고 어떤 것인지 알아보겠습니다.

잠깐!

자신만의 화살표나 기호를 만들어서 화면에 카메라워크를 표시하세요!

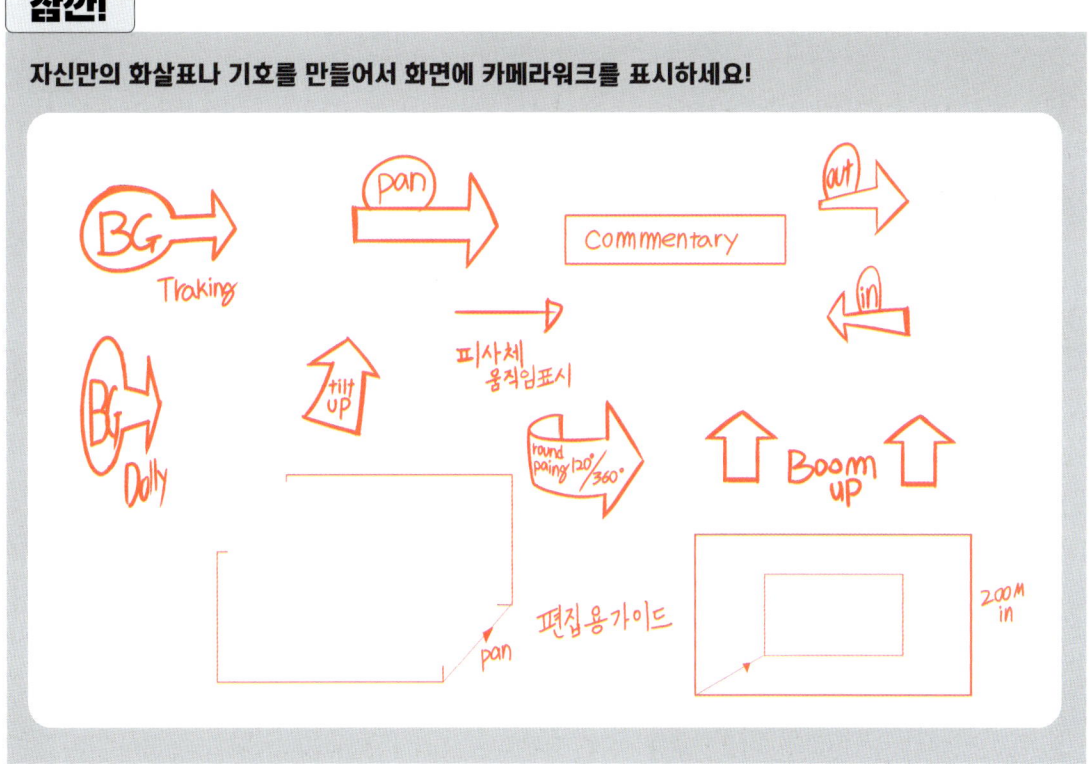

카메라 위치가 고정된 카메라 워크

A-1 : PAN

가장 기본적인 카메라 워크이며 Tilt(틸트)와 원리적으로 같은 움직임을 갖습니다.
카메라를 삼각대 등으로 고정시켜 두고 카메라 방향만 바뀌면서 화면을 바꾸는 것을 말합니다.
좌우로 이동되기 때문에 이미지 라인을 좌우로 바꾸는 역할을 합니다.

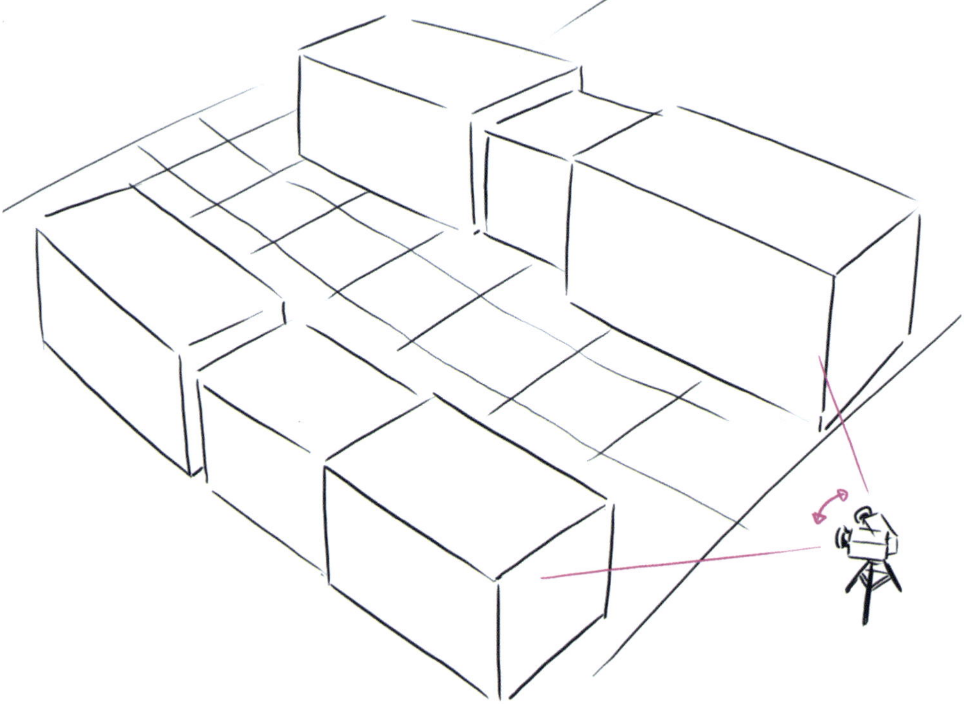

팬(PAN) : 가장 일반적인 보편적인 카메라 워크
대상이나 시선 등을 따라 프레임을 옮길 때 사용한다. 카메라 위치는 변하지 않고 방향만 바뀌기 때문에 이미지 라인이 변한다. 사람의 시선 이동과 흡사하기 때문에 자주 사용된다.

A-2 : TILT (틸트)

주로 카메라를 삼각대 등으로 고정시켜 두고 위 아래로 화면을 이동시키는 것을 말합니다. 이미지 라인이 변합니다.

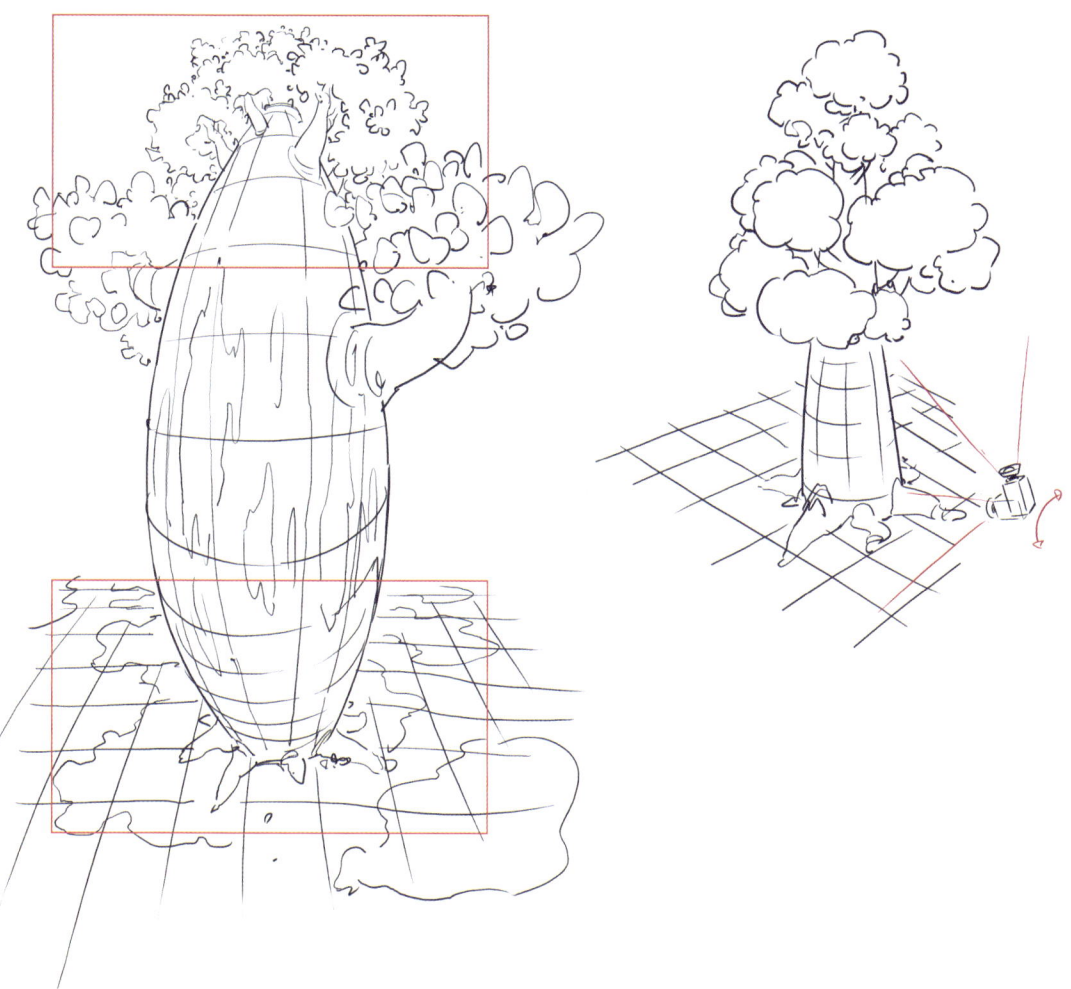

틸트(TILT)

기본적으로 팬(PAN)과 같은 원리이지만, 수직 이동을 할 때 이해를 쉽게 하기 위해서 따로 명칭을 붙여서 사용한다. 팬과 마찬가지로 카메라 위치는 고정되어 있고, 수직으로 방향이 바뀌기 때문에 이미지 라인이 변한다. 사람이 인지하는 시선은 좌우가 대부분이기 때문에 수직적 시선 이동은 새롭거나 이질적이다. 이 부분을 연출해서 잘 활용한다.

A-3 : FOLLOW PAN(팔로우 팬)

피사체의 움직임을 따라 카메라로 찍는 것을 팔로우 팬(Follow Pan)이라고 대부분 지칭하지만, 여기서 소개하는 팔로우 팬은 3가지 레이아웃이 뚜렷하게 나타나는 가장 기본적인 형식입니다.

카메라는 피사체의 정면을 멀리서 설치하고 피사체가 카메라를 향해 다가오면 그것을 따라 팬을 시작합니다 그러면 가장 가까운 거리에서 옆면이 보여주고 카메라를 스치면서 자연스럽게 뒷모습으로 멀어지는 방향으로 이미지 라인을 바꾸는 것을 의미합니다.

팔로우 팬(Follow PAN)

극의 긴장도를 향상 시키기 위해서 쓰는 경우가 많습니다. 정면성 광각 풀샷에서 대상이 다가오는 것을 보고 있다가 대상이 카메라에 가까이 오게 되면 움직이는 대상을 따라 카메라 방향을 바꿉니다. 그리고 이미지 라인이 바뀌면서 다시 멀어져 가는 대상을 바라봅니다. 그릴 때 주의할 점은 총 3개의 기본 레이아웃이 보여야 하는데, 다가올 때 / 스칠 때 / 멀어질 때 등 각 레이아웃 모두 신경써서 편집했을 때 카메라 워킹이 연출 의도에 가깝게 표현할 수 있습니다.

A-4 : ZOOM(줌)

스토리보드를 제작할 때 Push와 표현 차이를 두는 것이 어려운 카메라 워크입니다. Zoom이란 카메라 렌즈의 Zoom(줌) 기능을 이용한 방법으로, 프레임 안의 피사체의 크기가 변하는 동시에 광각에서 망원으로, 망원에서 광각으로 화각이 함께 변하는 것을 의미합니다. 그림으로만 표현하기 어려운 카메라 워크로 반드시 Zoom과 Push를 구분하여 표기해주는 것이 좋습니다.

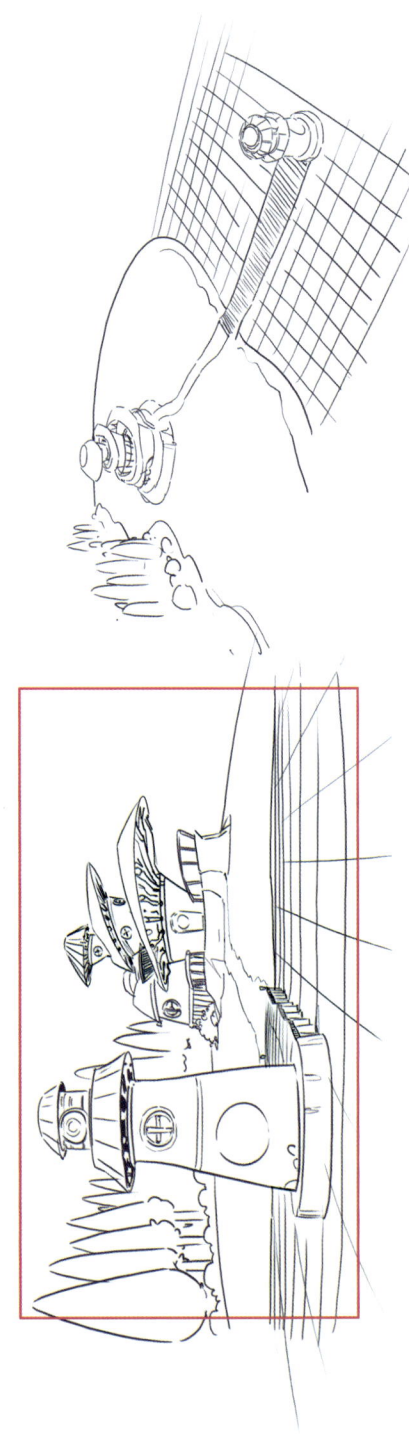

ZOOM IN(줌 인)

ZOOM IN(줌 인)

여기서 말하는 Zoom In(줌 인)은 카메라가 망원 핸글로 고정된 상태를 말합니다. 줌이 압축되어 보이는 게 가장 큰 특징이고, 가까운 것과 먼 것의 원근감 차이가 거의 표현되지 않습니다. 렌즈 구조상 카메라와 피사체의 거리가 먼 곳에 위치합니다. 이 앵글에서 피사체가 앞뒤로 움직일 경우 움직임이 적어보이며, 반대로 좌우로 움직일 경우 움직임이 크게 보입니다. 일반적인 투시도법으로는 그리기 힘 들며, 망원 사진을 보면서 많은 연습이 필요합니다.

ZOOM IN(줌 아웃)

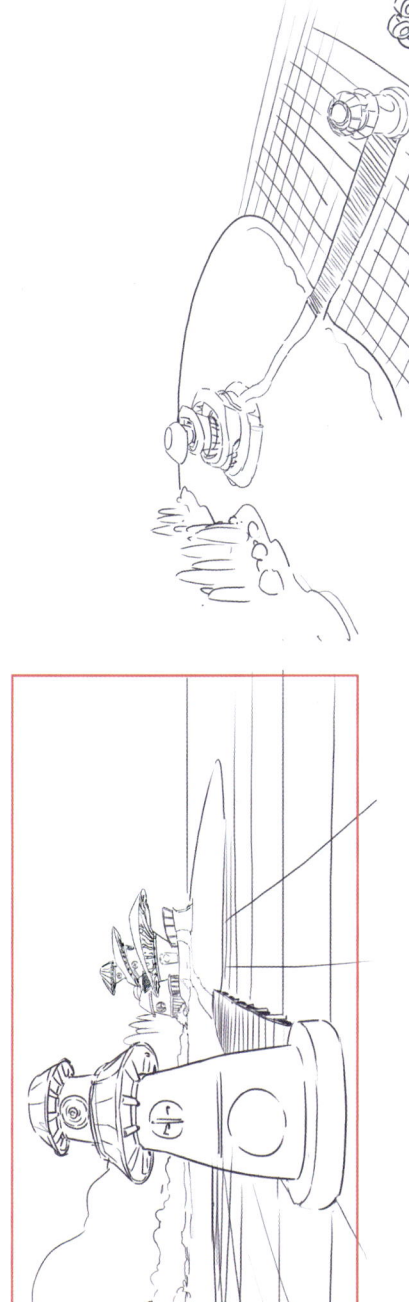

ZOOM IN(줌 아웃)

여기서 말하는 Zoom Out(줌 아웃)은 카메라가 광각 앵글로 고정된 상태를 말합니다. 앞서 언급했던 줌 인과 완전히 대비되는 특징을 가집니다. 쭉이 늘어져 있는 느낌이 가장 큰 특징이고, 가까운 것과 먼 것이 원근감 차이가 영상 크게 나타납니다. 렌즈 구조상 카메라와 피사체와의 거리가 가까운 곳에 위치하는 게 일반적입니다. 이 앵글에서 피사체가 앞뒤로 움직일 경우 운동성이 매우 커지고 긴장감을 줄 수 있습니다. 반대로 좌우로 움직일 경우 운동감이 적게 보입니다. 그릴 때 유의할 점은 투시도를 두번으로 그리되 미적인 레이아웃을 지키는 것이 중요합니다.

카메라 위치가 이동되는 카메라 워크

B-1 : Dolly(달리), Push in / out(푸시 인아웃)

Dolly(달리)는 카메라 위치가 변하는 대표적인 카메라 워크입니다. 주로 바퀴 달린 카트나 자동차에 카메라를 얹고 물체를 따라가는 것을 말합니다. 요즘은 디지털 안에서 카메라 많이 쓰면서 push 라고도 표현한다. 화면에서 피사체 크기가 달라질 수도 있지만 화각이 고정된 상태에서 피사체에게 다가가거나 멀어지기 때문에 화면 배율이 달라지는 것은 아니고 레이아웃도 비슷하게 유지된다. 마치 유저의 시선으로 피사체를 쫓을 때 사용되는 경우가 많다.

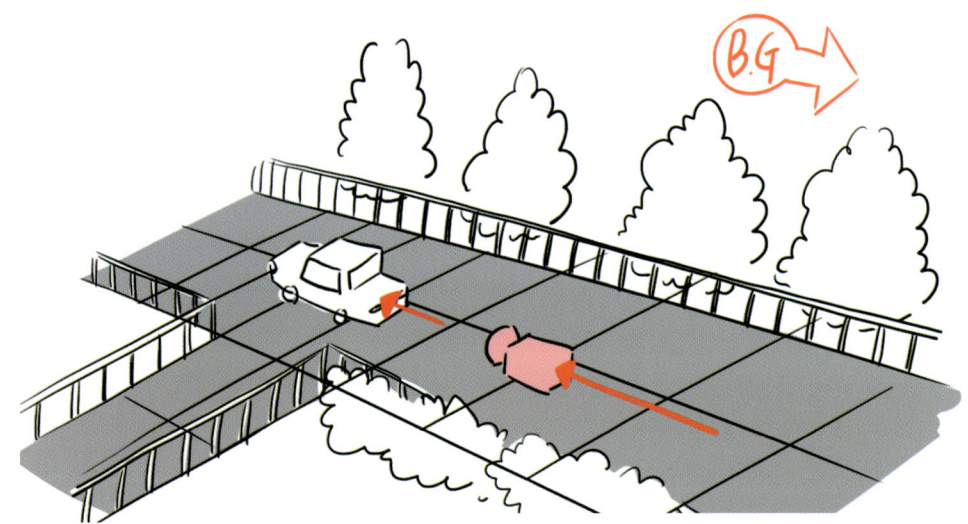

Dolly(달리)
카메라를 바퀴가 달린 수레에 고정시키고 피사체나 풍경을 카메라가 이동하면서 찍는 것을 말합니다. 피사체나 카메라는 고정된 느낌이고 공간이 흐르기 때문에 정서적으로 독특한 느낌을 냅니다. 팬과 틸트와 다르게 이미지 라인이 변하지 않습니다. 그럴 때는 배경이 움직이기 때문에 고난이도의 데생력이 요구되므로 평소에 공간을 여러 각도에서 그릴 수 있는 연습을 해두는 것이 좋습니다.

B-2 : Traking(트래킹)

카메라에 트랙을 만들어서 그 위에 올리고 안정적으로 카메라로 피사체를 따라는 것을 말합니다. 옆으로 이동하면서 사용하는 경우가 많지만 앞/뒤로도 움직입니다. 앞뒤로 움직이는 것을 Dolly로 설명하고, 트래킹은 옆으로 이동하면서 피사체를 따라가는 것으로 설명하고 있지만, 사실은 동일한 개념입니다. Pan 과 다르게 이미지 라인이 변하지 않고 레이아웃도 비슷하게 유지됩니다. 프레임 기준으로는 배경이 흐르기 때문에 시청자들에게 현장감을 전달해줍니다.

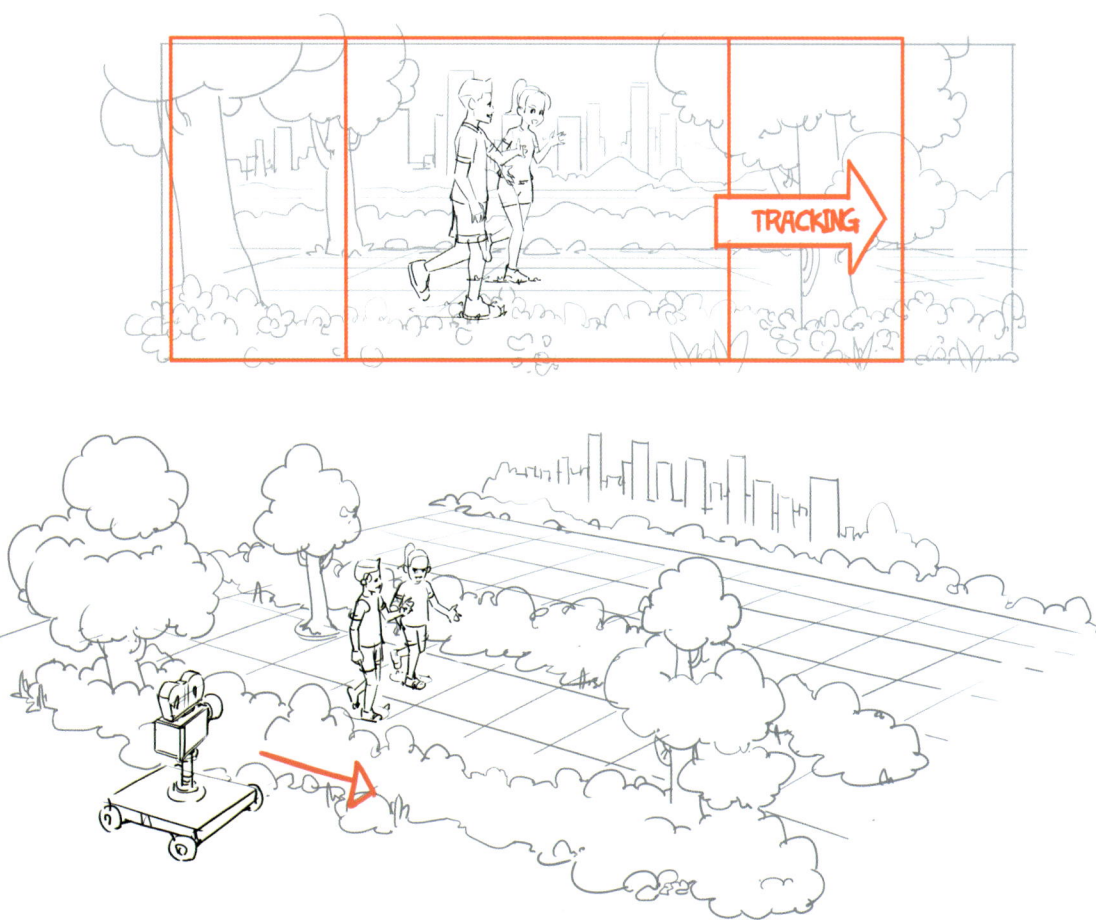

B-3 : Round Panning

피사체를 기준으로 카메라가 주변을 곡선으로 이동되는 것을 말합니다. 뮤직비디오나 액션 씬에서 많이 활용되고 스토리보드 상에서는 표현하기가 어려워서 많은 연습이 필요한 카메라워크입니다. 잘못 사용하면 씬을 이해시키기가 어렵기 때문에 꼭 필요한 순간에 활용하는 것이 좋습니다. 카메라가 위치 이동되면서 이미지라인이 바뀌는 카메라이기도 합니다.

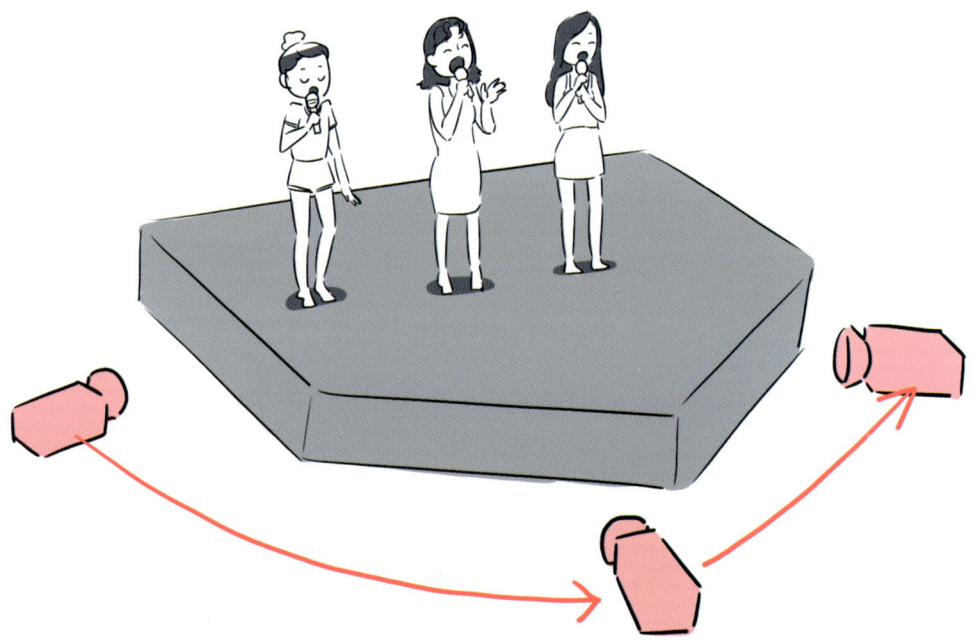

Round panning(라운드 패닝)

가장 3D 다운 카메라워크라고 할 수 있습니다. 오히려 실사 촬영보다 더 자연스럽고 극적인 장면을 만들 수 있기 때문에 연구할 여지가 많이 남아 있습니다. 피사체를 중심으로 카메라가 큰 원을 그리면서 도는 게 기본적인 방식입니다. 주로 캐릭터나 오브젝트를 멋지고 극적으로 표현하고 싶을 때 많이 사용합니다. 배경과 캐릭터가 모두 변하기 때문에 그릴 때 데생 난이도는 최고 수준을 요구합니다. 남발하면 오히려 극의 흐름에 방해를 줄 수도 있고, 그리는 것 자체에 신경을 쓰다보면 레이아웃을 어긋나게 그리기가 쉬워서 많은 연습량이 필요한 워크입니다. 하지만 애니메이션 특성상 클라이막스나 주인공이 처음 등장하는 장면 등 올바른 요소에 쓰면 반드시 빛나는 워킹이기 때문에 연습해둘 필요가 있습니다.

B-4 : Boom up/down (붐 업/다운)

카메라를 똑바로 새워두고 그대로 위 아래로 위치 이동하는 것을 말 합니다. 틸트와 다르게 이미지 라인이 변하지가 않습니다. 아파트 윗층과 아래층의 일상을 느낌 있는 템포로 보여줄 때 사용이 되거나 드론의 시선이나 나는 물체의 시점 샷으로 활용됩니다.

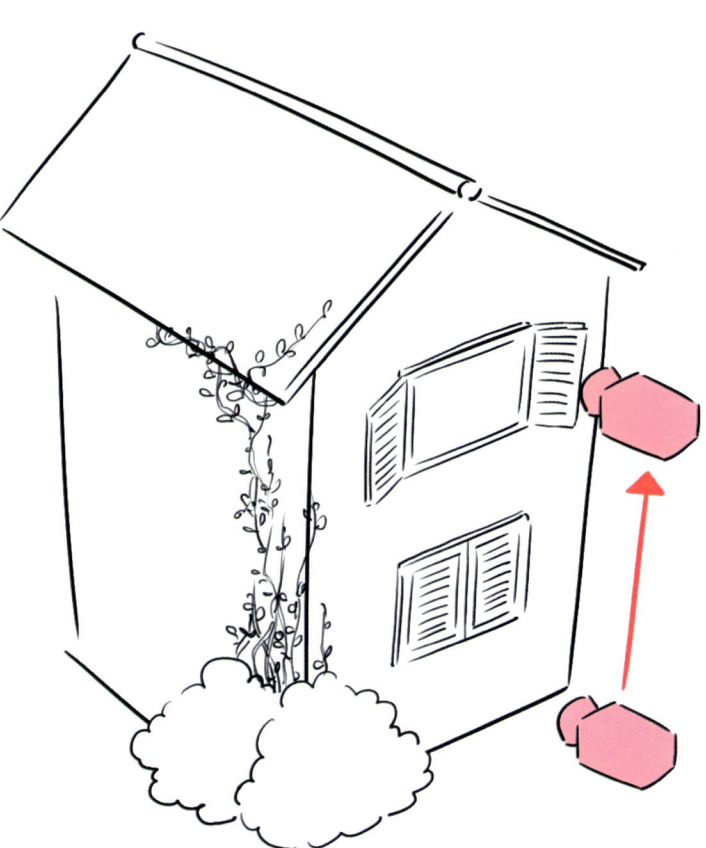

BOOM(붐)

카메라를 똑바로 세워두고 그대로 위/아래로 위치 이동하는 것을 말합니다. 틸트업과 다르게 이미지 라인이 변하지 않습니다. 과거에는 아파트의 윗층과 아래층의 일상을 느낌 있는 템포로 보여줄 때 많이 사용했습니다. 요즘은 드론이나 날아다는 물체의 POV로도 많이 활용됩니다. 달리처럼 이 앵글도 배경을 계속 그리면서 표현해야 되기 때문에 많은 연습이 필요합니다. 특히 렌즈감의 변화가 없도록 그려야 합니다.

실전 액션 시퀀스 노하우들

기본적인 카메라워크를 바탕으로 영상에서 자주 나오는 액션시퀀스를 연습해 봅니다.

로봇을 이용한 두 그룹의 힘 싸움

Cut	Picture	Time	Action
s01c01	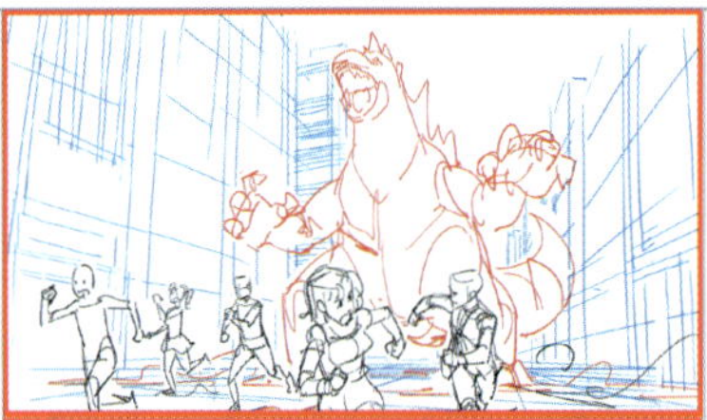		s01 괴수 로우 앵글 풀 샷 사람들이 괴수를 피해서 화면 치고 지나가면서 도망 가는 모습
s02c01	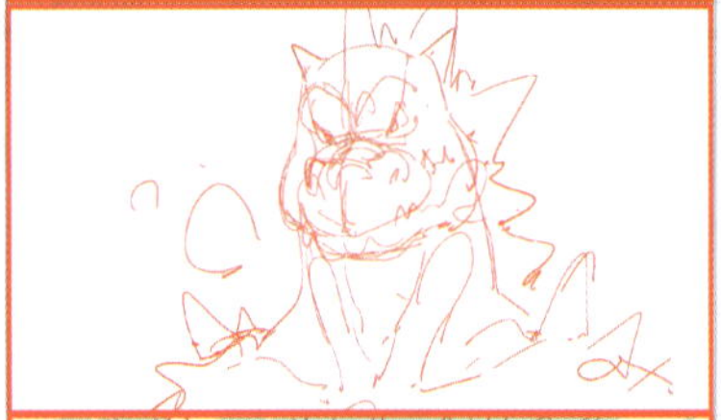		s02 괴수 정면성 로우앵글 바스트샷 화면을 보고 크르릉 거린 괴수가 입을 벌리면서 파란 화염을 발사한다.
s02c02	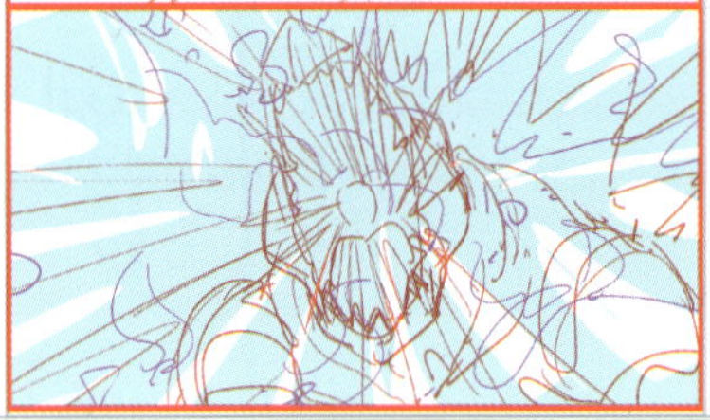		화면을 덮어 버리는 화염
s03c01	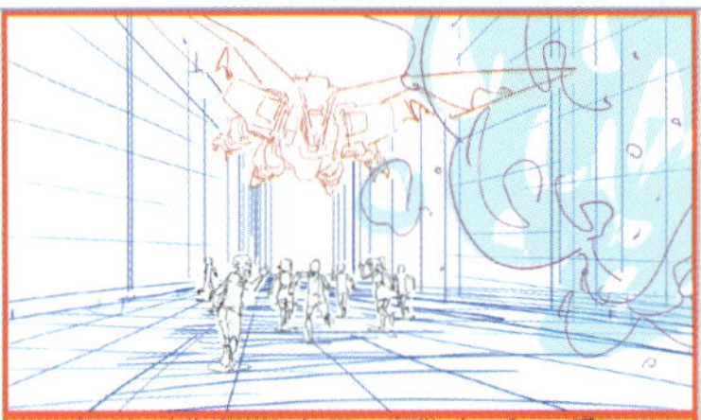		s03 반대편 익스트림 풀샷 사람들이 도망가는 방향으로부터 로봇이 날아와 괴수의 화염을 막는다.
s03c02	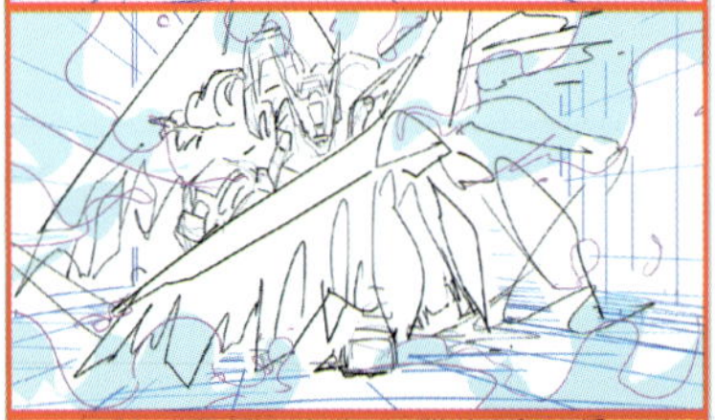		등 뒤에 날개가 전개 되어 화염을 막는 모습
s03c03	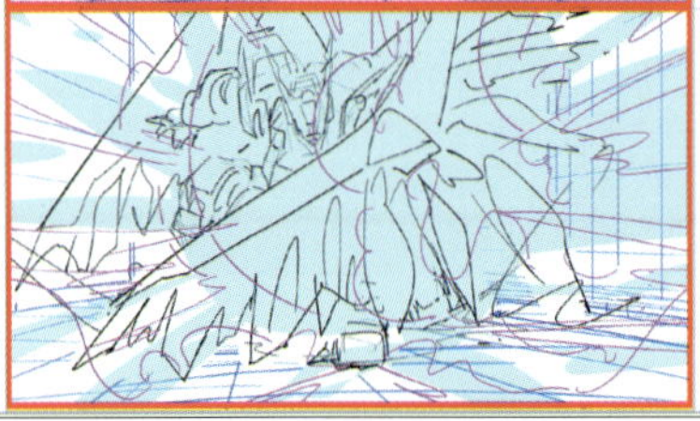		

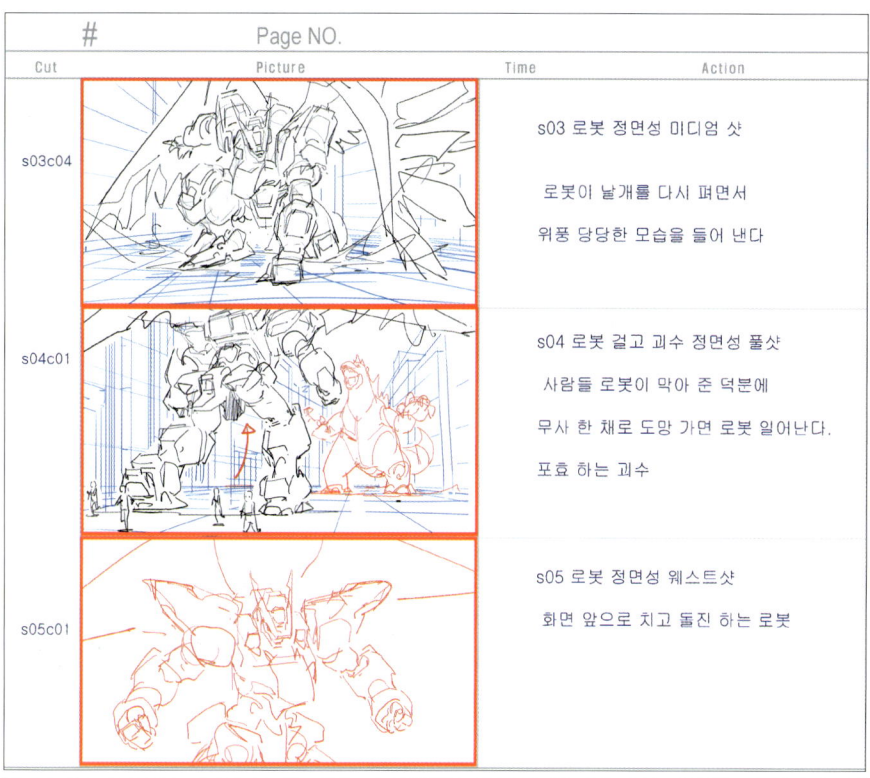

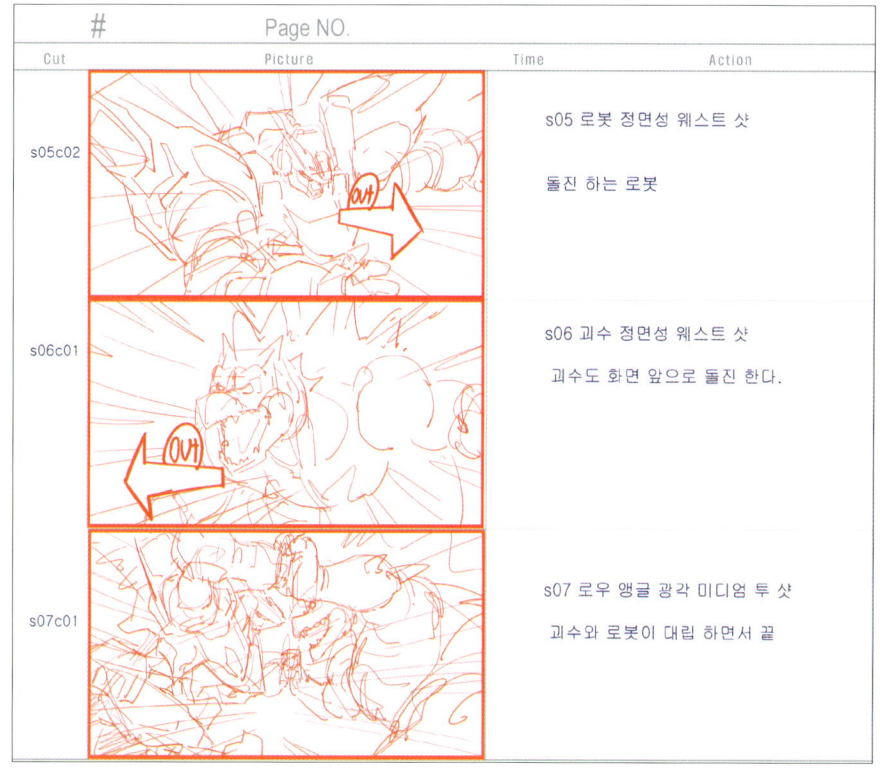

콘티로 작성된 스토리보드를 영상으로 제작해보았습니다.

QR 코드로 확인하거나, 다운로드로 제공하는 예제데이터에서 확인해보실 수 있습니다.

자동차 탑승 시퀀스

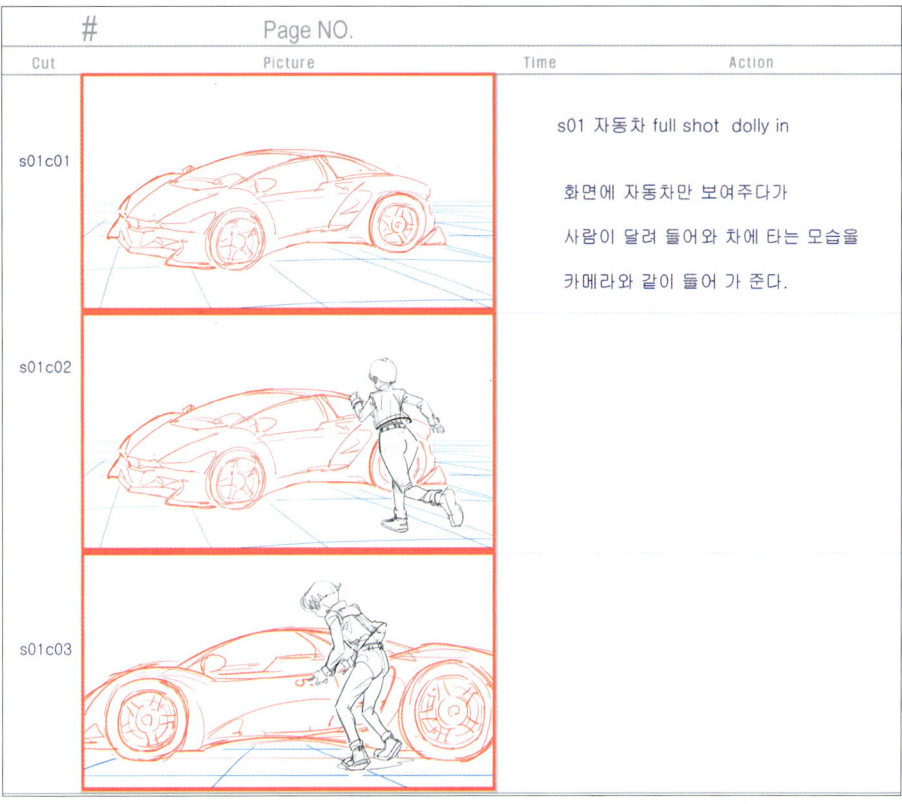

s01c01 — s01 자동차 full shot dolly in

화면에 자동차만 보여주다가
사람이 달려 들어와 차에 타는 모습을
카메라와 같이 들어 가 준다.

s01c02

s01c03

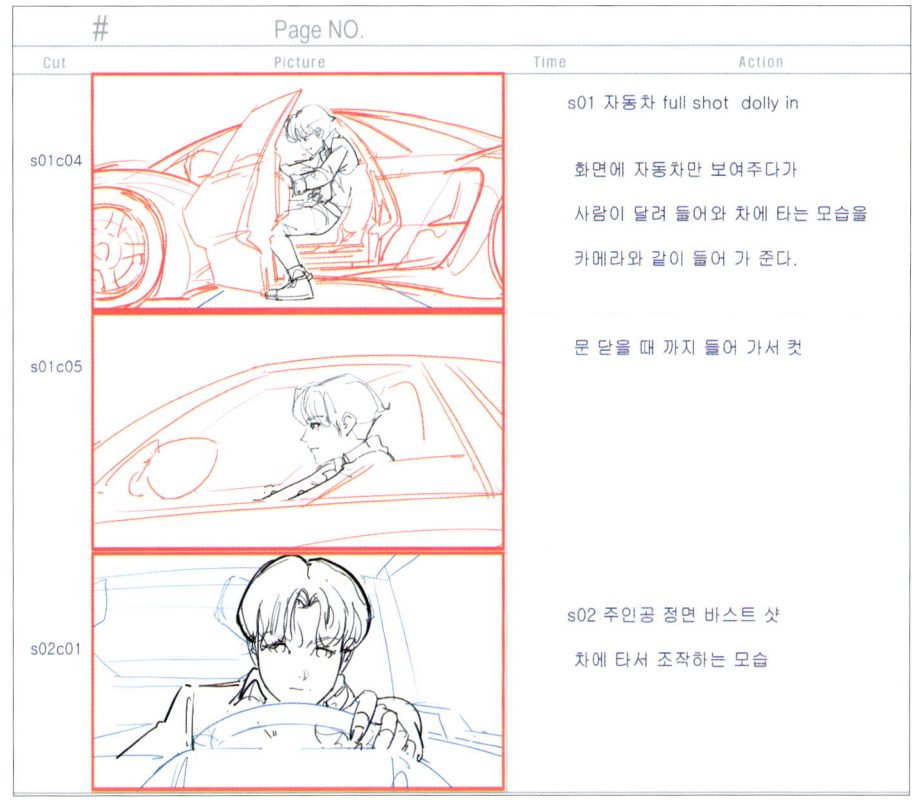

s01c04 — s01 자동차 full shot dolly in

화면에 자동차만 보여주다가
사람이 달려 들어와 차에 타는 모습을
카메라와 같이 들어 가 준다.

s01c05 — 문 닫을 때 까지 들어 가서 컷

s02c01 — s02 주인공 정면 바스트 샷
차에 타서 조작하는 모습

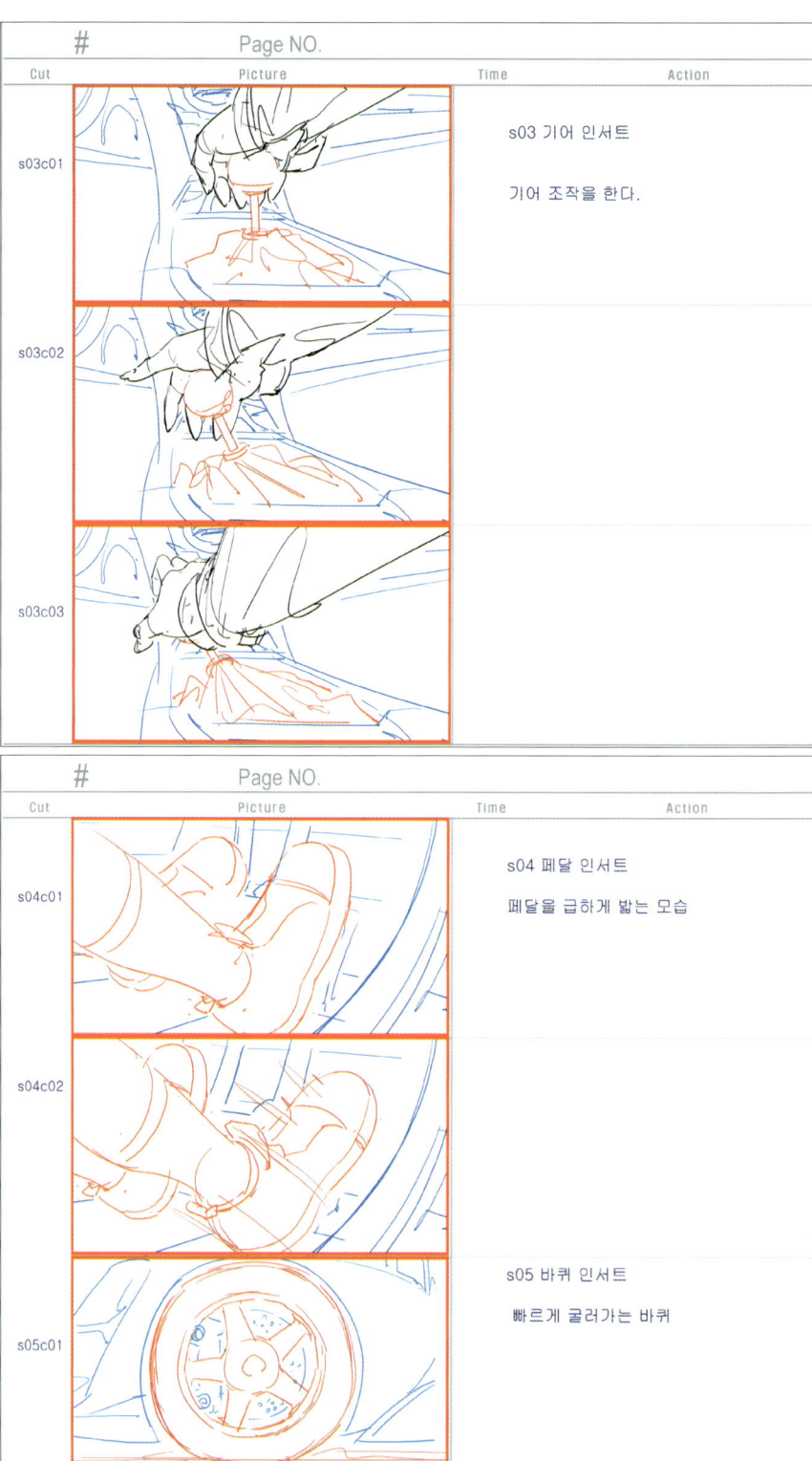

Cut	Picture	Time	Action
s03c01			s03 기어 인서트 기어 조작을 한다.
s03c02			
s03c03			

Cut	Picture	Time	Action
s04c01			s04 페달 인서트 페달을 급하게 밟는 모습
s04c02			
s05c01			s05 바퀴 인서트 빠르게 굴러가는 바퀴

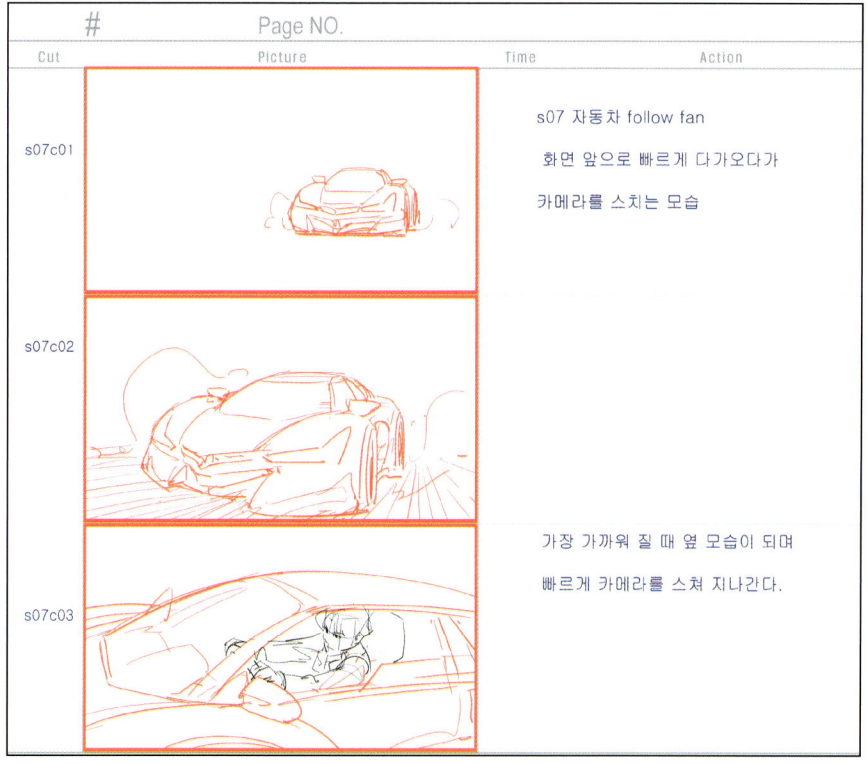

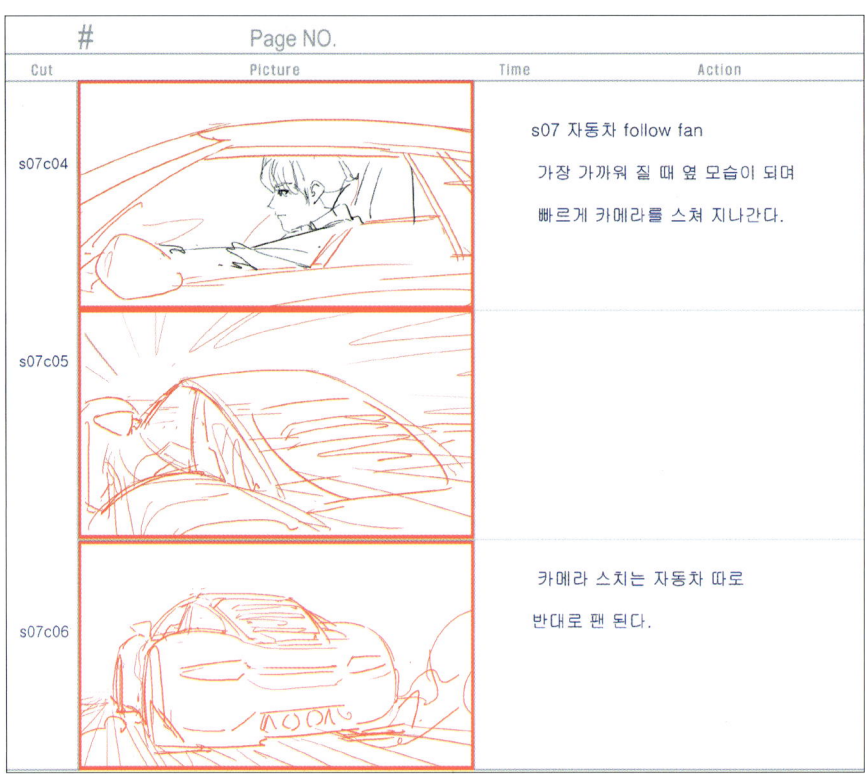

s07 자동차 follow fan
가장 가까워 질 때 옆 모습이 되며
빠르게 카메라를 스쳐 지나간다.

카메라 스치는 자동차 따로
반대로 팬 된다.

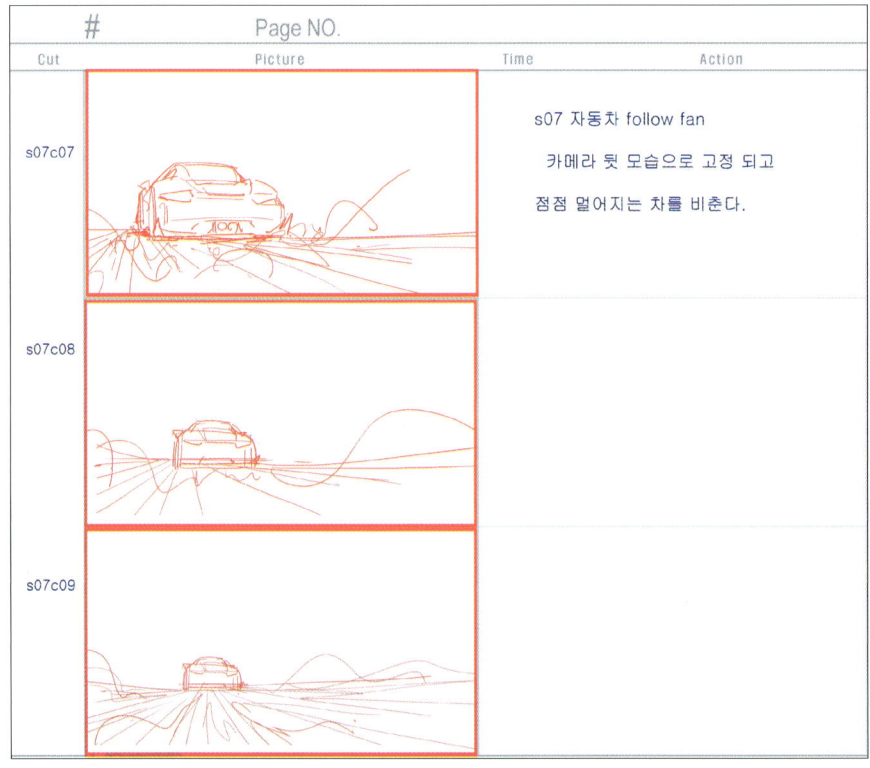

s07 자동차 follow fan
카메라 뒷 모습으로 고정 되고
점점 멀어지는 차를 비춘다.

콘티로 작성된 스토리보드를 영상으로 제작해보았습니다.

QR 코드로 확인하거나, 다운로드로 제공하는 예제데이터에서 확인해보실 수 있습니다.

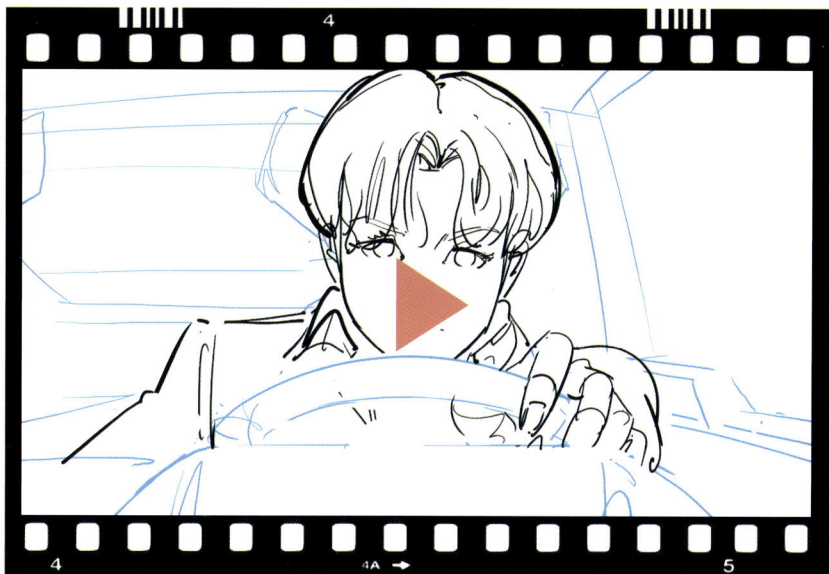

소설 한 문장으로 시나리오 각색 및 씬 만들기

앞에서 설명했던 내용을 바탕으로 구체적인 이야기가 있는 스토리보드를 연습해 봅니다.
자신이 좋아하는 소설의 어떤 장면을 스스로 각색해 보아도 좋습니다.

소설의 내용을 각색해서 스토리보드로 만드는 과정은 다음과 같습니다.

1. 마음에 드는 장면을 선택해서 내용을 요약하기
2. 주요 씬의 글 콘티를 작성하면서 썸네일을 그리기
3. 스토리보드 제작하기

평소 좋아하던 소설의 일부를 착안해서 스토리보드를 제작하는 예시를 보여드리겠습니다.

소설 내용 요약

근 미래 어떤 도시에서는 경제적인 이유로 노인들을 요양원으로 강제로 수용하는 제도가 있었다. 어느날 어떤 노부부가 강제로 요양원으로 끌려가야 하는 위기에 처하는데, 노부부는 정부의 방침을 거부하고 탈출한다.

간단하게 이미지 설정을 만들어 봅니다. (스토리보드에 필요한 만큼 간단하게 그린다.)

[주인공 노부부]

[공무원들]

- **집** : 2층 집, 부부가 숨어 있는 침실은 창문이 정면으로 보이는 구조.
- **버스** : 닭장 같은 철망 창문, 20명 이상 태울 수 있어야 함.
- **쓰레기 더미** : 레퍼런스 ->UP 할아버지를 노인정에 모셔가려고 하는 모습

요약에 맞춰 글로 장면을 연출해 봅니다.

1. 노부부 집 약간 좌향 방향 로우 앵글 풀 샷 팬

화면에 전신주가 크게 걸리고 거기에는 실버타운 안내문과 사료 광고 전단지가 붙어 있다.

멀리서 들려오는 버스 엔진 소리가 들리고 천천히 팬 되면 온전하게 노부부 집만 보이고 철망이 씌어진 낡은 버스가 프레임 인 된다. 버스 옆면에는 그 부서를 나타내는 로고와 그림이 그려져 있다.

2. 버스와 집 위주 노말사이드 망원 풀 샷 팬

핑크색 작업복을 입은 두 사람이 내리는 모습을 팬으로 보여준다.

3. 두 사람 정면성 달리 백 미디엄샷

홀쭉이는 뒤에서 곤충 채집 그물망을 펼치고 뚱땡이는 등 뒤에서 빠루를 꺼내면서 웃으면서 다가오는 모습

4. 공무원들 약 부감 / 뒷모습 넉넉한 풀샷 틸트 업 / 노부부 침실 창문

핑크색 직원들이 집 현관을 향해 가는 모습을 뒷모습으로 잡아주다가 카메라가 틸트 업되고 노부부의 침실 창문 쪽을 비춘다.

5. 부부방 약부감 하이앵글 뒷모습 풀샷

창문을 살짝 보다가 바닥에 엎드리는 부부

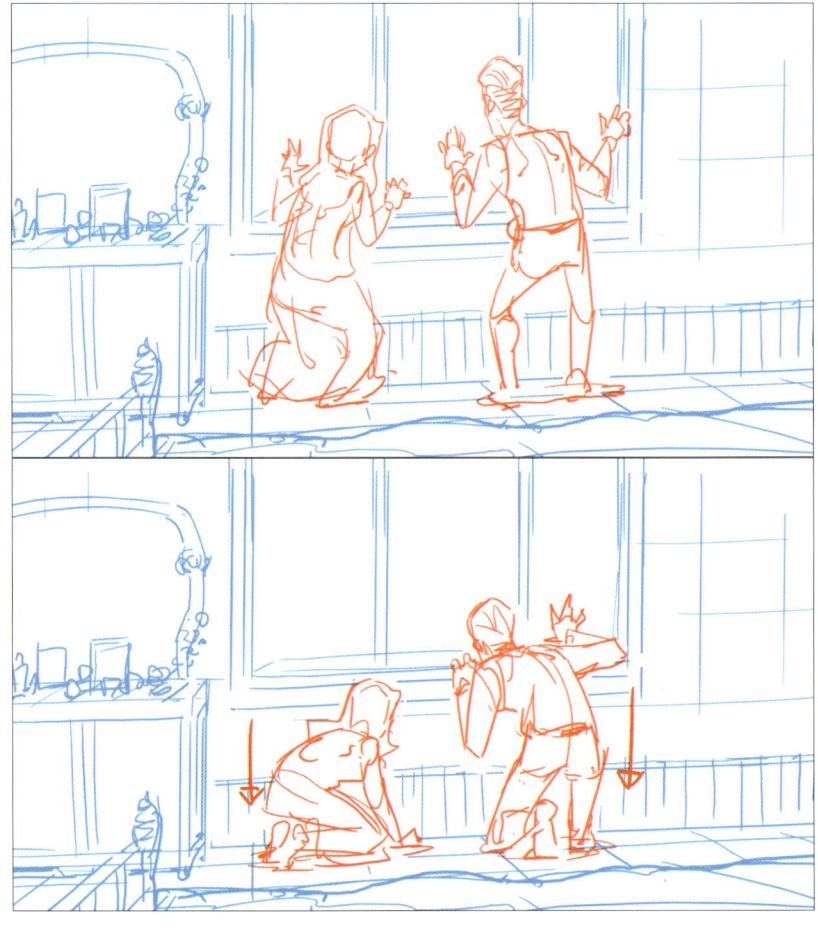

6. 화면에 할아버지 걸고 할머니 정면성 웨스트 샷

할머니 대사

7. 화면 왼쪽에 할머니 뒷모습 걸고, 할아버지 정면성 웨스트샷

할아버지 대사

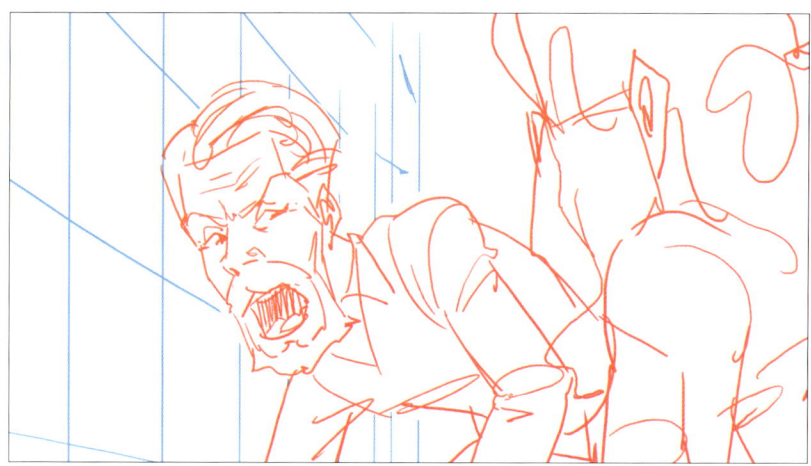

8. 창문 틀 걸고 하이앵글 두사람 미디엄 샷

두 부부. 살짝 일어서서 화면 쪽을 보다가 초인종 소리에 놀라서 다시 엎드린다.

9. 두 직원 사이드 미디엄샷

> 홀쭉이가 가까이 오는 사이드 앵글 잡고 초인종 누르다가 문을 쾅쾅치다가 뒤로 물러 나면서 옆에 있던 뚱땡이에게 눈짓하면 뚱땡이가 빠루로 문을 열기 시작한다.

10. 하이앵글 문 아래바닥 인서트 틸트 업 / 직원 바스트샷 / 팬 계단 풀샷

카메라 바닥 보고 있을 때 문 열리고 신문지가 쌓여 있다. 들어오는 발 보이면 틸트업 홀쭉이가 여기 저기 살피 면서 대사 하면 팬 뚱땡이가 계단을 가리키면서 올라가면 홀쭉이도 따른다.

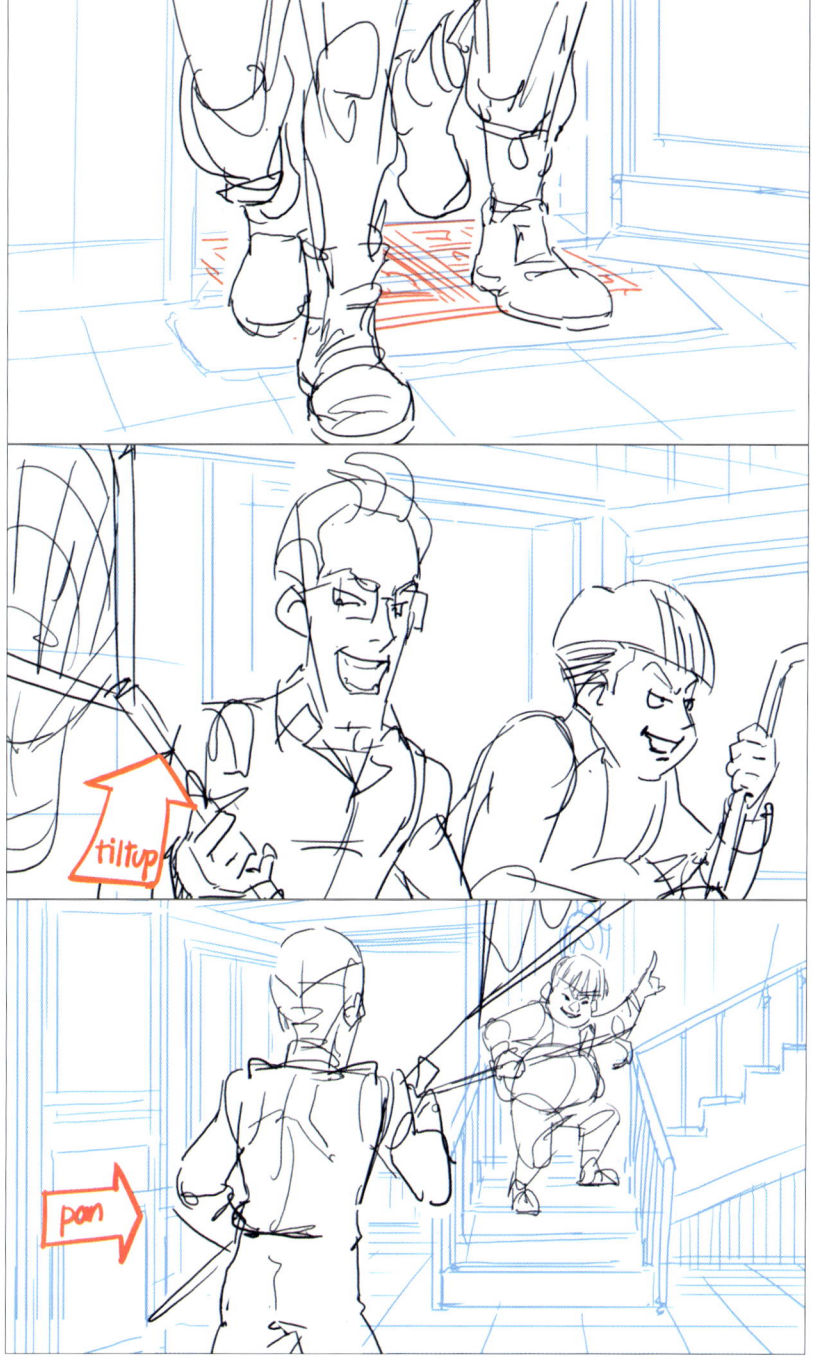

11. 창문쪽에서 본 할머니 할아버지 미디엄샷 / 팔로우 사이드 달리 / 반팔로우 팬 창문 쪽 풀샷

계단으로 올라오는 소리를 듣고,

할아버지가 할머니 손을 잡고 화면 앞으로 뛰어오면서 팔로우 사이드 달리 시작되고,

화면 건너편에서 문 열고 직원 두 사람 들어오면서 그물망 휘두르면 아슬아슬 피하는 노 부부,

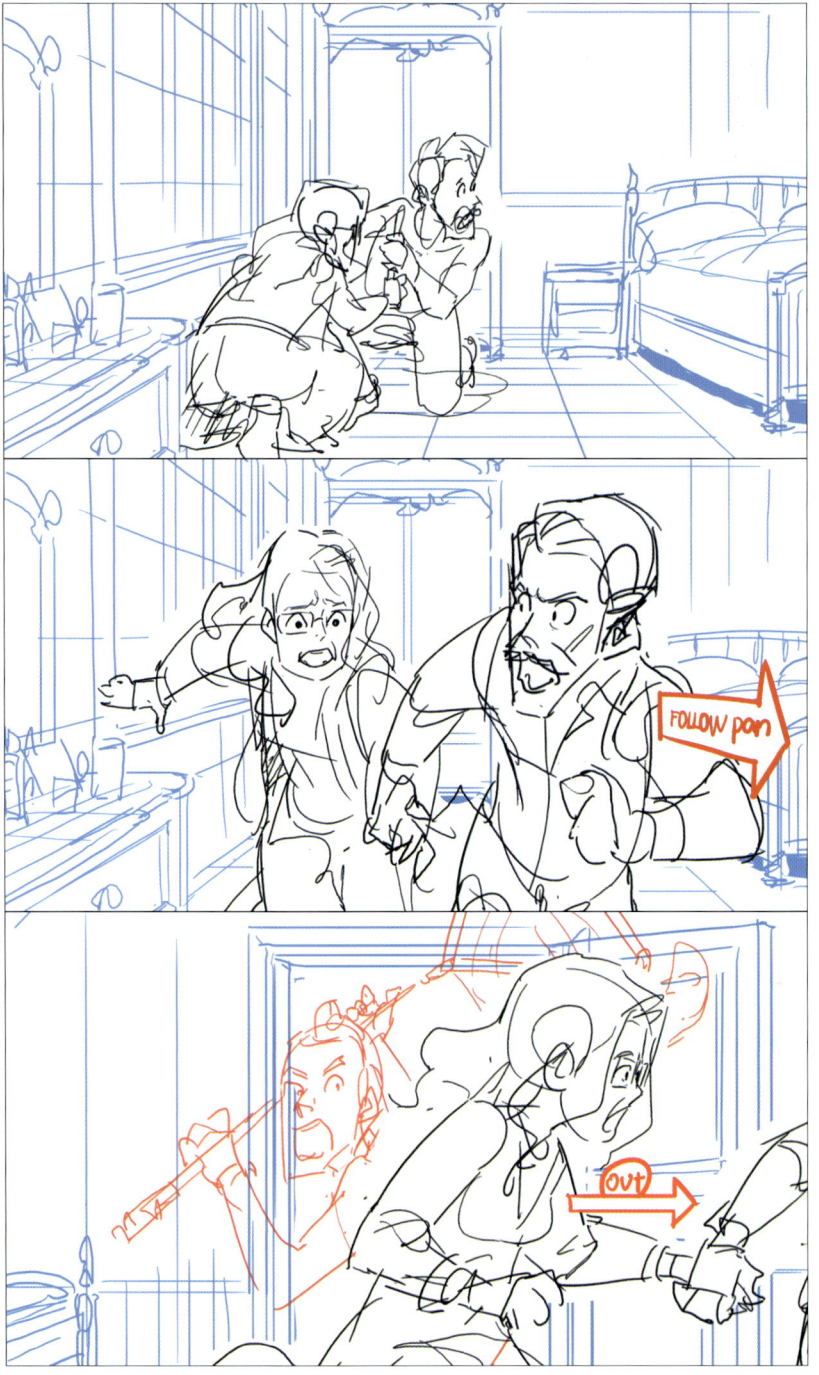

직원들 시선 따라 반팔로우 되면,

할아버지가 먼저 할머니를 뛰어내리게 하고,

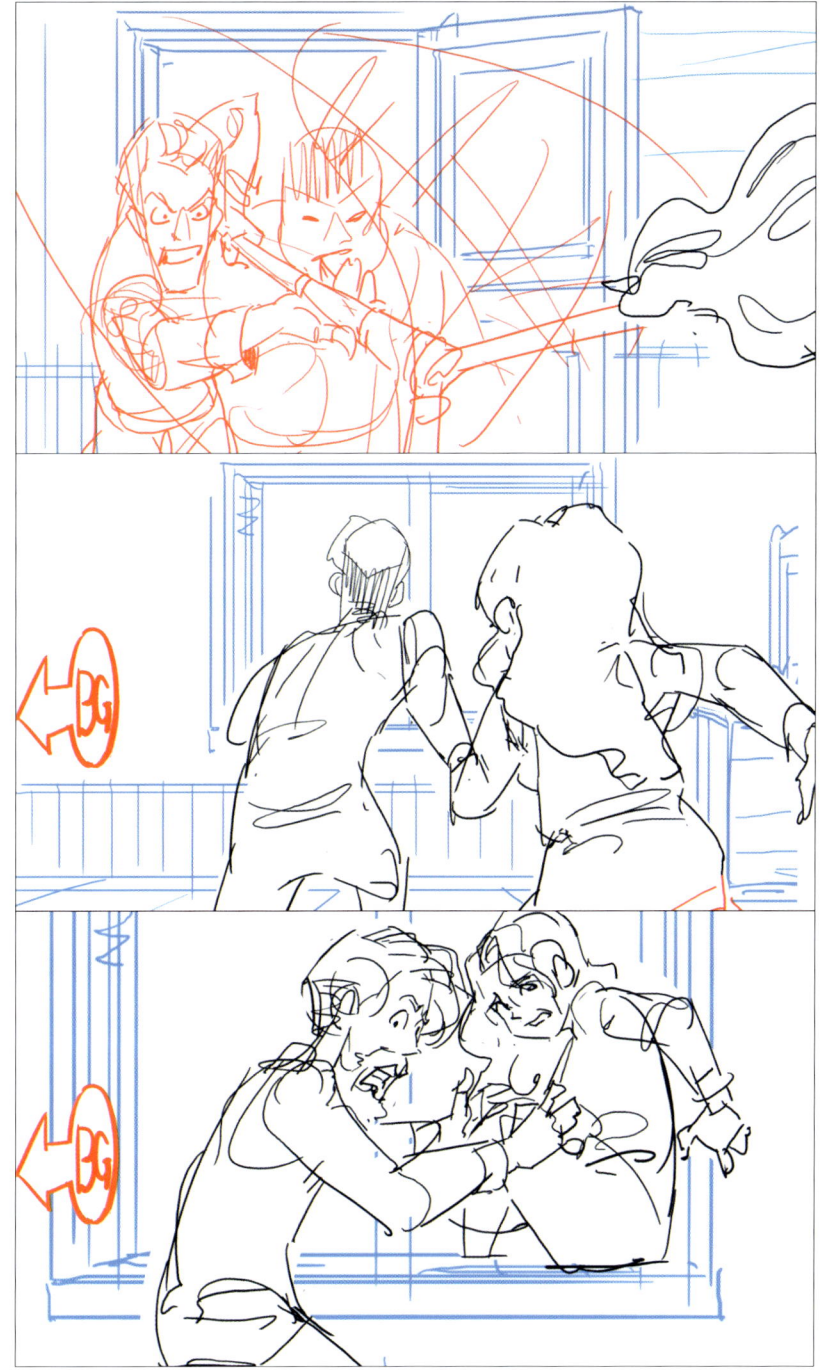

12. 로우 앵글 창문 풀샷 / 틸트 다운 쓰레기 더미 풀샷

그 다음에 자신도 창문으로 뛰어내린다.

뒷모습으로 프레임 인되는 직원들.

창문 화면에 걸고 로우 앵글 풀샷 직원들이 화면을 보다가, 다시 뒤로 프레임 아웃틸트 다운되면 쓰레기 더미에서 안전하게 내려온 두 부부.

왼쪽으로 프레임 아웃된다.

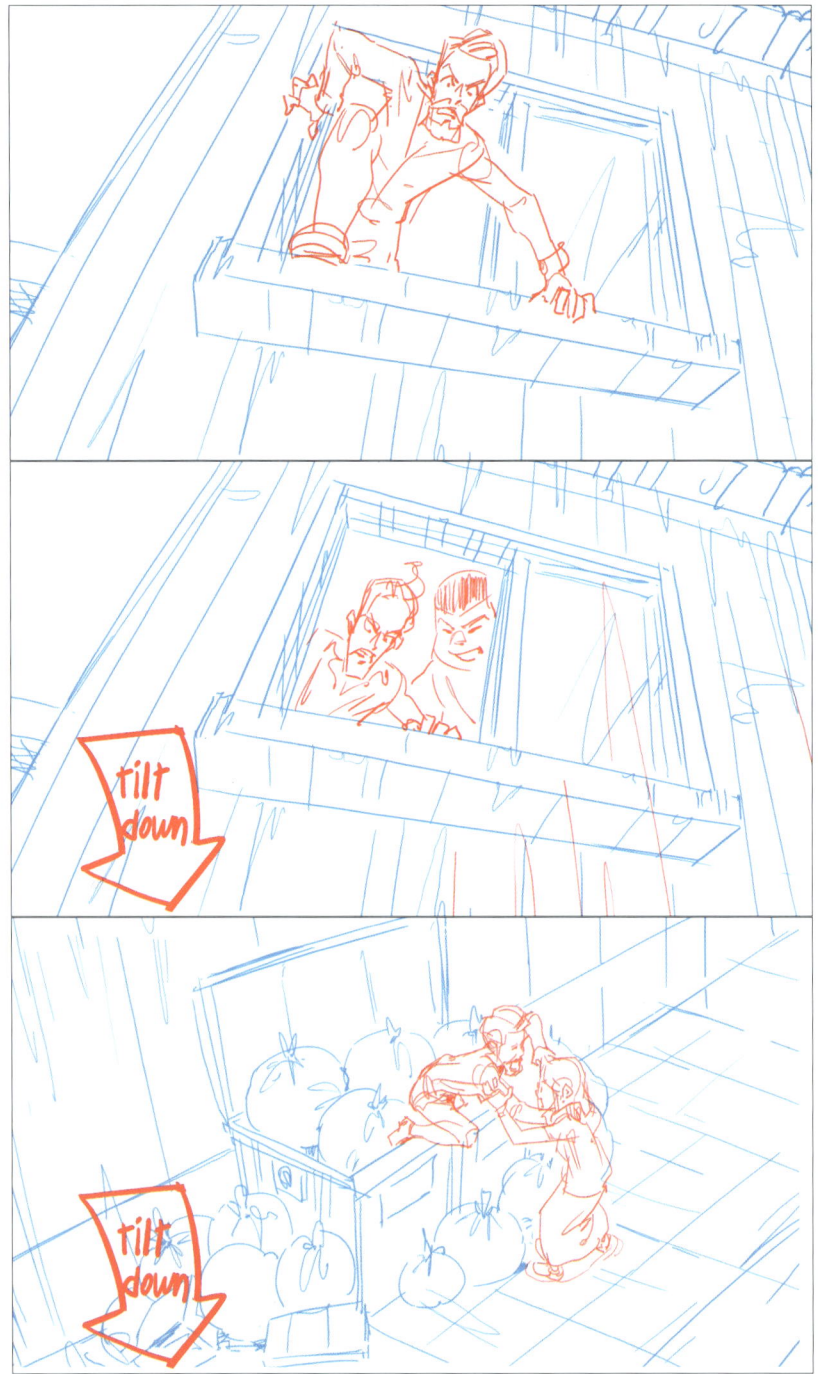

13. 마당 위주 집 로우 앵글 정면성 풀샷 / 팔로우 팬 버스 문 위주 풀샷

노부부는 망가진 담을 넘어 정원을 가로 질러 버스로 향한다.
그 뒤로 집 정문으로 나오는 직원들이 보이고, 화면 가까이에 두 부분 걸리면 팔로우 팬, 버스에 오르는 노부부

14. 버스 안 윈드쉴드 쪽 바라보는 풀샷

노부부가 올라오고 화면을 바라본다. 남자는 잠깐 멈칫 했다가 운전석으로 앉고 컷

15. 노부부 시점에서 본 객석 모습

고개 숙이고 있던 노인들이 화면을 바라본다.

16. 노부부 위주 광각 정면성 미디엄샷

자동차 시동을 걸고 출발 준비하는 모습

17. 엑셀 인서트

남자가 힘차게 엑셀을 밟는다.

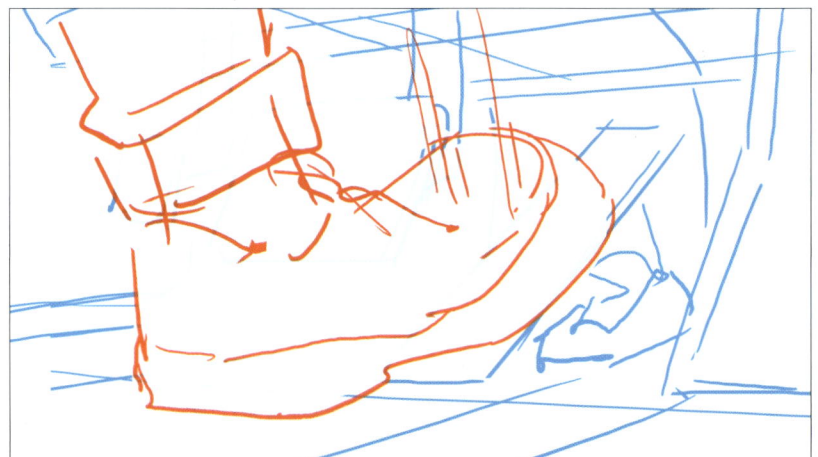

18. 뒷바퀴 위주 광각 로우 앵글 풀샷

두 직원은 정원을 나와서 자동차문을 두들겨 보지만 소용이 없다. 뒷바퀴 구르면서 빠르게 치고 나가는 버스

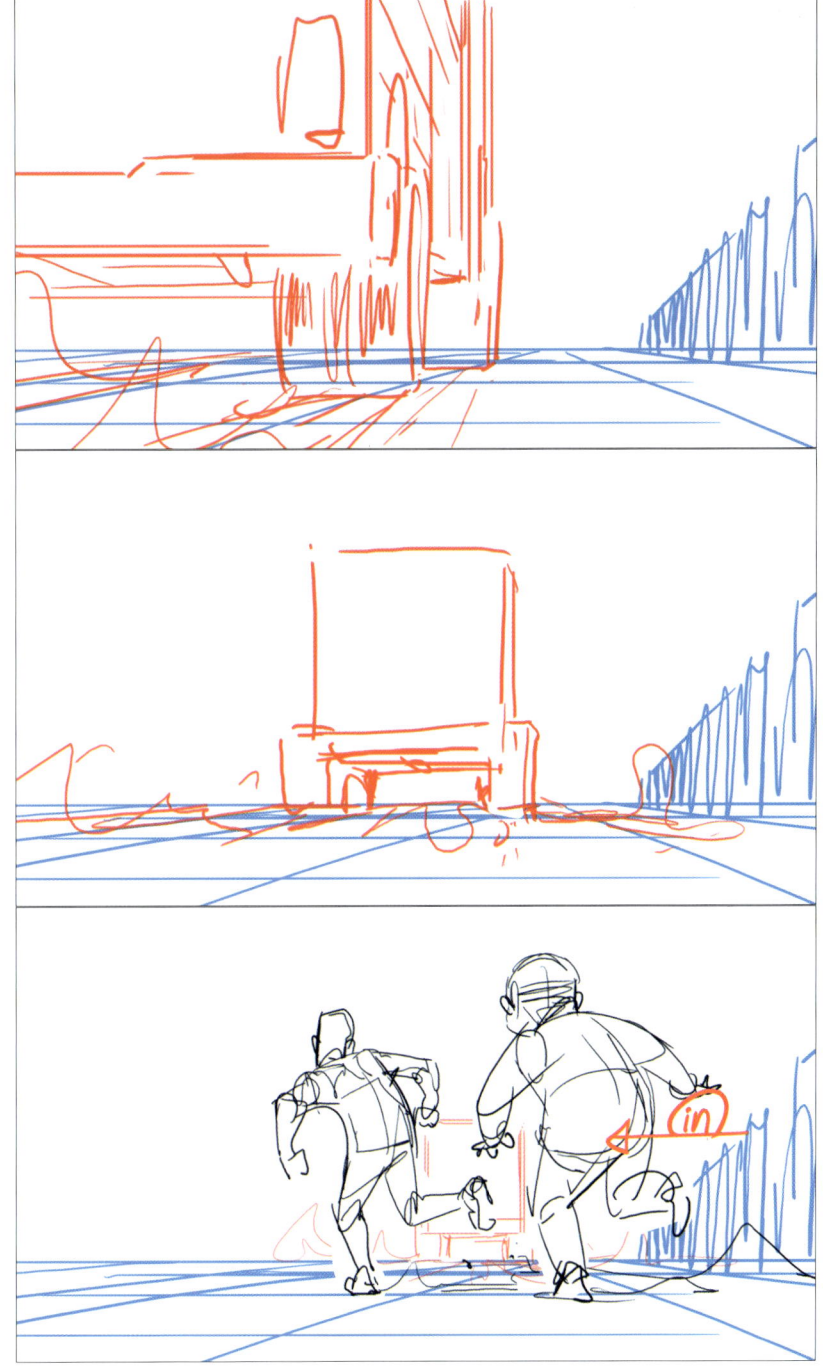

19. 버스 시점 두 직원들 익스트림 풀샷 달리 백

놓친 버스를 멀리서 바라보는 직원들

글 콘티를 바탕으로 스토리보드 제작

자신만의 화살표나 레이아웃 형식을 미리 만들어서 쓰면 좋습니다.

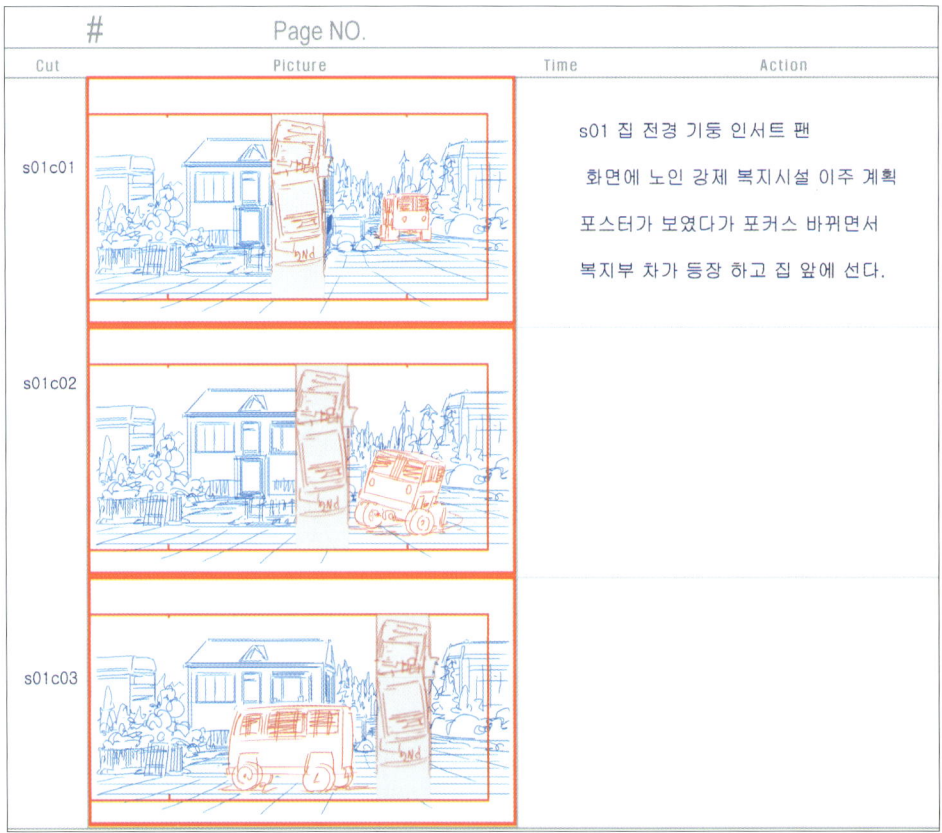

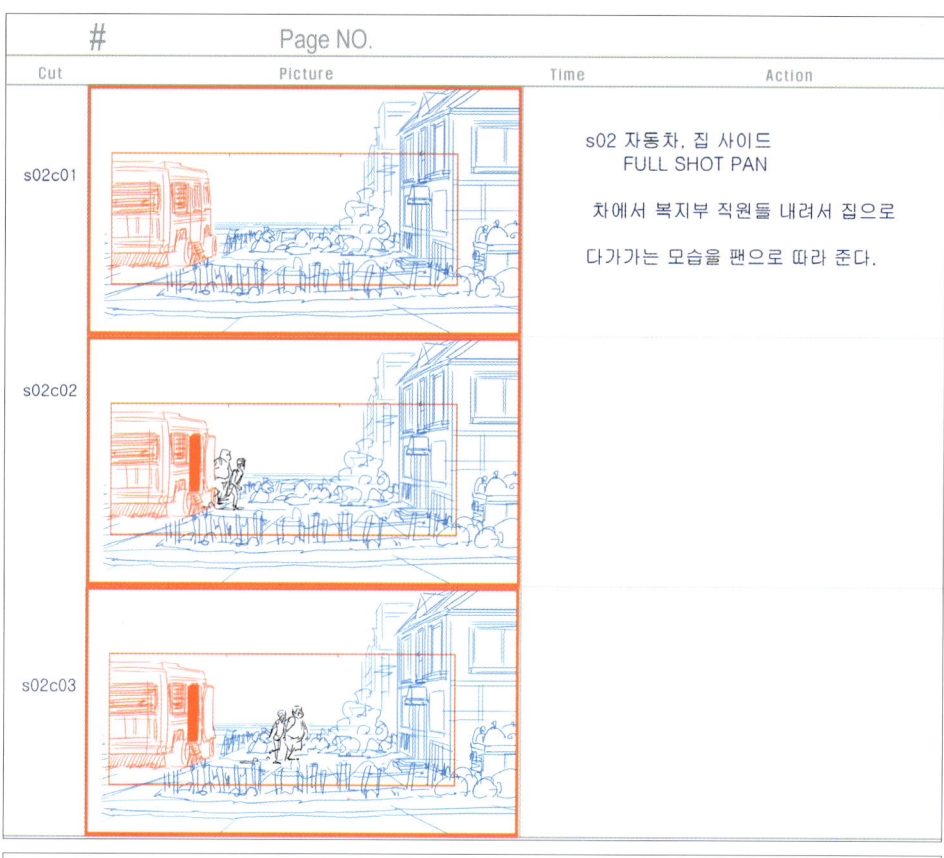

Cut	Picture	Time	Action
s04c01	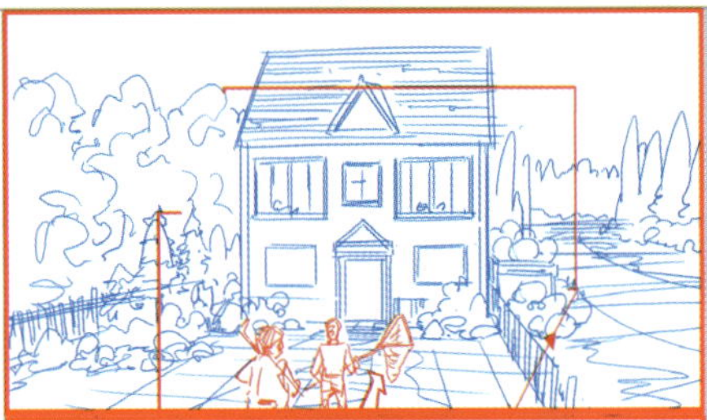		s04 부감 집 주변 FULL SHOT PAN 집앞으로 다가가는 복지부 직원들 카메라는 윗 쪽으로 향해서 창문을 향한다.
s04c02	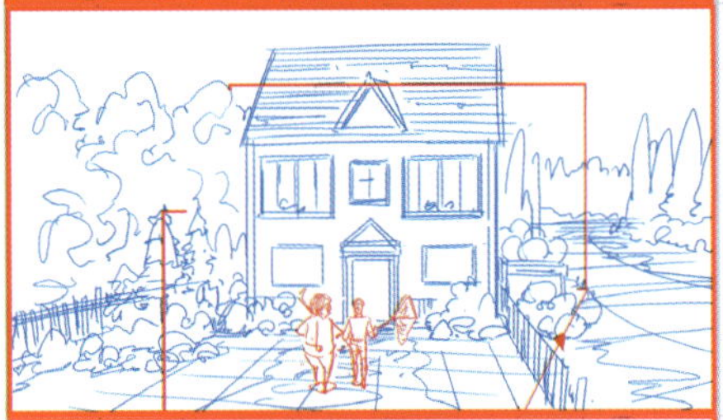		
s04c03	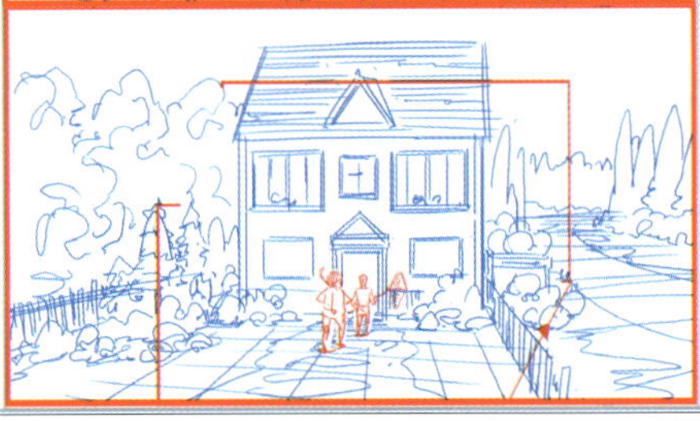		

Cut	Picture	Time	Action
s05c01	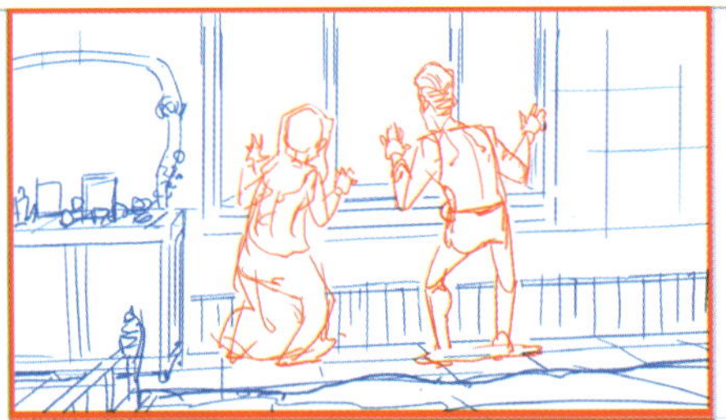		s05 집안 내부 노부부 위주 FULL SHOT 창문을 보다가 급히 숨는 노부부의 모습을 뒷 모습으로 보여준다.
s05c02	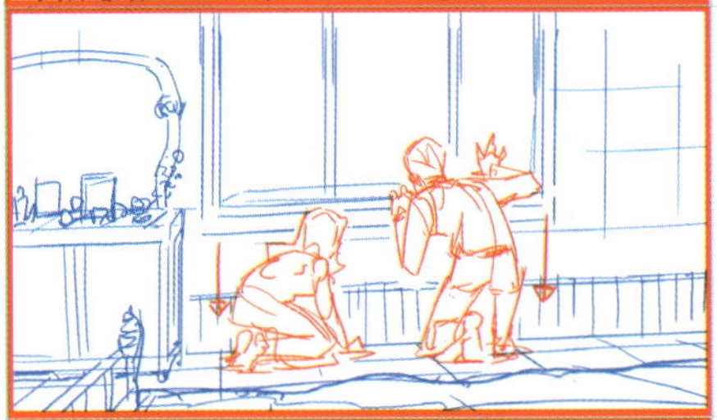		
s06c01	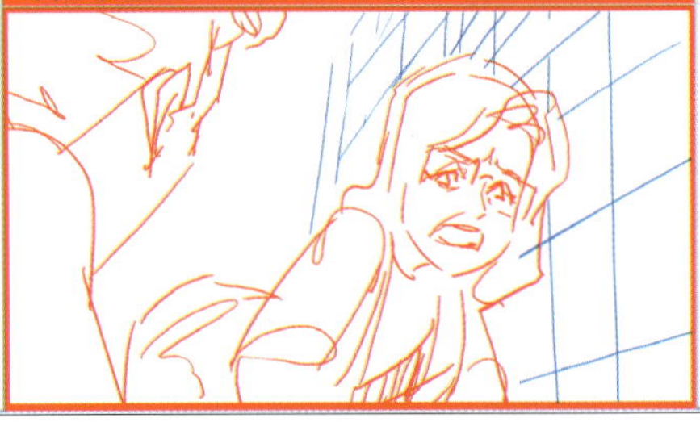		S06 남편 걸고 아내 바스트 샷 아내 대사

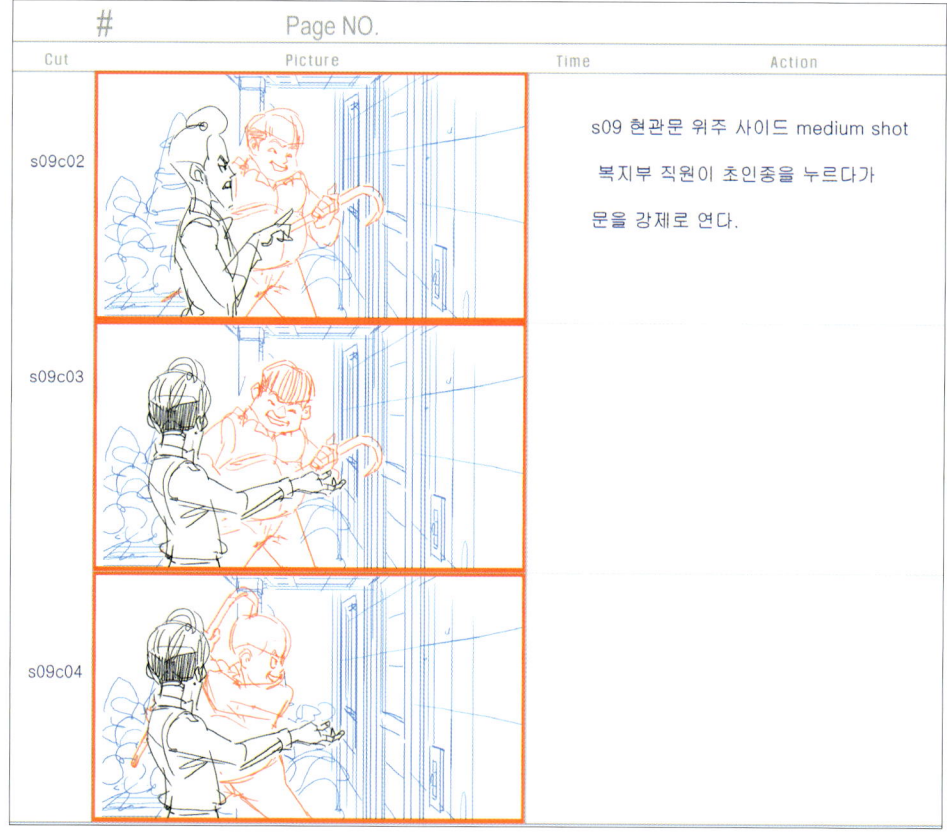

#		Page NO.		
Cut	Picture		Time	Action
s10c01				s10 문 아래 인서트 follow fan 문 인서트에서 문이 열리고 복지부 직원들이 들어 오고 그 것을 따라 카메라 자연스럽게 팔로우 팬 되고 집안을 보여주다가 위로 오르는 계단을 발견 한다.
s10c02				
s10c03				

#		Page NO.		
Cut	Picture		Time	Action
s10c04				s10 문 아래 인서트 follow fan 문 인서트에서 문이 열리고 복지부 직원들이 들어 오고 그 것을 따라 카메라 자연스럽게 팔로우 팬 되고 집안을 보여주다가 위로 오르는 계단을 발견 한다.
s10c05				
s11c01				s11 노 부부 위주 full shot follow fan 쿵쾅 거리는 소리에 남편이 아내를 붙잡고 창문으로 향하고 복지부 직원들을 아슬아슬 하게 피해 창문으로 뛴다.

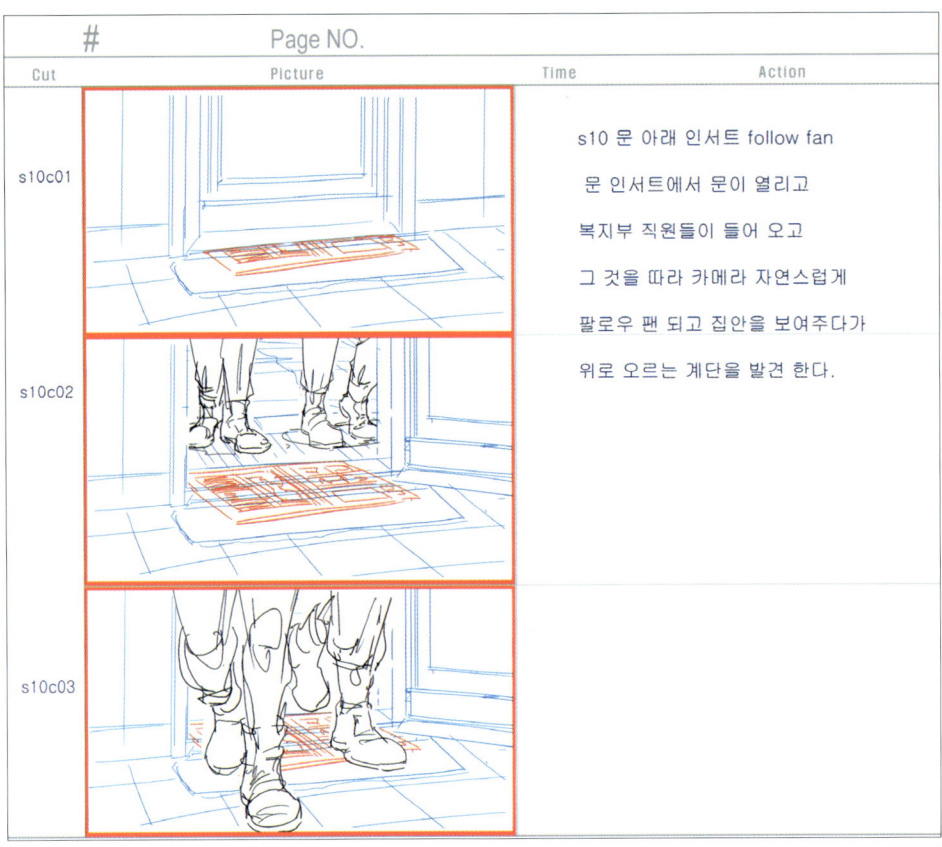

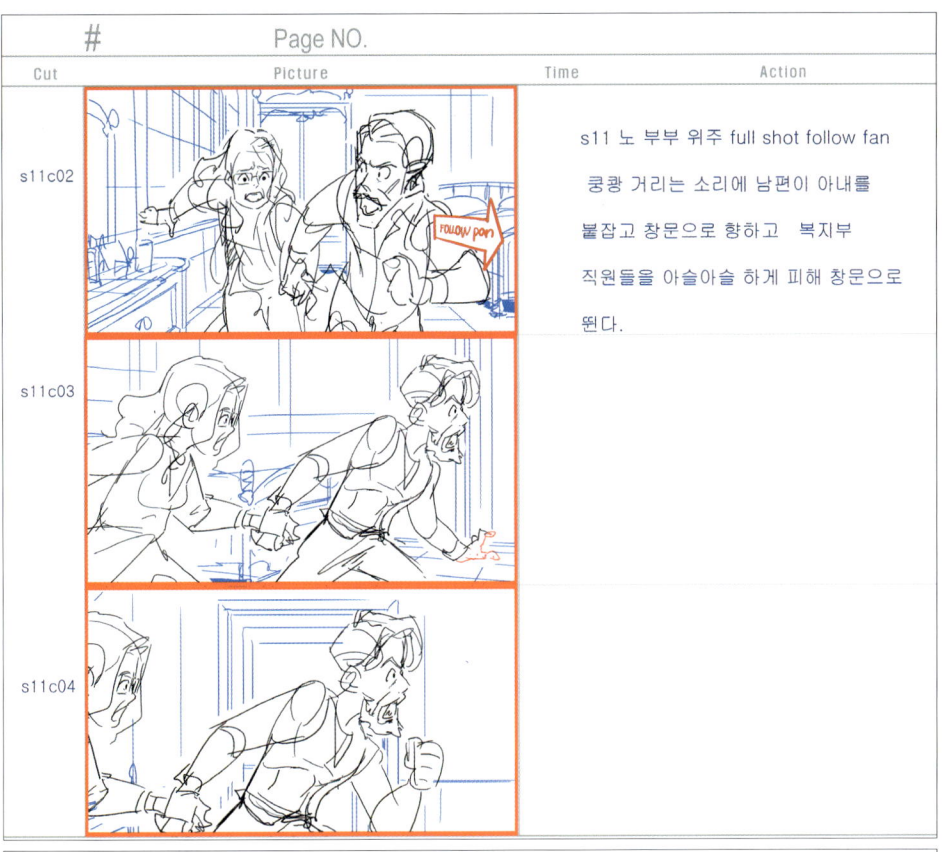

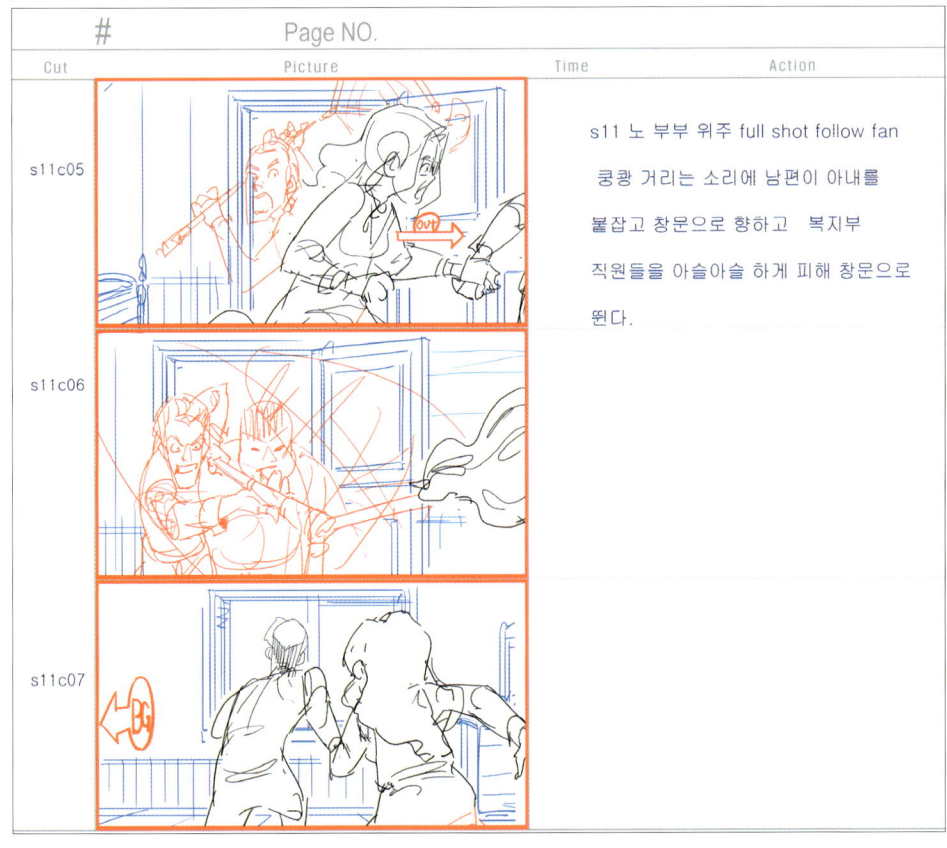

Cut	Picture	Time	Action
s11c08			s11 노 부부 위주 full shot follow fan 쿵쾅 거리는 소리에 남편이 아내를 붙잡고 창문으로 향하고 복지부 직원들을 아슬아슬 하게 피해 창문으로 뛴다.
s11c09			
s12c01			s12 로우 앵글 창문 밖 인서트 tilt down 하이앵글 거리샷

Cut	Picture	Time	Action
s12c02			s12 로우 앵글 창문 밖 인서트 tilt down 하이앵글 거리샷
s12c03			
s12c04			

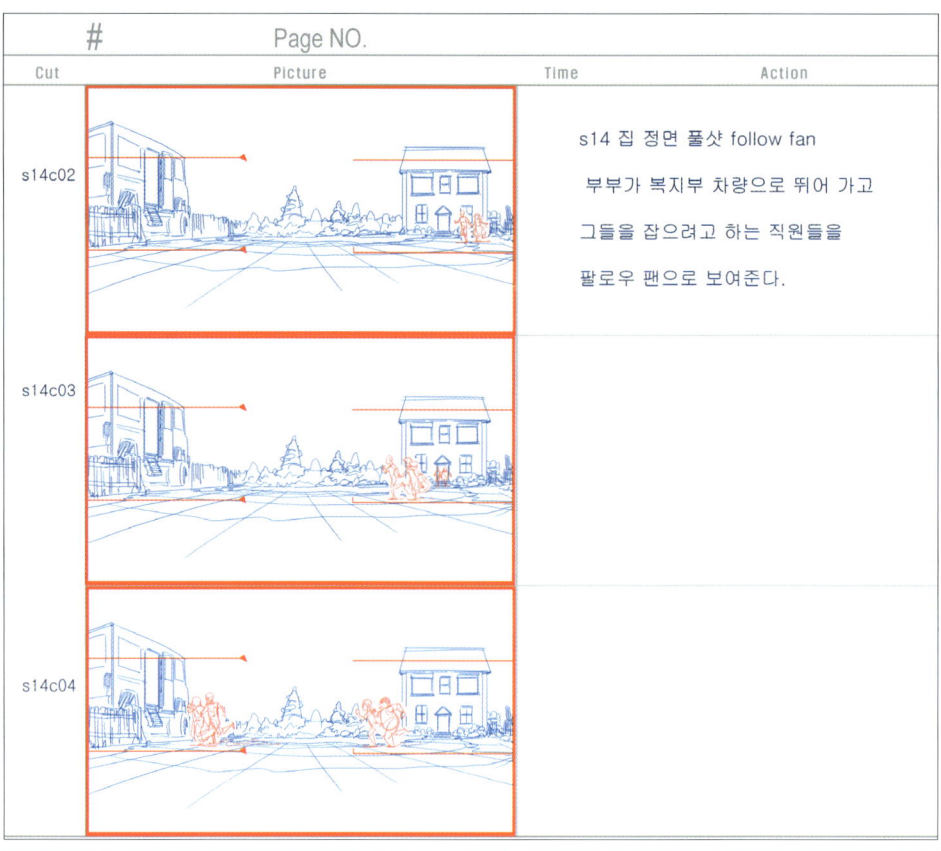

콘티로 작성된 스토리보드를 영상으로 제작해보았습니다.

QR 코드로 확인하거나, 다운로드로 제공하는 예제데이터에서 확인해보실 수 있습니다.

간단하게 기획해서 자신만의 애니메틱스 제작하기

지면으로 스토리보드 제작이 끝났다면 애니메틱스를 만들어서 영상을 만드는데 좀 더 구체적인 정보를 제공할 수 있습니다. 이왕이면 자신만의 스토리로 오리지널 영상을 만들어 보는 것이 여러가지 면에서 도움이 되기 때문에 간단하게 기획부터 해보겠습니다.

이 책은 스토리보드를 위한 내용으로,
기획단계는 간단하게 예시로 보여드리는 것이니 절대적인 방식은 아닙니다.
자신만의 애니메틱스를 만드는 방법은 아래와 같은 순서로 진행됩니다.

[기획 순서]
1. 시나리오
2. 캐릭터 설정
3. 글 콘티, 썸네일 구성
4. 이미지툴로 이미지 생성
5. 사운드파일
6. 프리미어로 편집

저는 아동물을 전문으로 제작하는 회사에서 오랫동안 근무해 왔지만, 정작 제가 가장 좋아하는 사이버펑크 스타일의 애니메이션을 제작할 기회는 없었습니다. 그래서 이번 기회를 통해, 제가 좋아하는 장르를 애니메틱스로 구현해보고자 SF 분위기로 기획해 보았습니다.

1. 시나리오 요약

근 미래 사이버펑크 분위기에 고도로 발단된 고층 빌딩들이 숲을 이룬 도시에서 킬러가 아무도 모르게 타겟을 처리한다. 미래적인 방법으로.

2. 캐릭터 설정

제가 전문적인 캐릭터 디자이너가 아니기 때문에,
여기서는 AI의 힘을 빌려서 캐릭터 컨셉을 디자인해 보았습니다.

사이버펑크 분위기에 여자 킬러 저격수

위의 스케치를 미드저니의 링크에 올리고 생성된 이미지 링크를 통해서 AI로 원하는 컨셉으로 생성을 합니다.

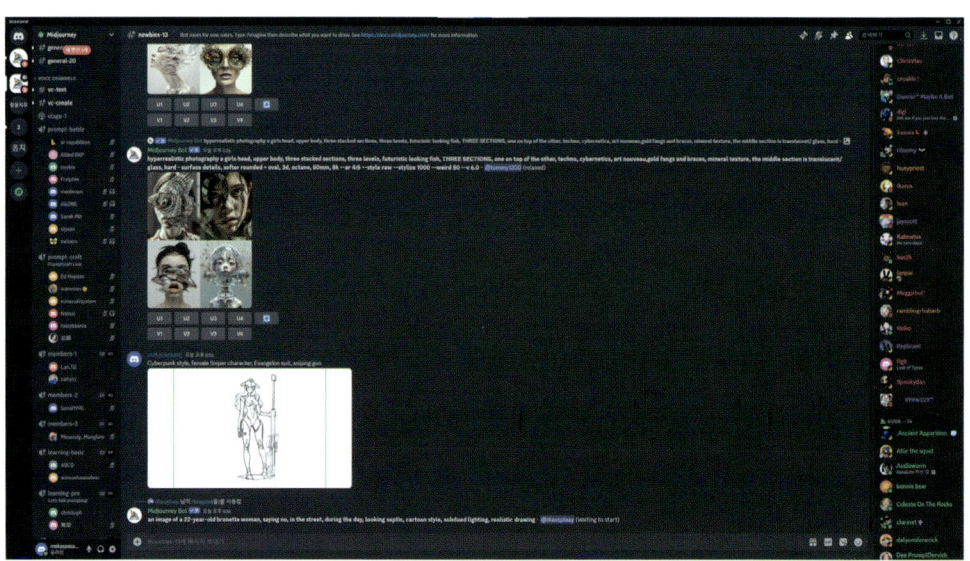

Part 08. 스토리보드 제작

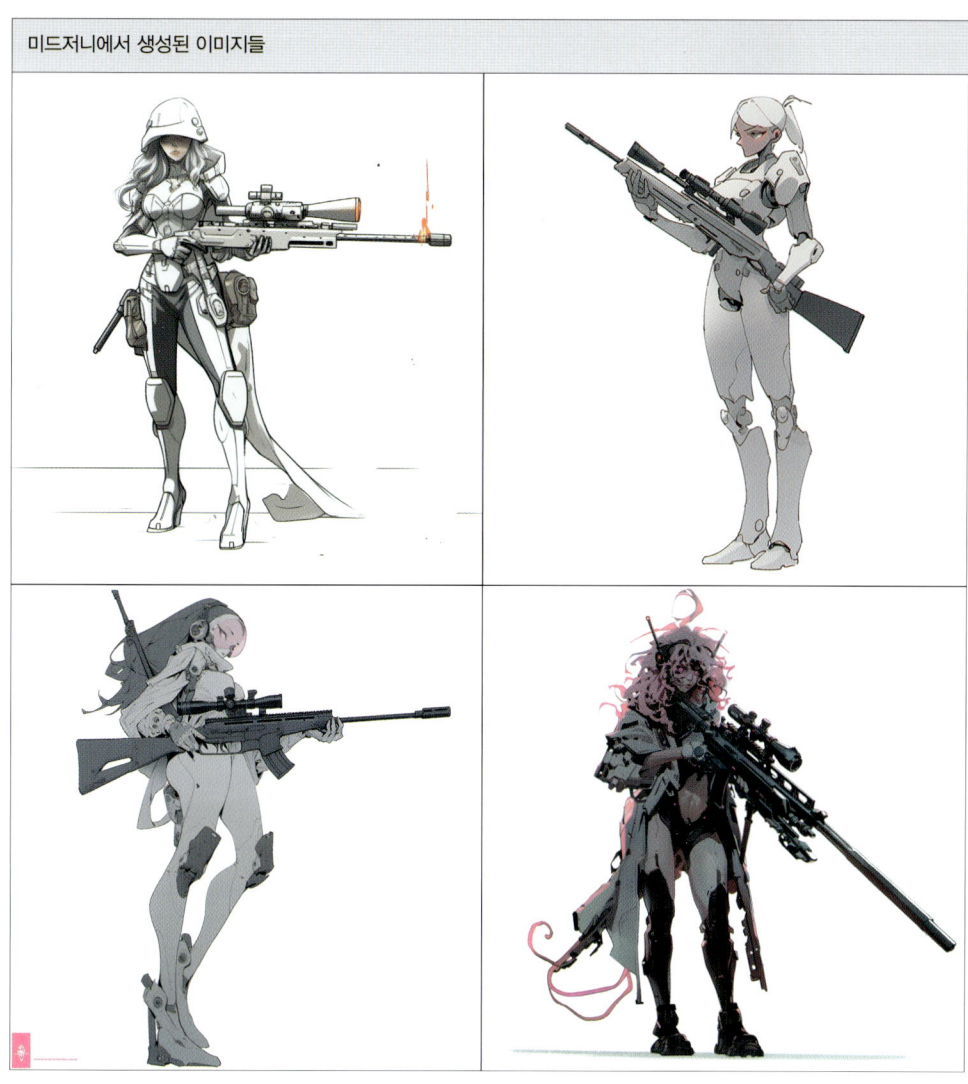

바레이션을 거듭 할수록 자신이 원하던 이미지에 점점 가까워집니다.

프롬프트

[이미지 주소], Cyberpunk style, girl sniper character, Evangelon suit, front, evan lee style, white background, --niji 5 --style expressive

스케치로부터 어느정도 배리에이션을 거쳐서 캐릭터의 윤곽이 보였다면, 미드저니의 "cref" 기능으로 유사한 스타일의 캐릭터를 다양하게 배리에이션 할 수 있습니다.

우측의 이미지 링크를 다시 이용해서 버전을 바꿔서 디테일을 잡습니다.

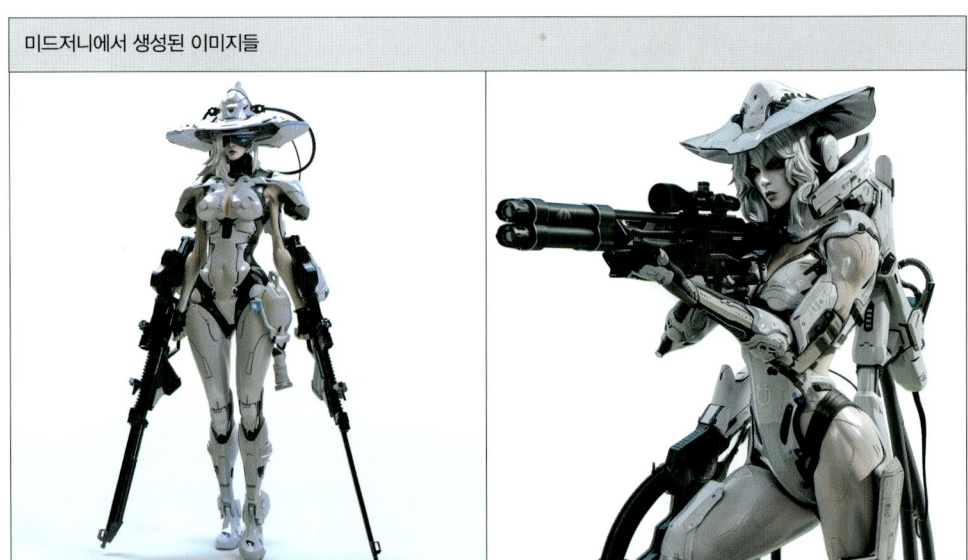

미드저니에서 생성된 이미지들

좀 더 디테일을 올리기 위해서 미드저니 버전을 v 6.0으로 바꿨습니다.

프롬프트

3d game character, Cyberpunk style, girl sniper character, Evangelon suit, front, evan lee style, white background, --v 6.0 -cref <이미지주소> --cw 50

문어 머리 보스

| 미드저니에서 생성된 이미지들 |

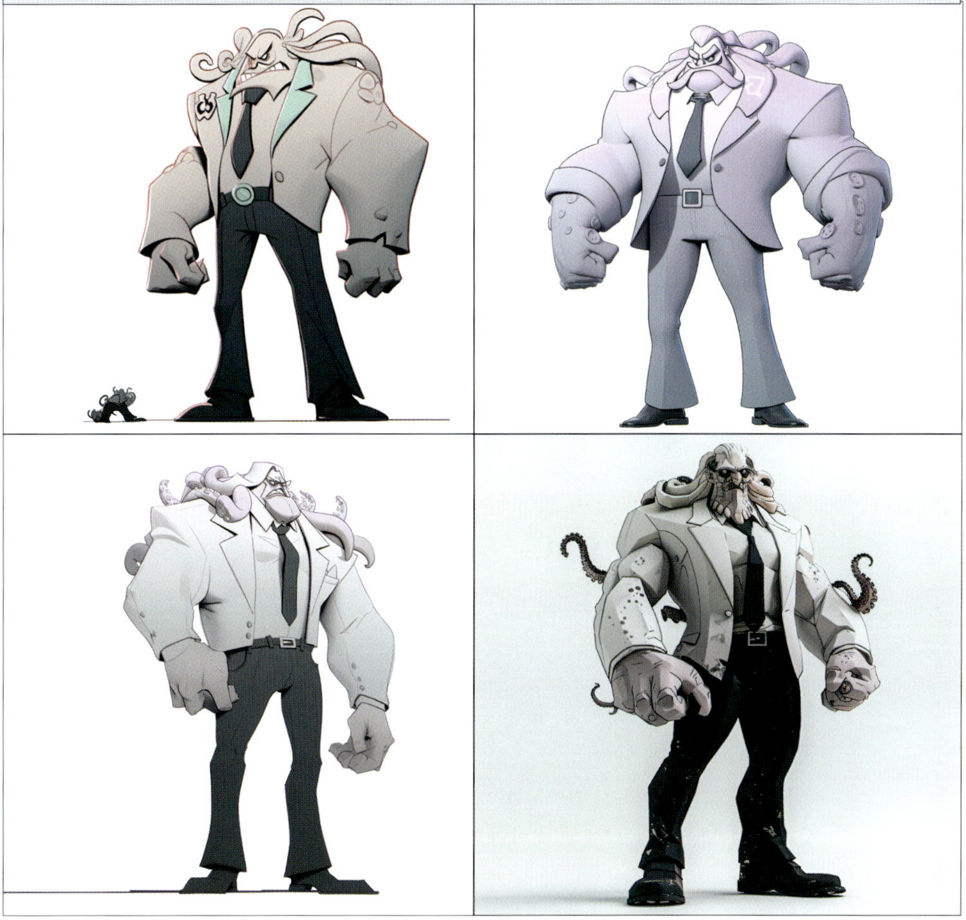

프롬프트

a boss character with an octopus head and a suit, 3d animation, white background, --niji 5 --style expressive

배신자

미드저니에서 생성된 이미지들

> **프롬프트**
>
> 이미지주소, Cyberpunk-style man, white background, ghost in the shell style, --niji 5 --style expressive

이렇게 AI를 활용하면 러프 스케치만으로도 반나절이면 여러 가지 캐릭터 컨셉을 잡을 수 있습니다. 저는 스토리보드 작업만 담당해 왔기 때문에 캐릭터 디자인이나 디테일한 그림을 그릴 기회는 많지 않았습니다. 그러나 연출 방향과 명확한 컨셉을 정하면 혼자서도 작품 기획이나 투자 유치를 위한 기획서 정도는 제작하는 것이 가능합니다.

3. 글 콘티, 썸네일 구성

1. 육지에서 해안 쪽이 보이는 미래 도시 전경 / 익스트림 풀샷 약간 달리

카메라 전진 중에 화면 치고 유인 드론이 뒷모습으로 치고 프레임 인이 된다.

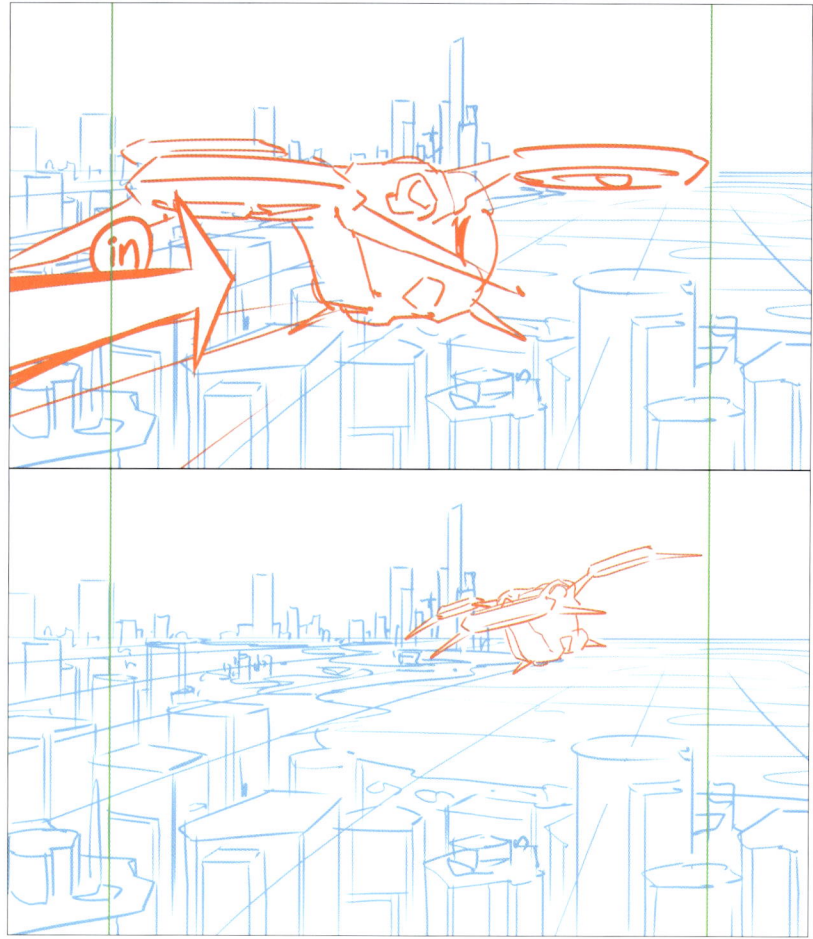

2. 약간 로우 앵글 편안한 드론 위주 / 정면 풀샷 팔로우 팬

드론이 화면 치고 지나가면서 카메라 팔로우 팬 된다.

3. 콕피트 내부 광각 / 정면서 미디엄샷

누군가와 통화하면서 조종하는 킬러의 모습. 타겟의 화면이 뜬다.

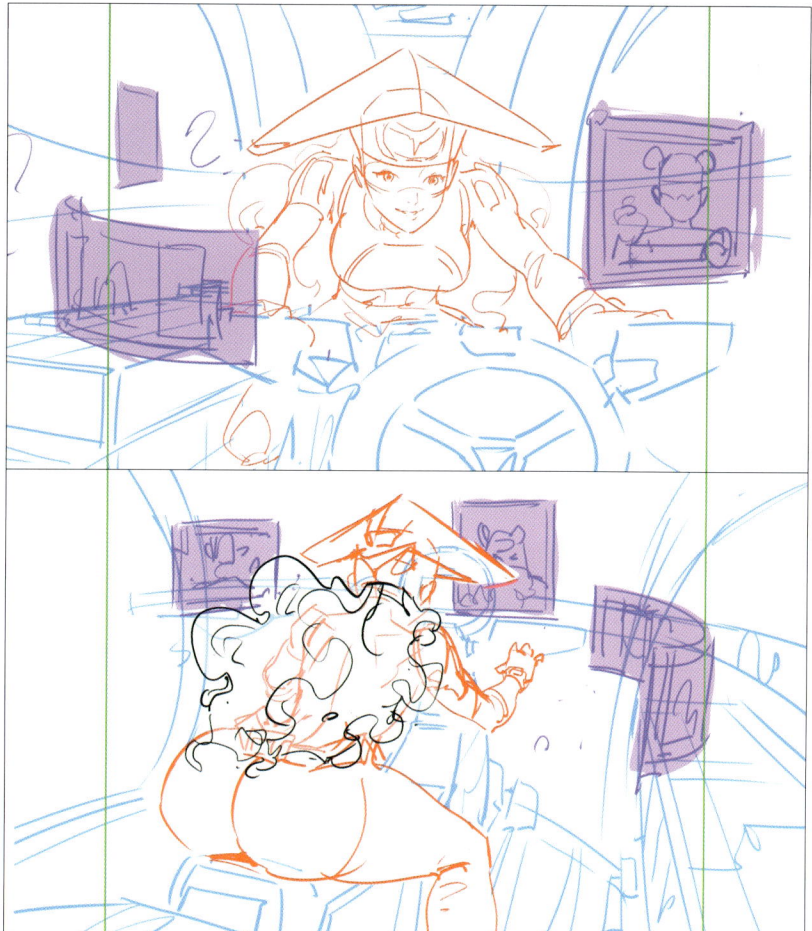

4. 콕피트안 광각 뒷 모습 미디엄 샷

조종하는 킬러의 뒷모습에서 여러가지 화면들이 떠 있다. 타겟 화면을 끄는 킬러

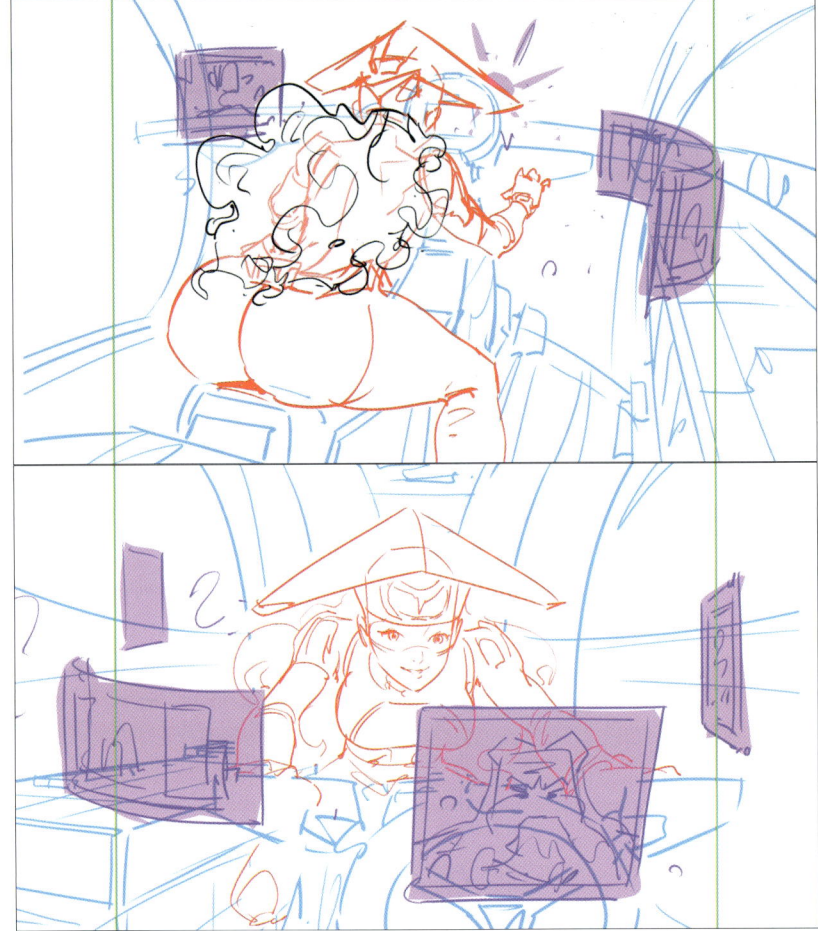

5. 카메라 킬러 옆 얼굴 위주로 잡은 바스트샷 / 라운드 패닝 손 인서트

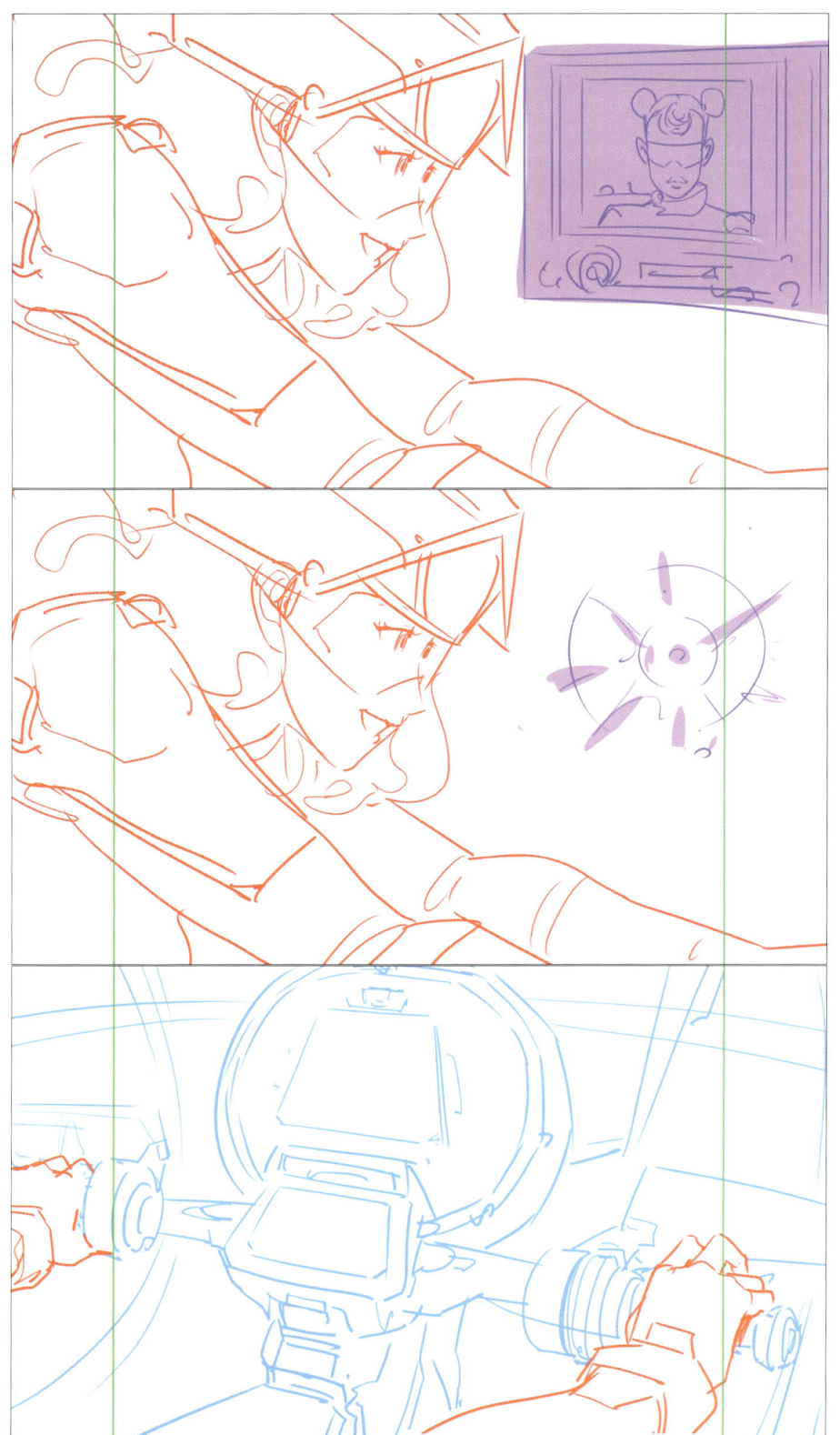

6. 드론 화면에 뒷 모습 걸고 하이앵글 달리 인

거대한 고층 건물을 스치듯이 길게 지나치며 넓은 바다로 향하는 드론의 모습.
저 멀리 호화 요트가 보인다.

7. 화면에 물위에 떠 있는 호화 요트 걸고로우 앵글 익스트림 풀샷

뒤에 도시의 전경이 보이고, 작은 빛이 하늘 위에서 서서히 가까워진다.

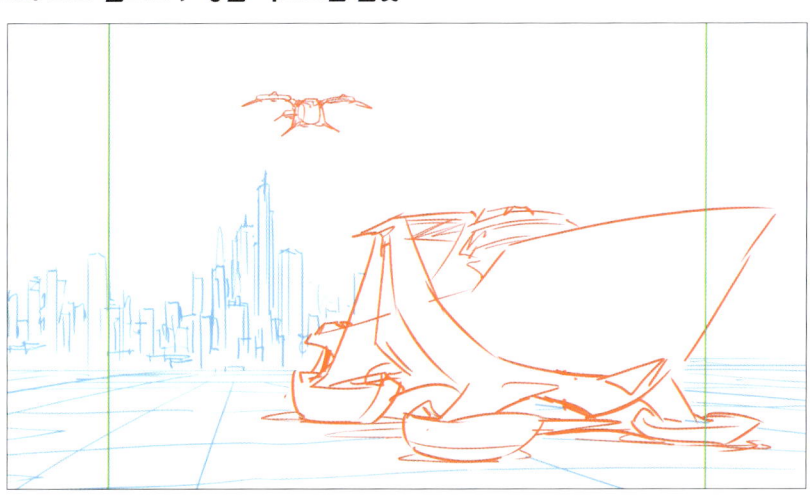

7-2 사이드 익스트림 풀샷

8. 요트 위 소파 정면 악당 정면 넓은 미디엄샷

타겟이 양옆에 섹시한 여자 사이보그를 끼고 앉아있다 가 어떤 사람이 무릎 꿇으 며 화면 앞에 프레임 인되 면 화면 앞을 보고 손짓을 한다.

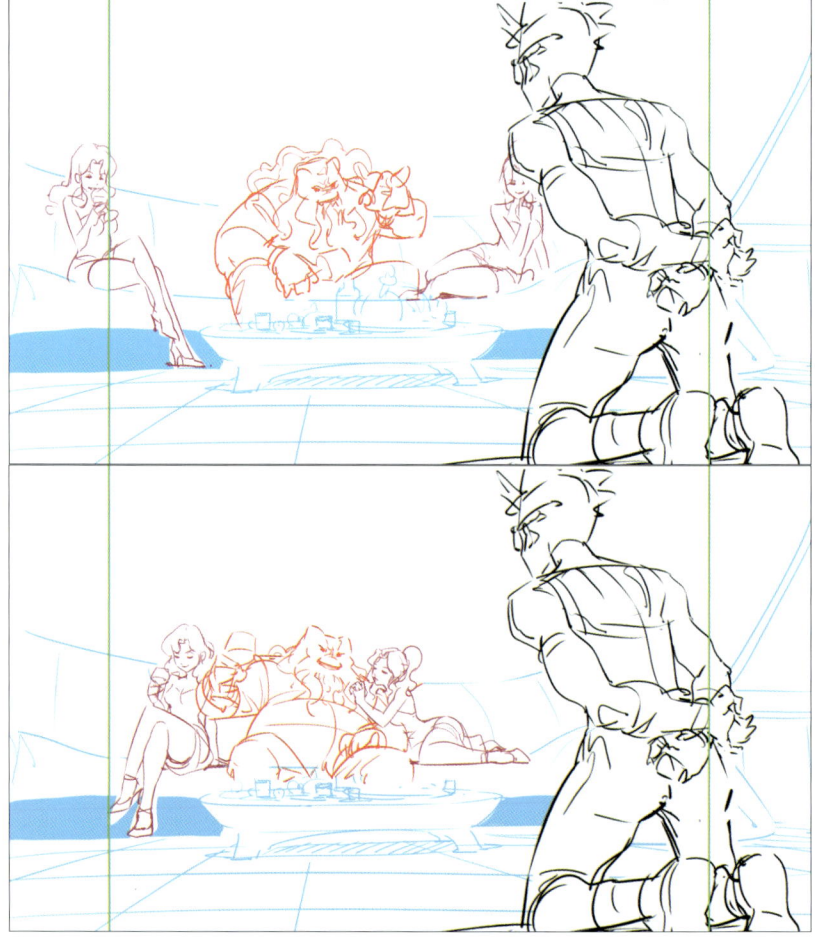

8-2. 보스 정면 바스트샷

웃으면서 손을 화면 쪽으로 내미는 보스

9. 요트 위 사이트 샷

보스의 손이 길어지면서 배신자를 처형하는 모습

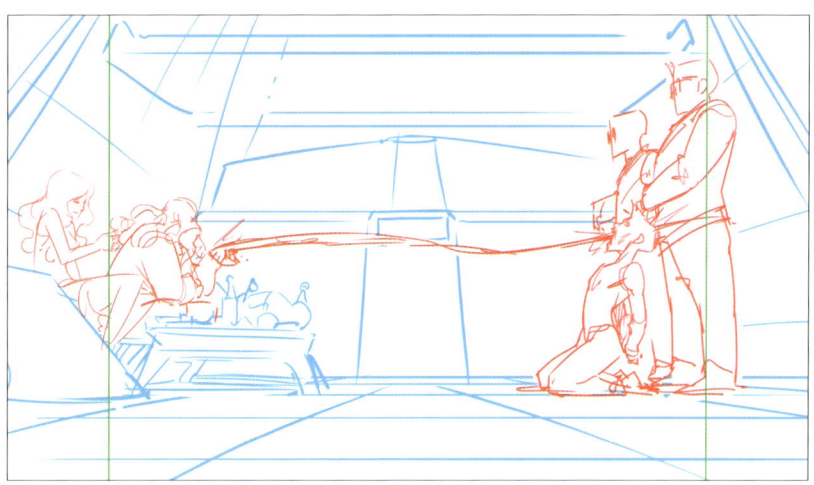

10. 광각 로우 앵글 풀샷

화면 앞에 죽은 사람이 쓰러져 가까이 잡히면 보스가 웃으면서 껄껄 된다.

11. 완전 탑뷰 풀샷

화면에 요트의 작게 완전 풀샷으로 보이는 화면에서 드론이 프레임인 되어서 화면을 가린다.

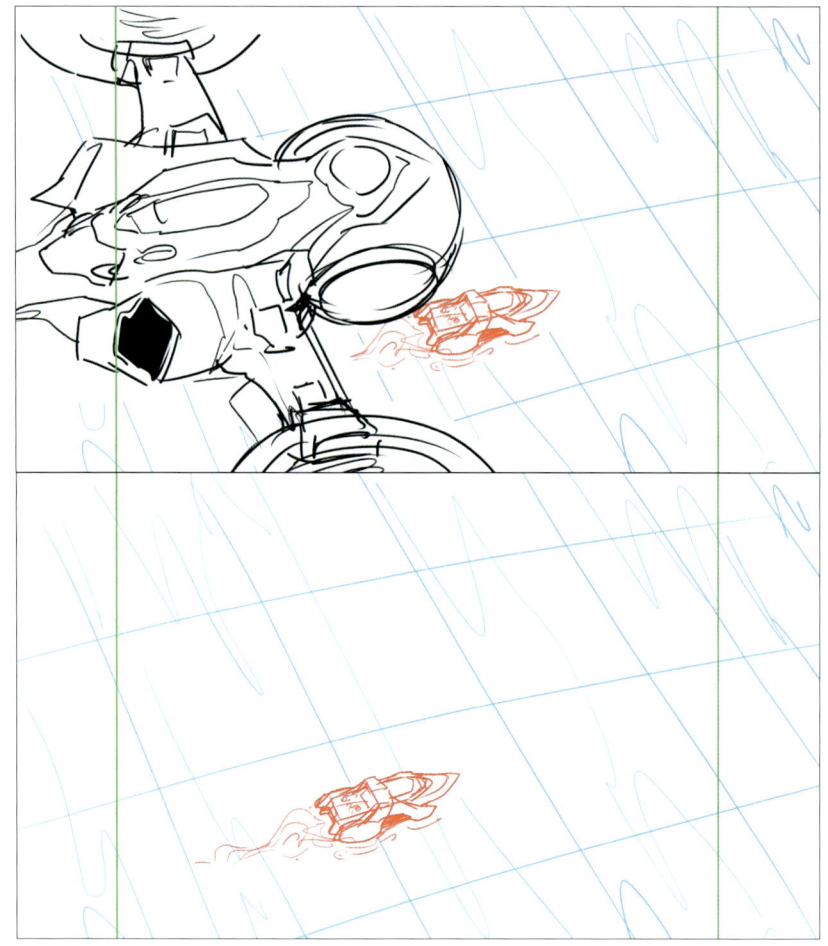

12. 콕피트 광각 정면성 미디엄샷

킬러가 옆에 있는 케이스에서 저격 총을 꺼내고 가랑이 사이로 끼운 뒤에 양손을 어깨로 올리니까 해치가 열리면서 뒤로 이동하기 시작하는 킬러

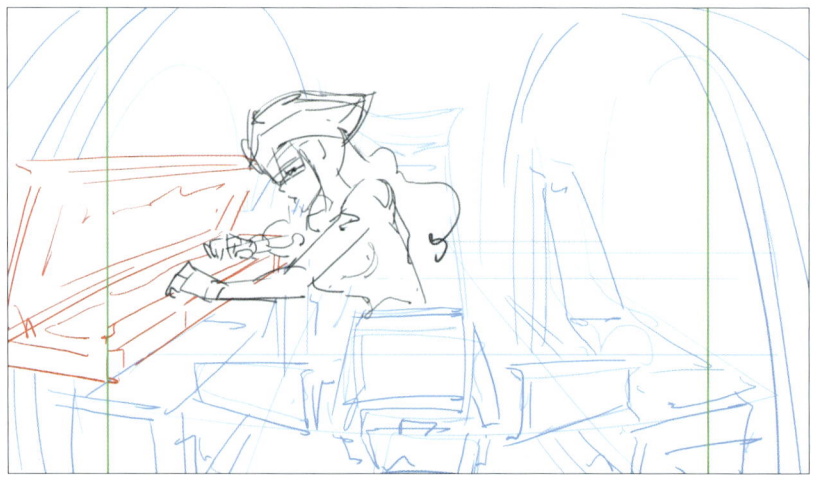

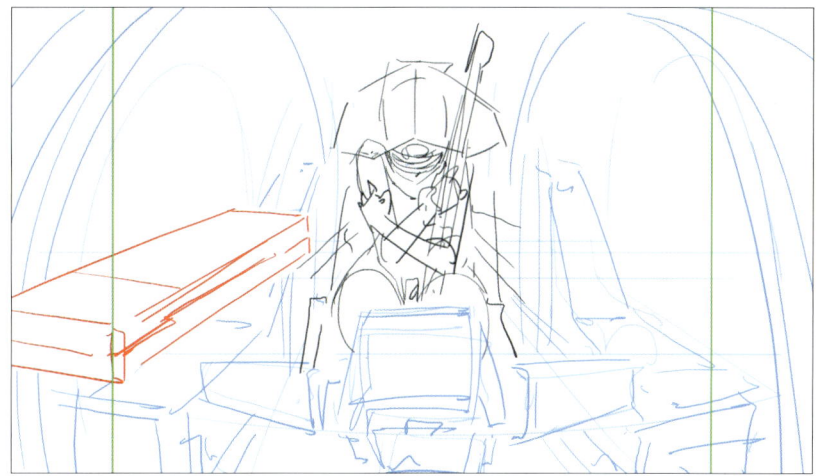

13. 드론 뒤쪽 해치 로우 앵글 풀샷 달리 백

뒷쪽의 해치가 열리고 기계적으로 뒤집히면서 화면 쪽으로 거꾸로 매달리는 모습

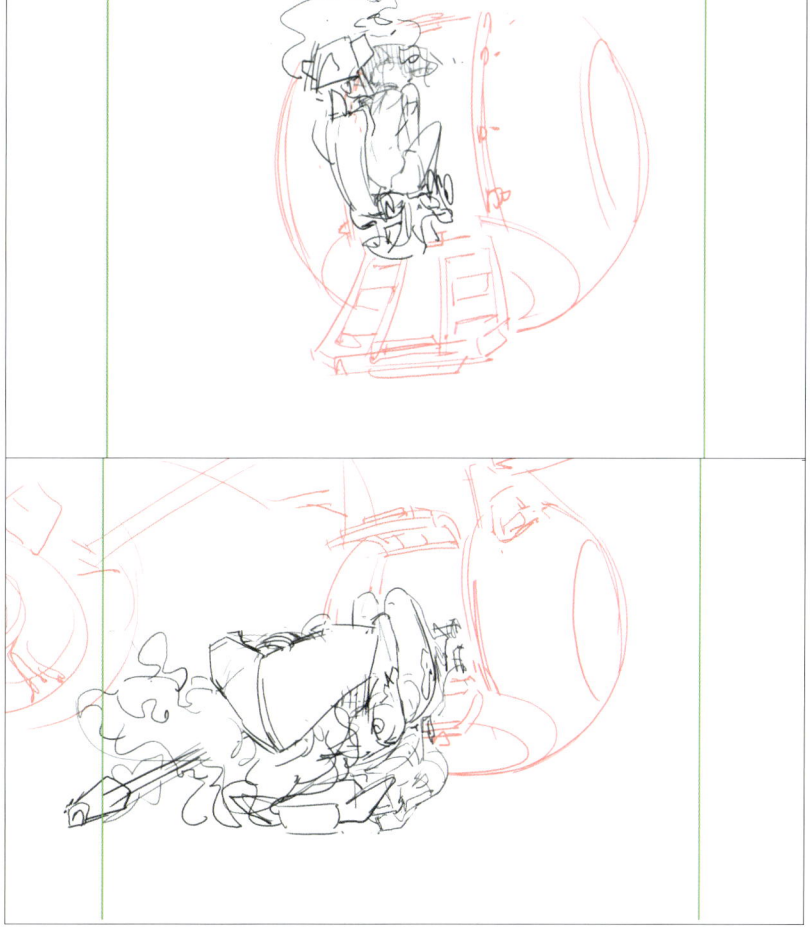

14. 해치쪽에서 발 끼고 보는 하이앵글 광각 풀샷

총 파지하면서 자리 잡고 있는 모습을 하이앵글로 보여준다.

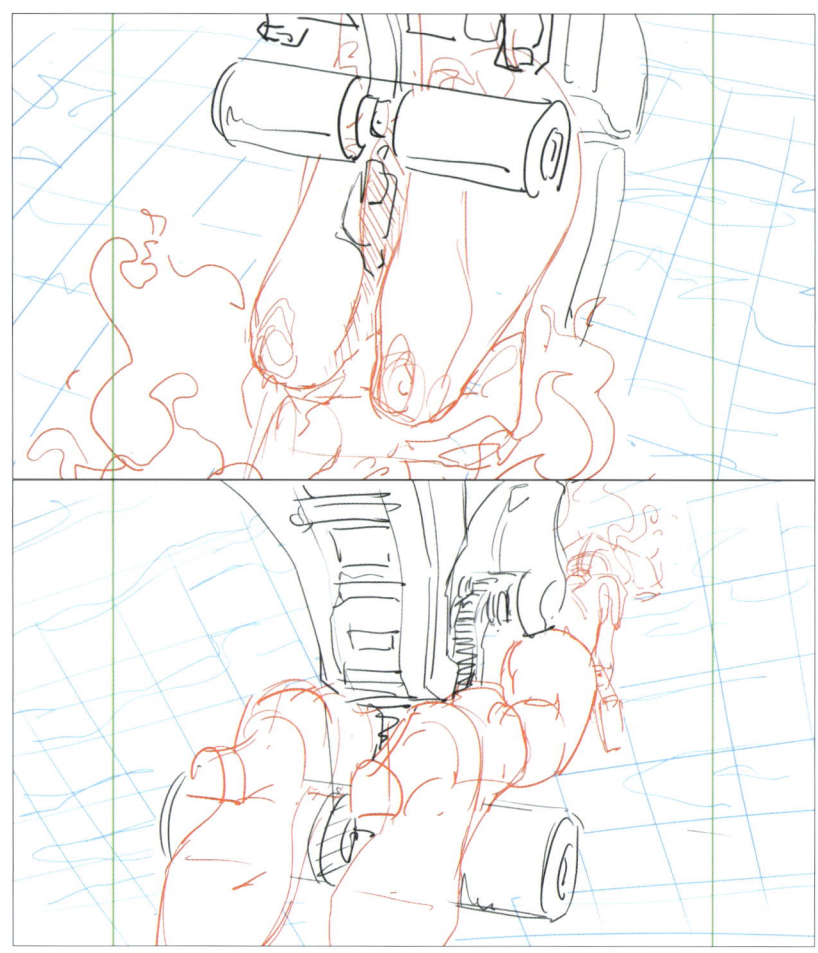

15. 망원 정면 바스트샷

망원 느낌에서 킬러의 바이저 씌워지고 포커스 바뀌면 총에서 빨간색 레이저가 화면 앞으로 비쳐지면서 컷

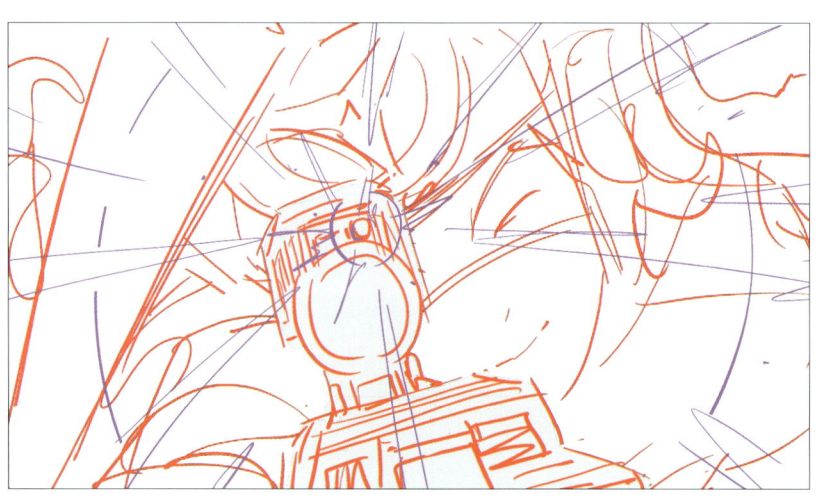

16. 타겟 반사이드 약간 부감 미디엄샷

앞에 테이블에서 머리 숙여 밥 먹고 있는 머리에 붉은 점이 생긴다. 옆의 여성들이 머리를 만지면서 까르륵 거리고 타겟이 머리를 만진다. 손을 치우며 화를 내는 타겟

17. 사이드 망원 킬러 옆 얼굴 위주 클로즈업

옆 얼굴이 클로즈업 된다

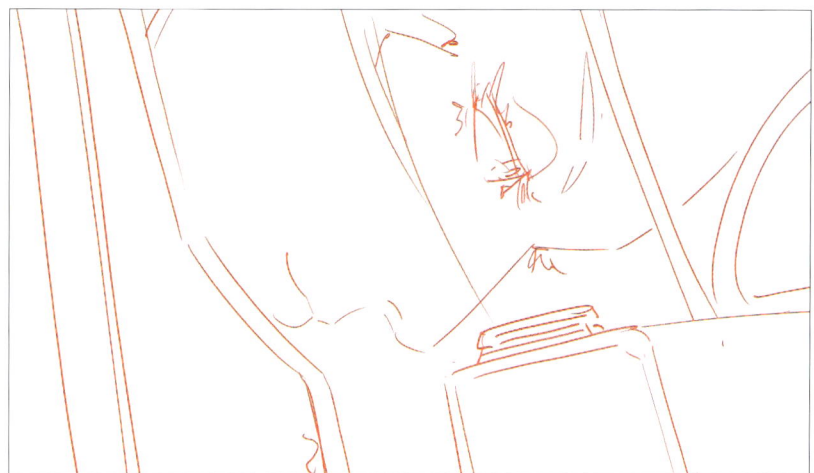

18. pov 조준경 안 망원 타겟 샷

망원 타겟이 보인다

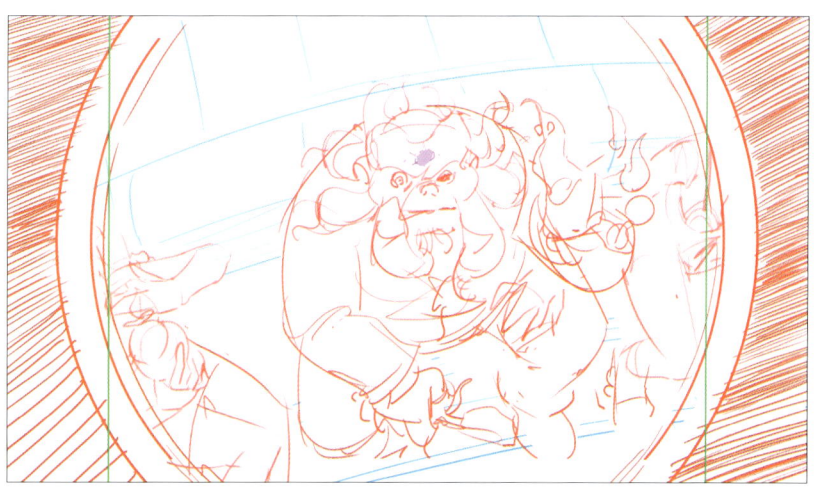

19. 방아쇠 샷

방아쇠에 손이 올라간다.

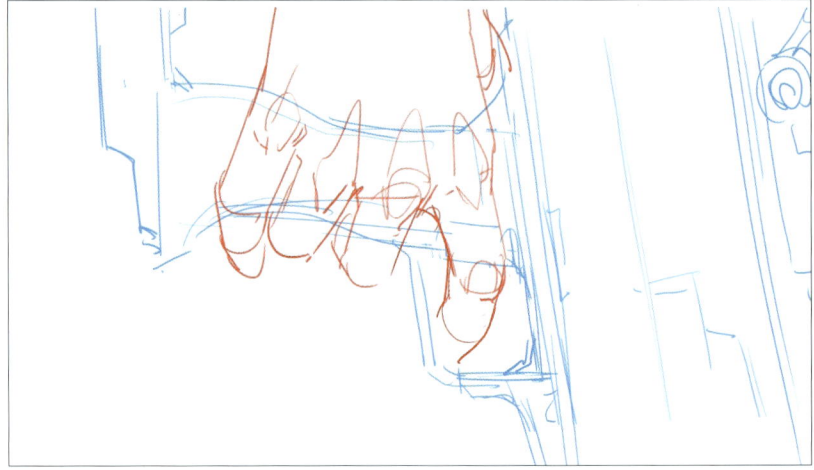

20. 익스트림 사이 풀샷

작은 천둥처럼 가느다란 빛이 순식간에 아래로 내리꽂힌다.

21. 요트 위 로우 앵글 풀샷

아까 총살당했던 사람 머리 걸려 있고, 타겟이 똑같이 헤드샷으로 쓰러진다. 양옆의 여자들과 요원들 놀라면서 주변을 살핀다.

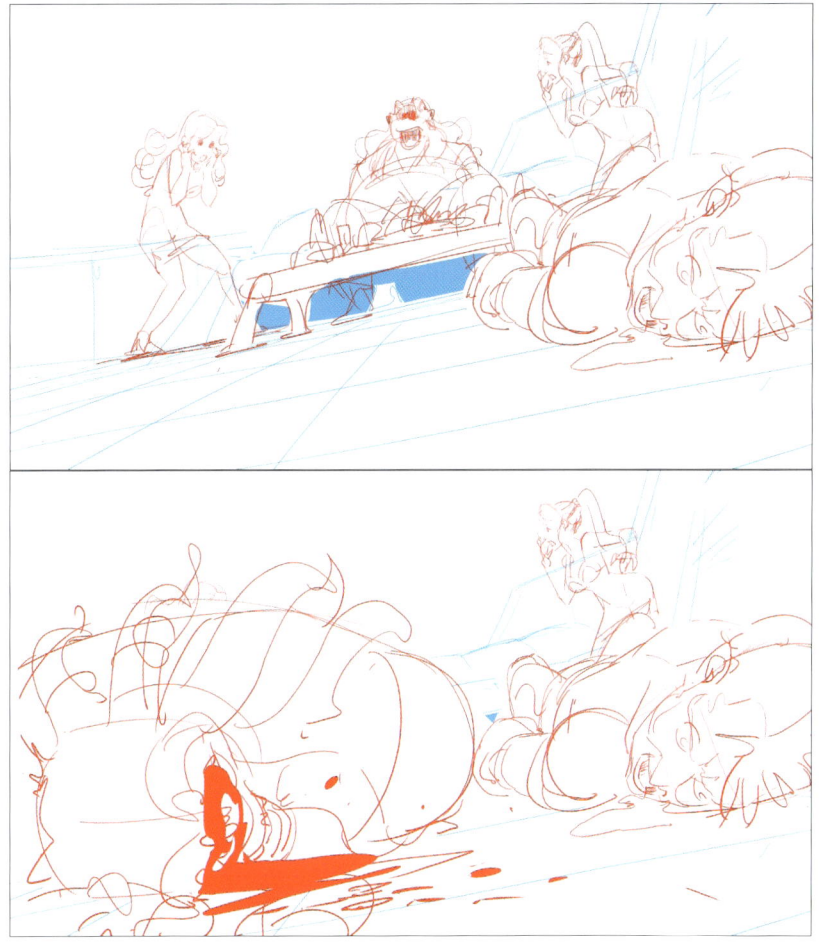

22. 타겟 스러진 사람 나란히 투샷 / 탑뷰 미디엄샷 붐업 백

타겟과 자기가 죽인 시체 나란히 투샷으로 점점 카메라 상승한다.

23. 드론 외부 콕피트 위주 풀샷 팔로우팬 도시위주 풀샷

> 드론의 해치가 잠기면서 화면과 멀어지다가 유턴해서 화면 앞으로 치면 팔로우팬. 화면을 치고 유유히 사라지는 드론에서 페이드 아웃되면서 로고

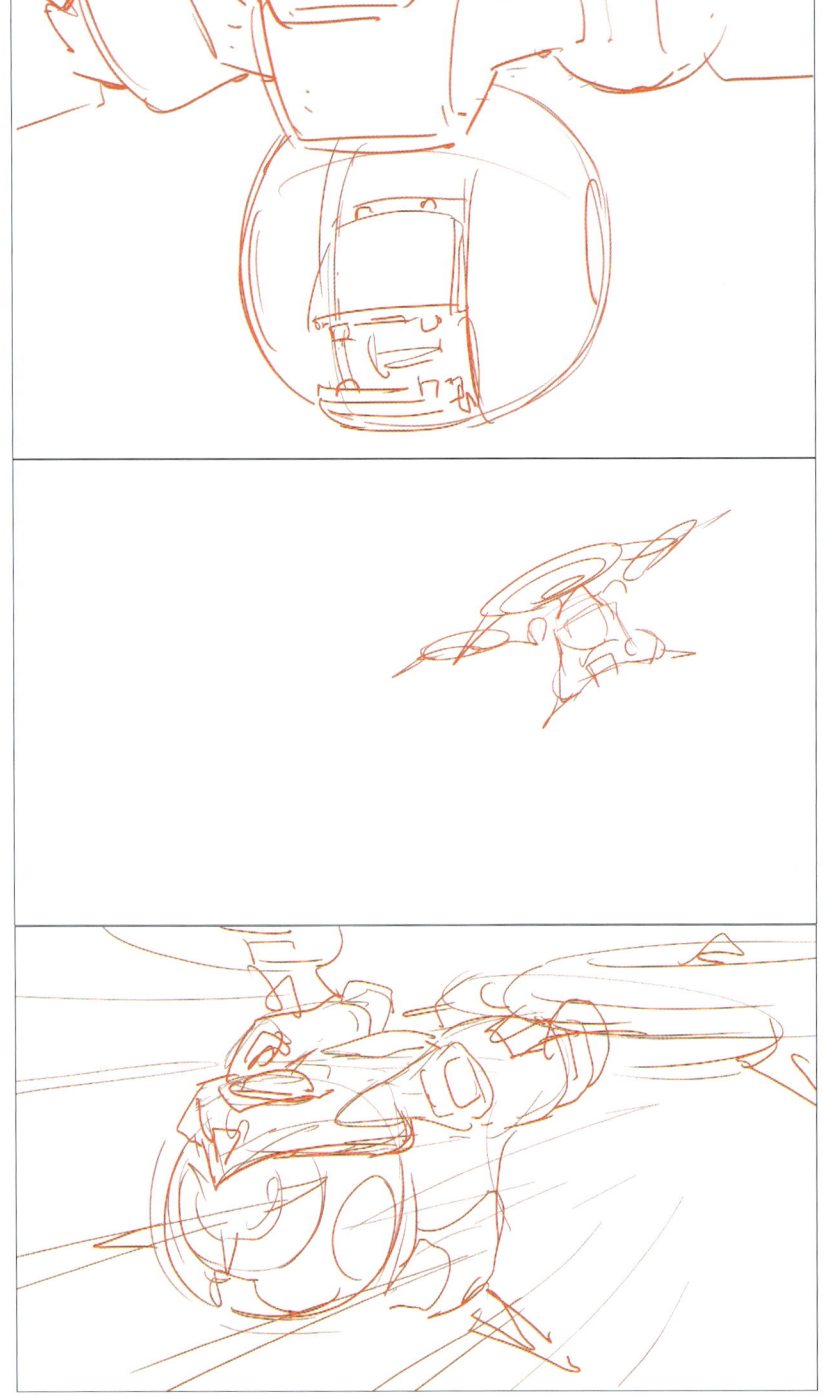

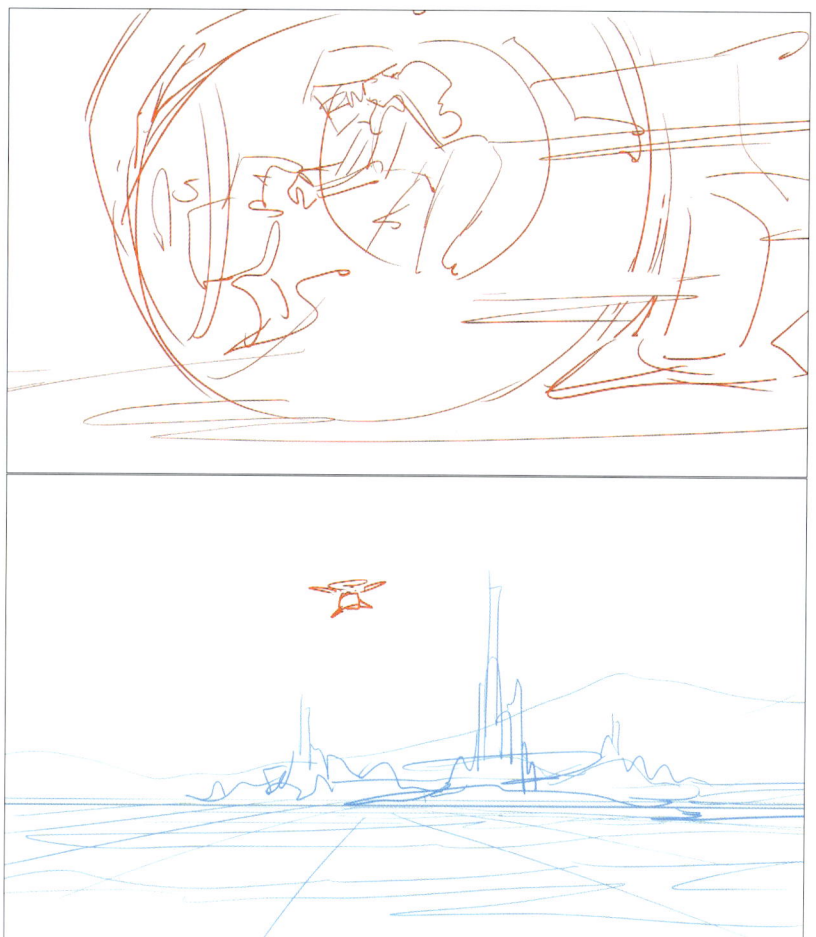

4. 이미지 작업

제가 작업하는 방법으로 간단하게 알려드리겠습니다.

툴은 어떤 툴이던 상관없고 작업 방식을 자기에게 맞게 찾으시면 됩니다.

저는 이미지 작업을 할 때 프랑스에서 만든 TVPaint Animation 툴을 사용합니다. 원래 애니메이션을 위한 전문 tool이기 때문에 캐릭터나 사물의 움직임을 넣기도 쉽고 전통적인 애니메이션을 이해하고 있다면 굉장히 효과적인 툴입니다.

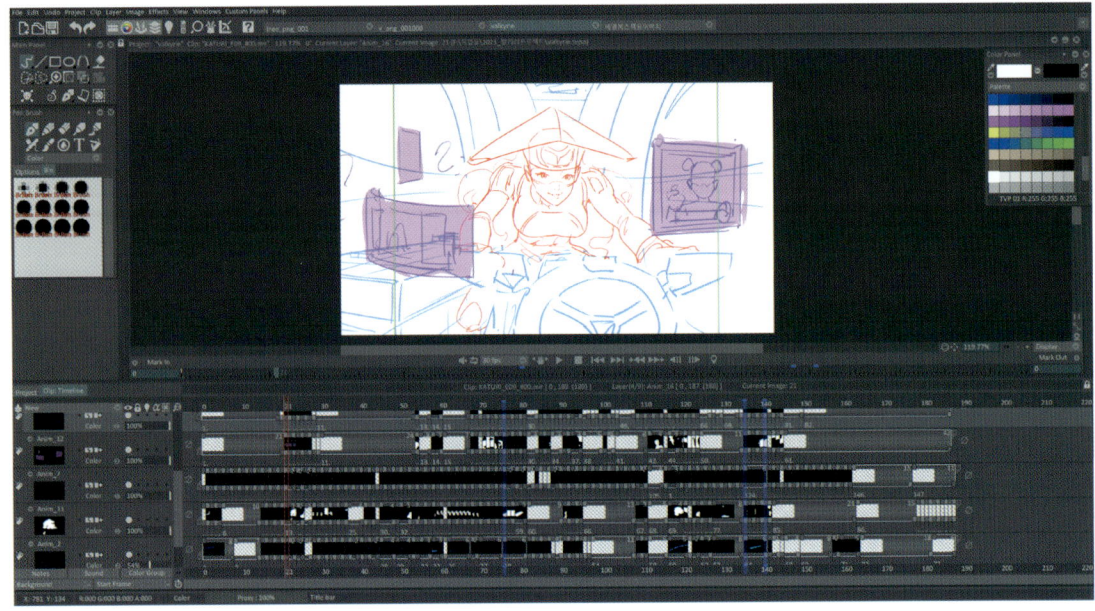

특히, 레이어에 라이트 박스 기능을 적용할 수도 있고 실시간으로 다음 컷 체킹이 편해서 영상을 직접 그리는 느낌이 납니다. 글을 바탕으로 이미지를 그려줍니다.

레이어 구성은 옛날 셀애니메이션 제작 방식처럼 활용하고 있습니다.
아래서부터 bg, color1, line1, color2, line2, camera work, guide line 이런 형식으로 쌓아서 구성합니다.

이런 형식으로 작업해서 이미지를 추출합니다.

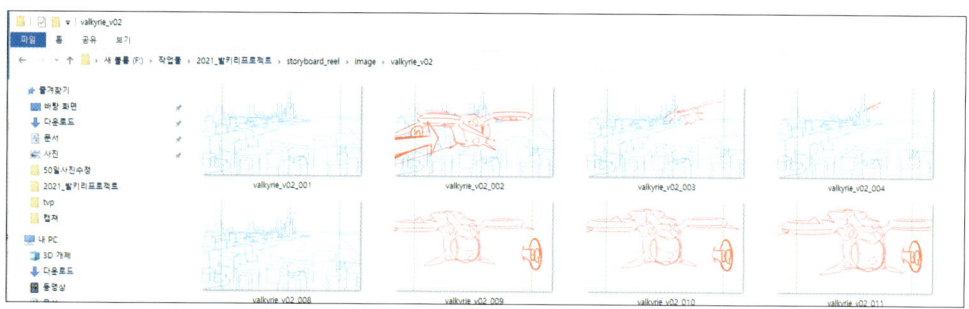

추출한 이미지를 바탕으로 프리미어툴로 편집합니다.

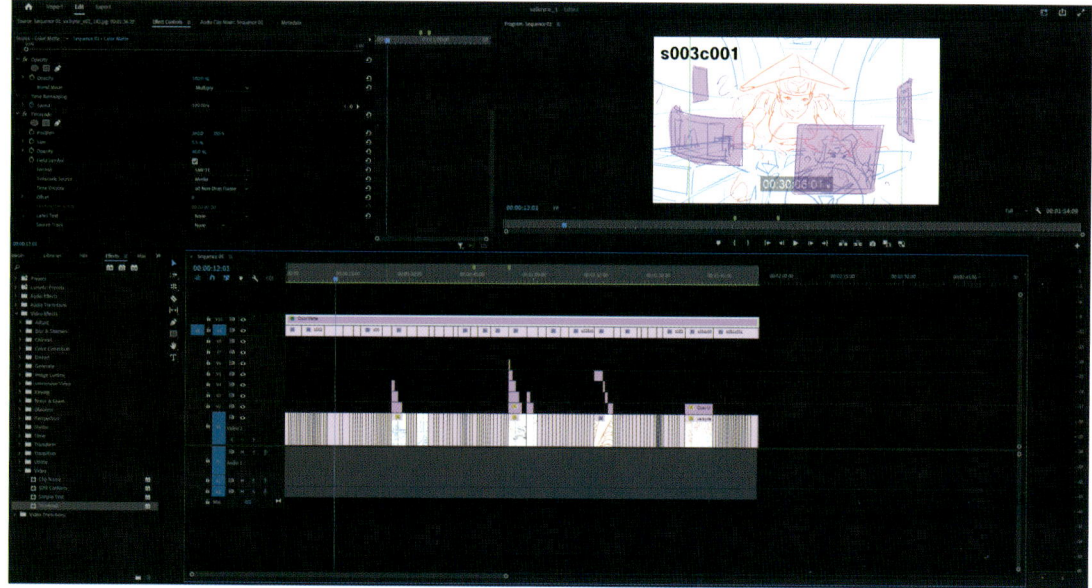

편집할 때는 소스관리를 깔끔하게 하는 것이 좋습니다.

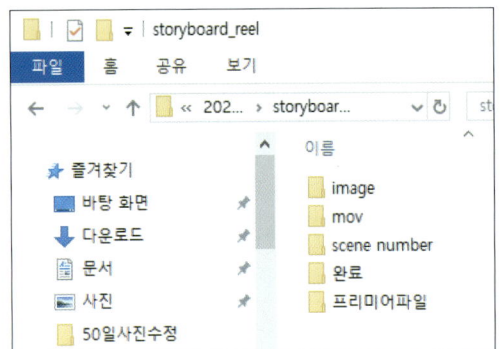
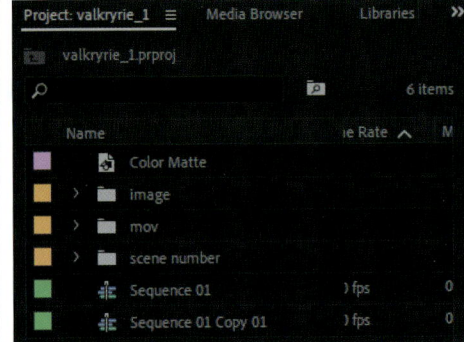

프리미어상 폴더 테크트리와 실제 소스상 폴더명을 일치시키면 좋습니다.

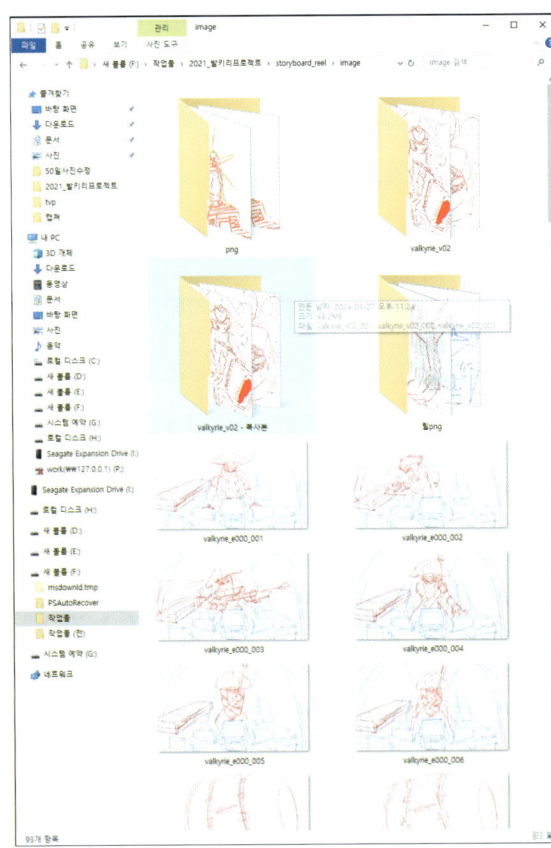
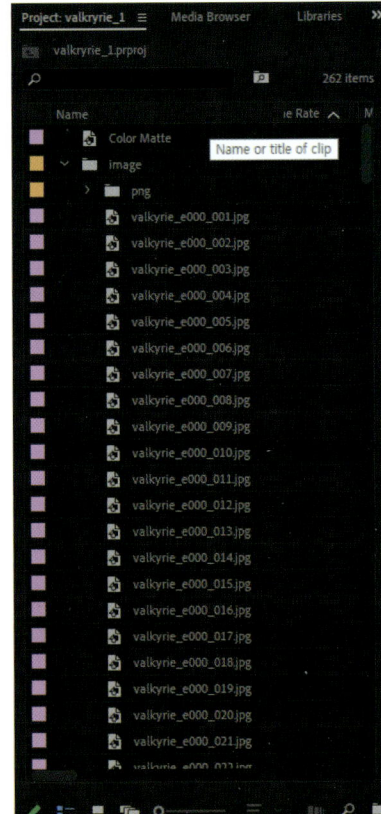

프리미어에서 인비트윈과 카메라 워크를 같이 넣고 싶다면, 같은 컷에 해당하는 이미지를 계단식으로 쌓아서 일괄되게 카메라를 적용시키고 이미지를 순차적으로 보여주면 됩니다.
각각 이미지들은 동일한 카메라값을 가지고 있습니다.

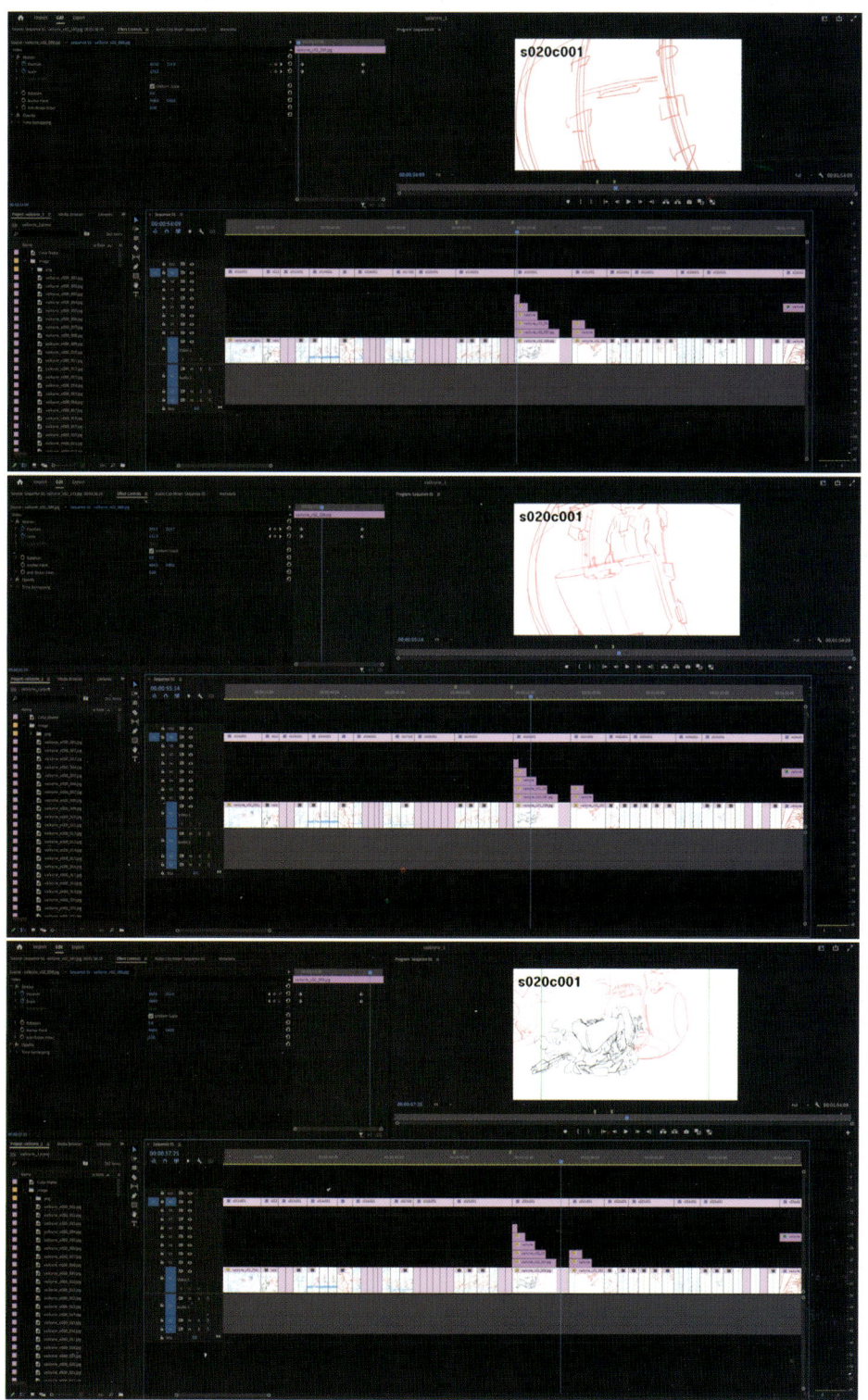

음성과 사운드 등 타이밍을 맞추고 렌더합니다.

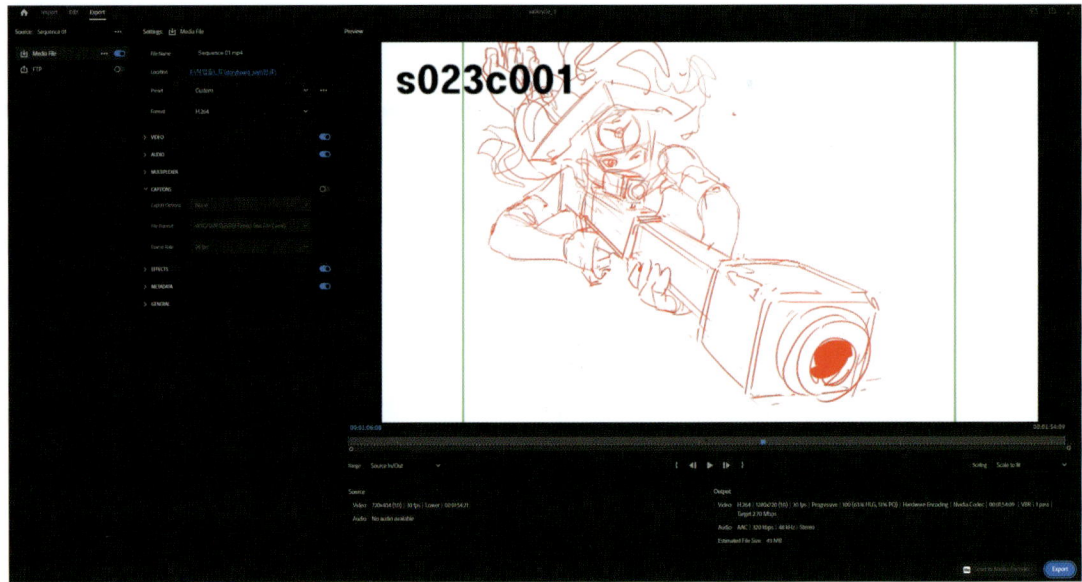

간단한 과정을 거쳐서 애니메틱스를 만들 수 있습니다.

완성된 영상은 QR 코드로 확인하거나, 다운로드로 제공하는 예제데이터에서 확인해보실 수 있습니다.

스토리보드 콘티 노트

9. AI를 활용한 스토리보드

1. AI 생성툴로 이미지보드 제작하기

스토리보드를 제작할 수 있게 되면 각 장면을 상상하고 구성하는 것이 가능해집니다. 하지만 스토리보드는 간단한 스케치 형태로 이루어진 미완성 그림들의 집합이기 때문에, 완성된 영상의 퀄리티나 색감을 예상하기가 어렵습니다.

이러한 한계를 보완하기 위해, 중요한 장면 몇 개를 이미지 보드로 제작하기도 합니다. 이미지 보드는 보통 전문 일러스트레이터의 손길이 필요하지만, 최근 생성형 AI 도구를 활용하면, 그림 실력이 부족하더라도 연출력이 있는 사람이라면 높은 퀄리티의 이미지를 제작할 수 있습니다.

제가 그린 이미지로 예를 들어서, 스토리보드의 주요 장면들을 AI로 생성하여 이미지 보드를 제작하는 과정을 보여드리겠습니다. 이 방법을 활용하면 스토리보드의 러프한 스케치를 보다 구체적인 비주얼로 구현할 수 있으며, 최종 영상의 색감과 분위기를 보다 명확하게 예측하는 데 도움이 됩니다.

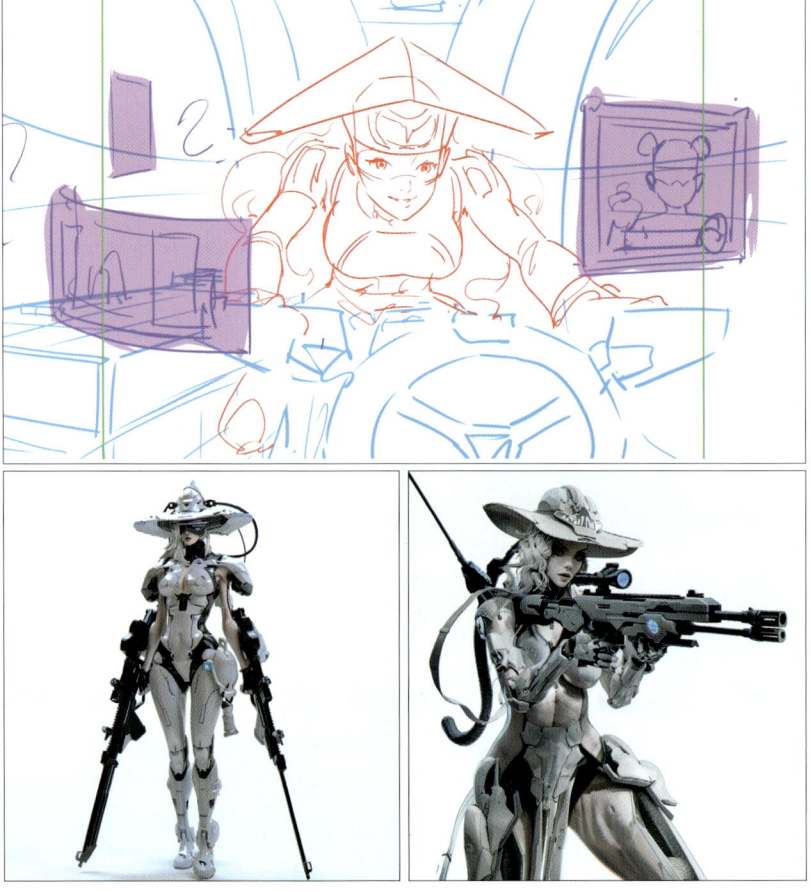

주인공이 드론 안에 탑승한 모습인데, 조종석이 바이크랑 비슷해서 바이크에 탑승한 채로 도시를 나는 것이라고 AI(미드저니 프롬프트)를 설정했습니다.

앞부분에 이미지 생성으로 만들었던 캐릭터를 기반으로 스토리보드 씬을 재현해보겠습니다.

미드저니의 "--cref" 명령으로 캐릭터 스타일을 어느정도 유지할 수 있습니다.

프롬프트

3d game charcter, Cyberpunk style, girl character,medium shot, A cyberpunk-style girl is flying in a future city on a future bike, Evangelon suit, front, evan lee style, cyberpunk style sity background, --v 6.0 -cref <이미지링크> --cw 100 -ar 16:9

생각보다 괜찮은 이미지들을 많이 얻어서 고르기가 힘들었습니다. 제가 그린 스토리보드랑 가장 비슷한 느낌을 고른 후에 덧그리면 멋진 이미지보드를 제작할 수 있습니다.

그렸던 스토리보드 자체를 활용할 수도 있습니다. 만들어진 이미지를 미드저니의 링크에 올리고, 그 링크 주소를 프롬프트에 넣어서 원하는 이미지 보드를 만듭니다. 덧그리면 멋진 이미지보드를 제작할 수 있습니다.

프롬프트

<이미지링크>, A cyberpunk-style woman is flying in a future city on a future bike, Evangelon suit, Cyberpunk Style City Background, evan lee style, --ar 16:9

최대한 스토리보드랑 비슷한 느낌으로 결정해서 마무리합니다.
같은 방식으로 주요 이미지보드를 완성해 봤습니다.

원본이미지 드론 디자인

AI로 생성한 드론 디자인

원본 스토리 보드

AI로 생성한 이미지 보드

원본 스토리 보드

완성된 이미지

| 원본 스토리 보드 |

| 완성된 이미지 |

마지막으로 이 영상의 대표 이미지를 만들어 봤습니다.

스토리보드를 공부하고 영상 연출에 대한 지식이 쌓이면, 혼자서도 AI를 활용하여 영상 기획 전반을 수행할 수 있게 됩니다. 스토리보드는 단순한 그림이 아니라 영상의 흐름과 연출을 설계하는 과정이므로, 이를 잘 이해하면 AI 생성 도구를 활용해 컨셉 아트, 이미지 보드, 애니메틱스 등 다양한 작업을 효율적으로 진행할 수 있습니다.

이처럼 스토리보드와 AI 기술을 결합하면 기획 단계에서부터 보다 구체적인 비주얼을 만들고, 효율적으로 프로젝트를 구성하는 것이 가능해질 것입니다.

2. AI를 활용한 CF 콘티 제작하기

만약 자신이 그림을 잘 그리지 못 하더라도 연출에 사용할 이미지는 AI 이미지로 대체할 수 있습니다.

예시로 가상의 광고 콘티를 만들어 보겠습니다.
만약, 라면집을 주제로 광고를 만든다면 간단한 시나리오와 글 콘티가 필요합니다.

A. 시나리오 가제 (왕자 라면)

"여기 40년동안 3대째 육수의 맛을 자기 목숨처럼 지켜가는 라면집이 있습니다."

"왕자 라면은 항상 가족이 먹는다는 마음으로 재료 하나 하나까지도 신선한 것만 자연에서 고릅니다."

"사랑과 정성으로 음식을 만듭니다"

"고객님이 저희의 가족입니다"

"라면 전문점 왕자 라면"

B. 글 콘티 작성

1. 어떤 도시의 먹자골목에 위치한 라면집의 모습

2. 많은 사람들이 줄을 서서 기다리고 있다.

3. 식당 안에는 여러 사람들이 앉아 있고 쉐프가 멋지게 라면을 만들고 있다.

4. 육수가 끓는 모습

5. 재료를 손질하는 모습

6. 면을 삶는 모습

7. 완성된 맛있게 조리된 라면

8. 식당 안 사람들이 즐겁게 라면을 먹는 모습

9. 어떤 사람이 그 라면을 먹고 행복해하는 미소로 마무리

이렇게 간략하게 글 콘티가 완성되면 이제 AI로 각각 내용에 맞는 이미지를 생성합니다.

C. AI 이미지 생성

1. 어떤 도시의 먹자골목에 위치한 라면집의 모습

2. 많은 사람들이 줄을 서서 기다리고 있다.

3. 식당 안에는 여러 사람들이 앉아 있고 쉐프가 멋지게 라면을 만들고 있다.

4. 육수가 끓는 모습

5. 재료를 손질하는 모습

6. 면을 삶는 모습

7. 완성된 맛있게 조리된 라면

8. 식당 안 사람들이 즐겁게 라면을 먹는 모습

9. 어떤 사람이 그 라면을 먹고 행복해하는 미소로 마무리

이렇게 간략하게 글 콘티가 완성되면 이제 AI로 각각 내용에 맞는 이미지를 생성합니다

Part 09. AI를 활용한 스토리보드

Cut	Picture	Time	Action	Dial
#			Page NO.	
s01c01			1 어떤 도시의 먹자골목에 위치한 라면집에 모습	.
s02c01			2 많은 사람들이 줄을 서서 기다리고 있다.	NA:"여기 40년동안 3대째 육수의 맛을 자기 목숨처럼 지켜가는 라면집이 있습니다."
s03c01			3 식당 안에는 여러 사람들이 앉아 있고 쉐프가 멋지게 라면을 만들고 있다.	

Cut	Picture	Time	Action	Dial
#			Page NO.	
s04c01			4 육수가 끓는 모습	.
s05c01			5 재료를 손질하는 모습	NA:"왕자라면은 항상 가족이 먹는다는 마음으로 재료 하나 하나까지도 신선한 것만 자연에서 고릅니다."
s06c01			6 면을 삶는 모습	

하지만 실제 디테일한 디렉션이 필요한 영화나 애니메이션 스토리보드 같은 경우, 전문 스토리보드 아티스트가 그려야 후에 제작이 용이합니다. 중요한 것은 연출자의 명확한 의도입니다.

3. 애니메이션 스토리보드의 AI 활용

제가 전문으로 하는 애니메이션 분야에서 스토리보드는 매우 중요한 역할을 합니다.
CF나 영화처럼 실제 배우가 연기하는 장르와 달리, 애니메이션에서는 각 장면의 레이아웃, 캐릭터의 연기, 화면의 작은 디테일까지 모두 스토리보드를 통해 표현해야 합니다. 그만큼 스토리보드 작업의 난이도도 높고, 많은 고민과 시간이 필요합니다.

많은 사람들이 AI를 활용하여 스토리보드를 직접 구현하는 방법을 고민하지만, 현 시점에서는 실무에서 바로 적용하기에는 아직 한계가 많습니다. 그러나 AI는 스토리보드 제작 과정에서 아이디어를 얻는 도구로 활용할 수 있습니다. 시나리오 작가가 AI를 통해 이야기의 소재를 얻는 방식과 유사합니다.

예를 들어 지구를 방어하는 주인공 슈퍼로봇과 우주에서 침략한 킹크랩 형태의 거대 괴수가 싸우는 장면을 만든다고 가정해 봅시다. 액션의 합이나 로봇의 행동, 괴수의 필살기나 특정 기믹을 ChatGPT 같은 툴에게 질문하고 답변을 받는 형식으로 활용하면 상당히 도움이 됩니다.

이때 초보자가 액션 시퀀스를 구성할 때 가장 부담을 느끼는 부분은 두 가지입니다. 이는 시나리오 작가가 매 에피소드마다 새로운 소재를 고민하는 것과 비슷한 어려움입니다.

1. 레이아웃을 멋지게 연출하는 것
2. 전투의 흐름과 개성 있는 기믹을 창의적으로 구성하는 것

이때, ChatGPT 같은 AI 도구를 활용하면 아이디어를 보완하는 데 큰 도움이 될 수 있습니다.
예를 들어, "킹크랩 괴수가 사용하는 독특한 필살기"나 "슈퍼로봇의 전투 전략"을 AI에게 질문하면 기존에 생각하지 못했던 새로운 기믹이나 전개 방식을 얻을 수 있습니다.

그럼 AI를 활용하여 구체적인 예제를 만들어보겠습니다.
가지고 있는 핸드폰으로 간단하게 질문을 해봅니다.

A. chatGPT에게 질문하고 답을 구하기

[나]
"내가 외계에서 온 괴수와 지구를 지키는 슈퍼로봇을 연출하려고 하는데 아이디어를 줄 수 있을까? 외계 괴수는 킹크랩처럼 생겼어"

[ChatGPT]
흥미로운 설정이네요! 킹크랩 모양의 외계 괴수와 맞서는 슈퍼 로봇을 멋지게 연출할 수 있는 몇 가지 아이디어를 드릴게요.

1. **괴수의 특수 능력** : 킹크랩 괴수가 거대한 집게발을 이용해 구조물을 부수거나 강력한 장갑을 뚫는 공격을 하면 박력 있을 것 같습니다. 집게에서 강력한 레이저나 산성 물질을 발사하거나, 땅을 파헤치면서 로봇의 이동을 방해하는 등 전략적인 공격을 하도록 설정할 수도 있어요.

2. **해변에서의 전투** : 킹크랩이라는 점을 살려 바다에서 올라와 해변을 침공하는 장면을 만들어 보는 건 어떨까요? 해안선 근처에서 슈퍼 로봇과 괴수가 처음 조우하게 되면, 로봇이 파도를 가르며 등장하는 장면을 연출할 수 있을 거예요.

3. **슈퍼 로봇의 특수 무기** : 킹크랩의 단단한 껍질을 뚫기 위한 특수 무기를 추가해 보세요. 예를 들어, 고온 플라즈마 검이나 고속으로 회전하는 드릴 같은 무기가 킹크랩의 갑각을 겨냥해 공격할 때 긴장감을 더할 수 있습니다.

4. **전투 전략** : 괴수가 단순히 힘만 쓰기보다는 지능적인 면도 보여주면 좋을 것 같아요. 예를 들어, 킹크랩 괴수가 로봇의 동작을 예측하고 함정에 빠뜨리거나, 로봇의 약점을 파악해 공격한다면 더욱 긴박한 느낌이 들겠죠.

5. **도심 전투의 스릴** : 싸움이 해변에서 시작되었다가 점점 도심으로 이동하면, 건물과 장애물 사이에서 고도의 기동성을 요구하는 스릴 있는 전투를 연출할 수 있을 거예요.

생각보다 텍스트로 연출 예를 들어주는 기능은 매우 탁월합니다.
좀 더 구체적인 질문을 해봅니다.

[나]
"킹크랩 닮은 거대 괴수는 어떤 능력을 쓸까?"

[ChatGPT]

킹크랩을 닮은 거대 괴수는 다양한 능력을 발휘할 수 있습니다. 킹크랩의 특징적인 외모와 생태적 특성을 바탕으로 몇 가지 독특한 능력을 상상할 수 있겠죠.

1. 집게 발 공격 : 킹크랩의 가장 중요한 특징 중 하나인 집게 발은 엄청난 힘을 가질 수 있습니다. 거대한 집게는 적을 잡아 조여서 압사시키거나, 방어벽을 부수고, 로봇이나 건물을 집어 던질 수 있는 능력을 가질 수 있습니다. 또한, 집게에서 강력한 에너지 방출을 하여 근접 전투에서 유리하게 싸울 수 있죠.

2. 고속 이동과 파괴력 있는 돌진 : 킹크랩은 바닷속에서도 빠르게 이동할 수 있기 때문에, 육상에서도 빠르게 돌진하는 능력을 가질 수 있습니다. 이 돌진은 강력한 충격파를 일으켜 로봇이나 주변 환경을 일시에 파괴하는 효과를 낼 수 있습니다.

3. 독성 분사 : 킹크랩은 자연에서 종종 독성을 가진 종류가 있기 때문에, 괴수도 독성 물질을 방출할 수 있을 것입니다. 이 물질은 로봇이나 주변을 녹이거나, 숨을 쉬지 못하게 하는 독가스를 분사할 수도 있습니다.

4. 지각 능력 : 바다 밑에서 사는 킹크랩은 지하에서 감지 능력이 뛰어날 수 있습니다. 괴수도 땅을 파고 이동하며, 지하에서 적을 빠르게 감지하고 기습 공격을 할 수 있는 능력을 가질 수 있습니다. 예를 들어, 주위를 지반을 흔들어 로봇을 불안정하게 만들거나, 지하에서 갑자기 나타나 공격을 시작할 수 있습니다.

5. 갑각 방어막 : 킹크랩의 단단한 껍질은 방어력이 매우 높기 때문에, 이 괴수의 갑각은 방어막처럼 강력하게 기능할 수 있습니다. 공격을 받으면 이 갑각이 충격을 흡수하고, 특정 타이밍에 갑각을 터뜨리거나 회전시켜 무기를 반격하는 장면을 연출할 수 있습니다.

6. 클로킹 능력 : 킹크랩은 환경에 맞춰 색깔을 바꿀 수 있는 능력이 있기 때문에, 괴수도 일시적으로 주변 환경에 맞춰 은폐할 수 있습니다. 특정 시간에 자신을 숨겨 슈퍼 로봇의 경계를 피하면서 기습 공격을 할 수 있게 됩니다.

7. 전기 방출 : 바다에 사는 크랩들은 전기적 감지 능력을 지니기도 합니다. 이 괴수도 강력한 전기 방출 능력을 가질 수 있으며, 근처의 전자기기나 로봇의 회로를 방해하거나, 전기 충격을 가해 상대를 마비시킬 수 있습니다.

이러한 능력들을 조합하여 킹크랩 괴수는 강력하면서도 지능적인 전투를 펼칠 수 있을 거예요.

생각보다 좋은 아이디어였고, 심지어 어느정도 있을 법한 장면연출을 글로 제시해 줍니다.
실무자들은 매우 공감하겠지만, 이미 스토리보드를 작업하는 사람들에게 이 정도의 아이디어와 상황만 제시해 줘도 매우 많은 도움이 됩니다.

이제 AI가 제시해준 아이디어로 구체적인 액션 장면을 연출해 보겠습니다.
저는 해안과 배경과 킹크랩의 기능 중 거대한 집게다리와 독 물질 발사, 슈퍼로봇의 회전을 이용한 필살기 등 AI가 제시한 아이디어를 바탕으로 구성해 보겠습니다.

B. AI가 제시한 아이디어로 구체적인 상황을 글로 연출하기

도심에 있는 해안가에 사람들이 휴양을 즐기는 모습. 이때 저 멀리서 빛의 기둥이 해안가보다 먼 바다에 떨어진다. 사람들이 놀라서 쳐다보고 갑자기 거대한 물기둥이 치솟아 쓰나미가 되어 백사장을 덮치고 사람들은 비명을 지르며 도망친다.

물기둥안에서 거대한 킹크랩 괴수가 등장하고 해안가에 있는 건물이나 차량들을 무너뜨리면서 전진한다. 그 순간 충격으로 어떤 사람들이 넘어지고 킹크랩에 의해서 날아간 트럭이 어떤 사람들을 덮칠 때 슈퍼로봇이 날아와서 자동차를 치운다. 드디어 히어로 로봇의 등장 킹크랩을 다시 해안가로 밀어낸다.

밀려나던 킹크랩 거대한 집게 팔로 로봇의 손을 잡고 다시 도시로 던져버린다. 엄청난 힘에 건물 몇 개를 뚫고 나가 떨어지는 로봇 넘어진 다음에 빠르게 자세 잡고 도약해서 빠르게 날아가 필살 펀치를 날린다. 하지만 킹크랩의 장갑이 너무 단단해 대미지가 없고 오히려 슈퍼로봇이 밀려난다.

킹크랩 입이 징그럽게 벌려지고 독 물질을 뿜어내면 점프해서 간신히 피하는 슈퍼로봇 그 뒤에 건물이나 시설이 녹아내린다. 점프한 슈퍼로봇이 고속으로 낙하하면서 검을 꺼내고 빠르게 회전한다. 마치 거대한 드릴처럼 변한 슈퍼로봇이 킹크랩을 관통한다.

C. AI 이미지 생성툴로 캐릭터 만들기

AI를 통해서 간단하게 장면 구성이 정해집니다. AI 이미지생성 툴로 약식의 캐릭터를 만들어서 스토리보드에 들어갈 거대 로봇과 괴수를 만들어 보았습니다.

제가 생각했던 것 보다 더 무섭게 생긴 괴수들이 생성되었는데, AI가 알아서 사람과 크기 비교까지 해 주는 경우도 있었습니다. 이중에 가장 마음에 드는 이미지를 하나 골라 괴수로 설정을 해봅니다

이제 이 괴수랑 싸울 용감한 히어로 슈퍼로봇도 이미지로 생성을 합니다.

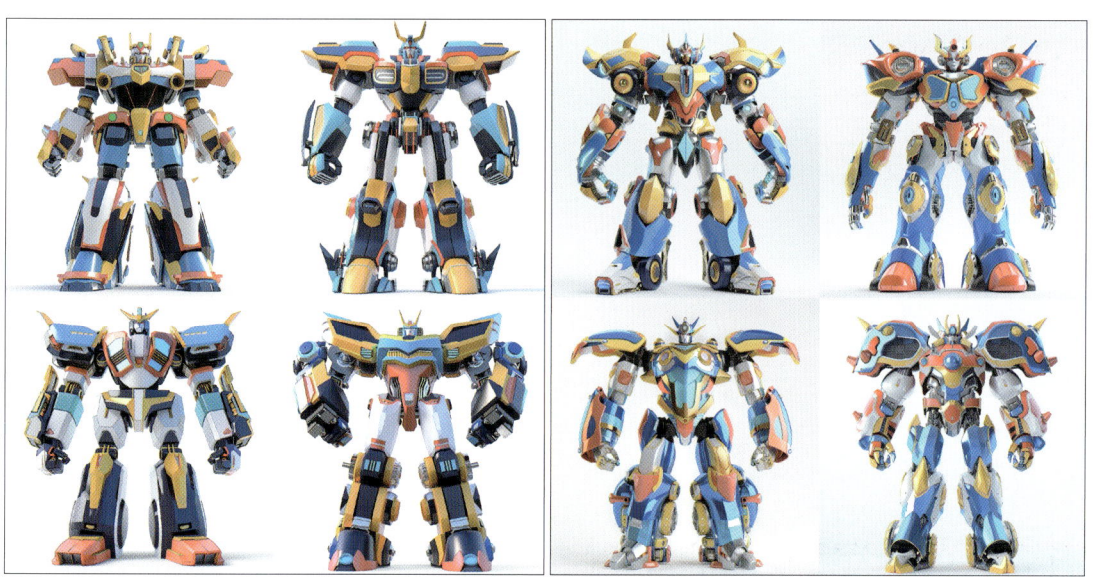

역시 굉장히 좋은 아이디어와 이미지들이 생성이 되었는데 저는 아래 두 이미지를 골랐습니다.

생성된 이미지를 바탕으로 스토리보드에서 어느정도 표현할지를 스케치를 통해서 정합니다.
마치 웹툰의 캐릭터를 설정하는 것처럼 스토리보드에서도 실제 캐릭터나 배우의 특징을 잘 담으면서 스토리보드에서만 쓰는 간략화 작업을 하는데 이는 스토리보드는 태생적으로 빠르게 그려서 수정하는 것이 목적이기 때문에 작업의 효율성과 가독성을 높이기 위해 꼭 필요한 작업입니다. 또, 작업자가 가장 쉽게 그릴 수 도형이나 자신의 그림체로 바꾸면 작업 시간을 더 줄일 수 있습니다. 여기서 주의할 점은 라인으로 봐도 대상의 특징을 해치지 않는 선을 지키는 것입니다.

스토리보드 작업을 위한 단순화 스케치

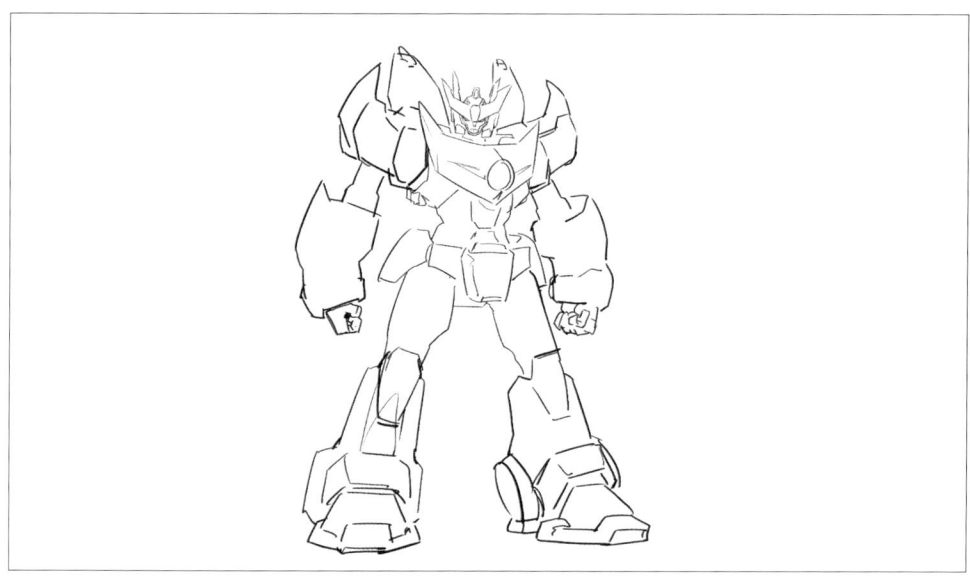

D. 정해진 상황들로 본격적으로 스토리보드를 제작

생성된 글을 바탕으로 글 콘티를 작성

1. [우주에 떠 있는 지구 – 익스트림 풀샷] 프레임 안으로 행성이 등장하며 지구를 향해 접근한다.
2. [도시에 인접한 해안가 – 하이앵글 익스트림 풀샷] 사람들이 백사장에서 피서를 즐기고 있다.
3. [수영하는 사람들을 화면에 걸고 – 로우 앵글 해안가 전경] 행성이 빌딩을 지나 낙하하는 장면, 사람들이 놀라며 반응한다.
4. [사람들 시선 방향 – 바다 수평선 풀샷] 행성이 바다 한가운데 떨어지고, 충격으로 쓰나미가 발생한다.
5. [수영하는 사람들 – 정면 미디엄 샷] 사람들이 바다 상황을 보고 충격에 빠진다.
6. [해안가 사람들 – 풀샷] 갑자기 백사장의 물이 빠져나가고, 사람들이 당황하며 도망치기 시작한다.
7. [바다 – 풀샷 틸트 업] 거대한 쓰나미가 화면 앞으로 덮쳐오며, 그 속에서 킹크랩 괴수가 등장해 집게손을 화면 앞으로 내리친다.
8. [킹크랩 시선 – 해안가 익스트림 풀샷] 킹크랩의 집게손이 화면으로 들어와 구조대 건물을 조각낸다.
9. [킹크랩 위주 – 로우 앵글 풀샷] 킹크랩이 화면 앞으로 다가오며 프레임 아웃.
10. [해안가 – 익스트림 사이드 풀샷] 킹크랩이 도망치는 사람들을 쫓아 도심으로 향한다.
11. [건물 – 로우 앵글 인서트] 킹크랩의 집게팔이 건물을 부수는 장면이 인서트로 삽입된다.
12. [도심 – 로우 앵글 익스트림 풀샷] 건물이 붕괴하며 사람들을 덮치려 한다.
13. [화면에 건물을 걸고 – 하이앵글 사람들 풀샷] 건물이 쓰러지는 장면, 사람들은 비명을 지르며 도망친다.
14. [익스트림 하이앵글 풀샷] 히어로 로봇이 이 현장에 도착하는 모습. 광각 뒷모습 풀샷, 빠르게 전진.
15. [건물과 사람들 사이 – 사이드 로우 앵글 로봇 미디엄 샷] 로봇이 아슬아슬하게 건물을 막아낸다.
16. [화면에 킹크랩을 걸고 – 로봇 정면 풀샷] 로봇이 일어나며 무너진 건물을 킹크랩에게 던지고, 어깨 공격으로 킹크랩을 해안가로 밀어낸다.
17. [로봇 – 광각 뒷모습 풀샷] 부스터를 가동하며 빠르게 킹크랩을 다시 바다로 밀어버린다.
18. [화면에 킹크랩을 걸고 – 로봇 정면 풀샷] 로봇이 킹크랩을 해안가에 던지고, 주먹을 든다.
19. [화면에 로봇 주먹을 걸고 – 달리 인] 주먹이 킹크랩을 향해 날아가지만, 집게손에 의해 저지된다.
20. [로봇 정면 – 미디엄 샷] 로봇이 집게손에 붙잡혀 위로 들어 올려진다.
21. [킹크랩 정면 – 익스트림 풀샷 달리 백] 킹크랩이 로봇을 도심 쪽으로 던지며, 로봇이 프레임 아웃.
22. [해안가와 도시가 함께 보이는 – 익스트림 사이드 풀샷] 로봇이 도심 쪽으로 던져지는 장면.
23. [로봇 위주 – 약간 하이앵글 타이트 풀샷] 로봇이 충격에 정신을 잃다가, 눈을 뜨고 앞을 보면 킹크랩이 프레임 인.
24. [킹크랩 – 로우 앵글 바스트 샷] 킹크랩이 입을 벌리며 위산 공격을 시도. 약간 달리 백.
25. [로봇 정면 – 미디엄 샷 틸트 업 → 로우 앵글 풀샷] 로봇이 위산을 피하며 공중으로 날아오르면, 카메라가 이를 따라간다.
26. [하이앵글 광각 – 로봇 뒷모습 풀샷] 공중에서 검을 꺼내고 돌진하는 로봇.
27. [로봇 – 광각 로우 앵글 풀샷, 팔로우 팬] 로봇이 칼을 앞으로 뻗으며 회오리 공격을 가한다. 카메라는 이를 따라 움직이며, 킹크랩이 집게손으로 막으려 하지만, 집게손이 부서지면서 검이 관통.
28. [로봇 – 로우 앵글 정면 풀샷, 달리 백] 로봇이 킹크랩을 뚫고 나와 포즈를 잡으면 폭발한다.

글 콘티를 바탕으로 이미지 그려서 스토리보드형식으로 제작하기

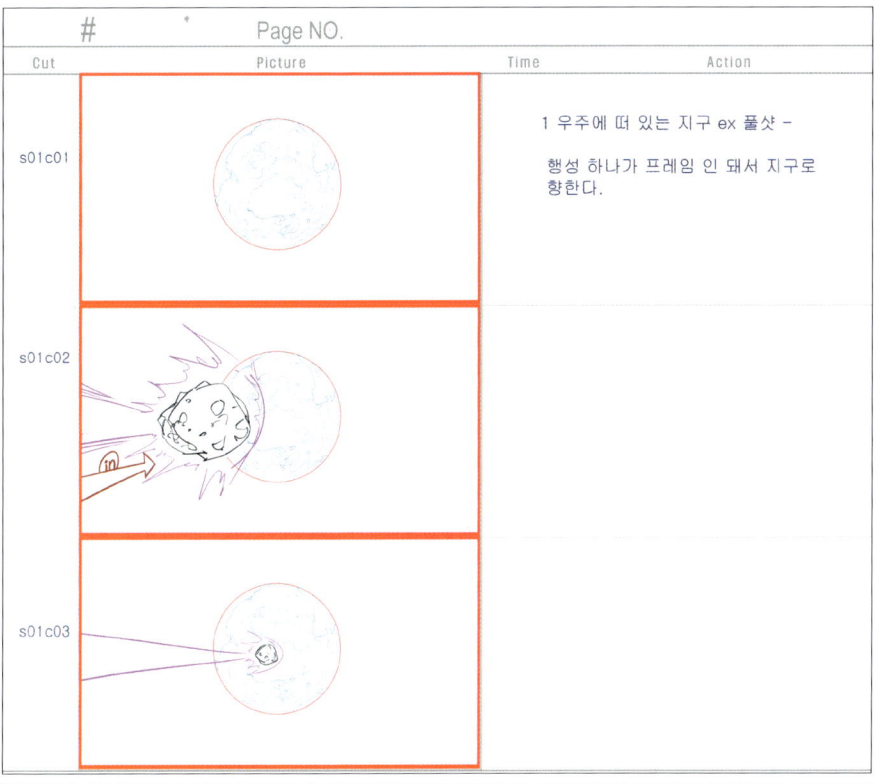

Cut	Picture	Time	Action
s04c02	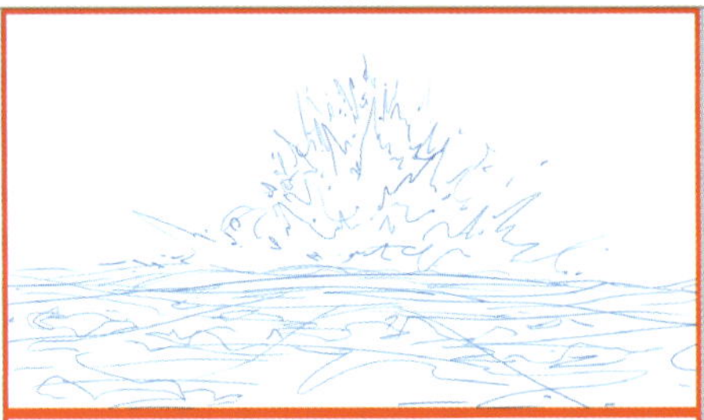		
s04c03	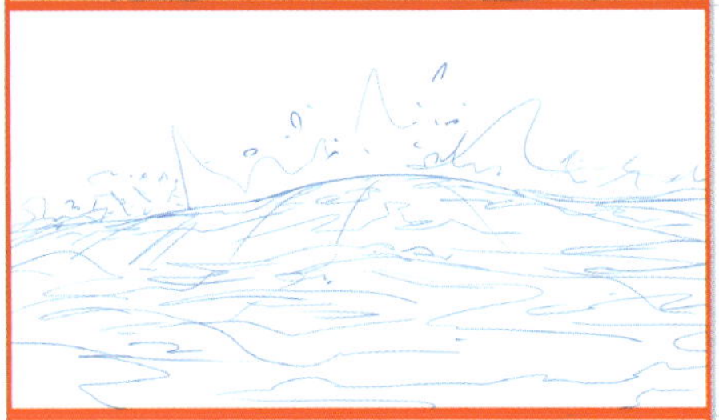		
s05c01			5 수영하는 사람들 정면성 미디엄 샷 - 사람들이 바다 상황을 보고 놀란다.

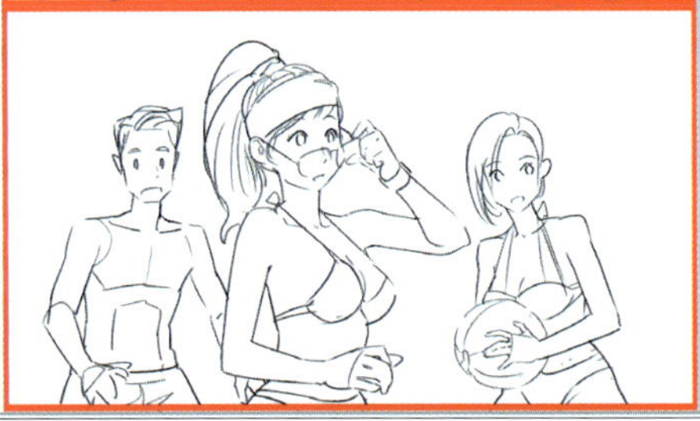

Cut	Picture	Time	Action
s06c01			6 해안가 사람들 풀샷 - 갑자기 백사장의 물이 빠지고 사람들이 도망치기 시작한다.
s06c02			
s07c01			7 바다 풀샷 틸트 업 - 쓰나미가 화면 앞으로 덮치고 그 안에서 킹크랩 괴수가 등장해 집게 손을 화면 앞으로 내려 친다.

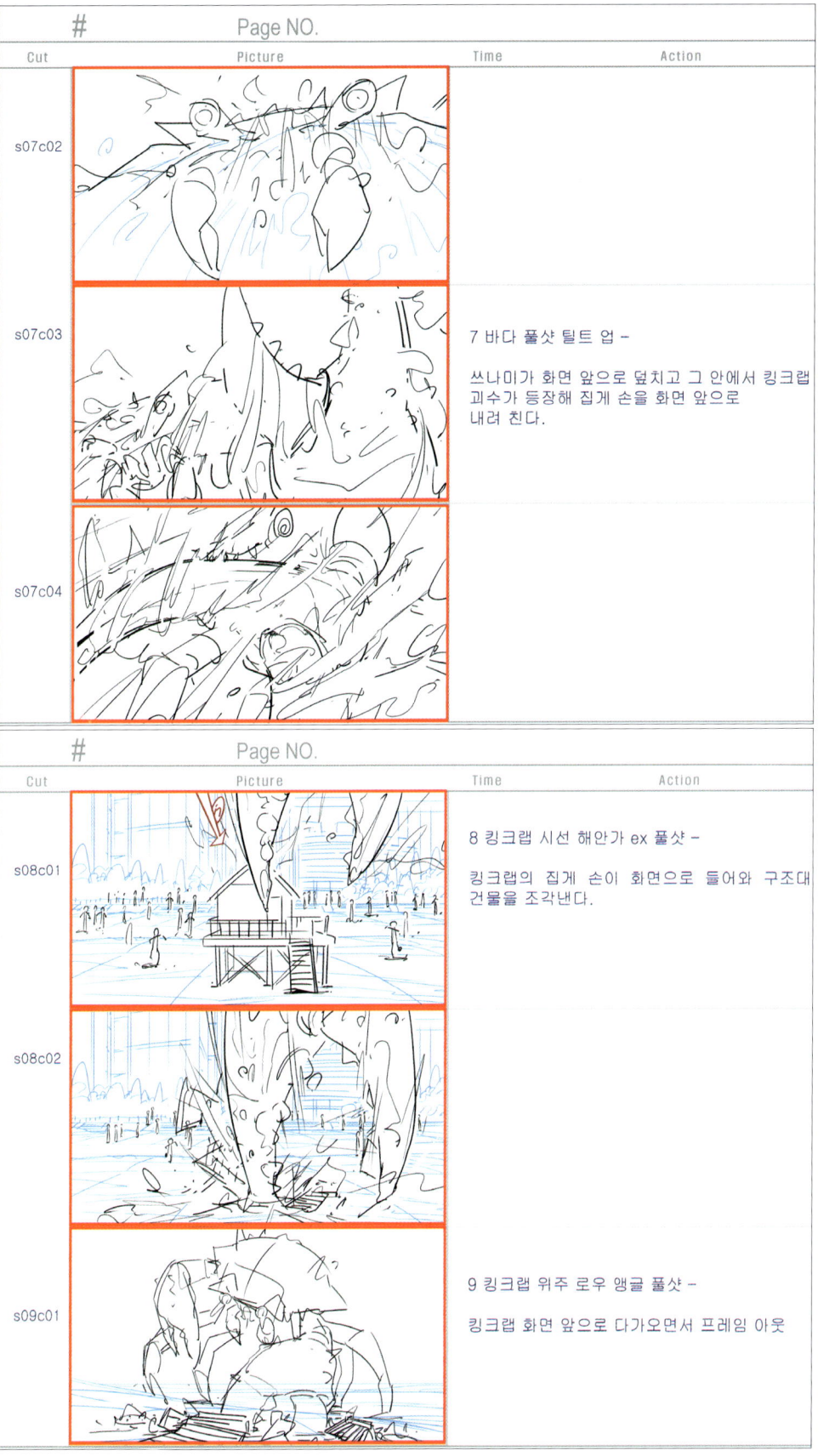

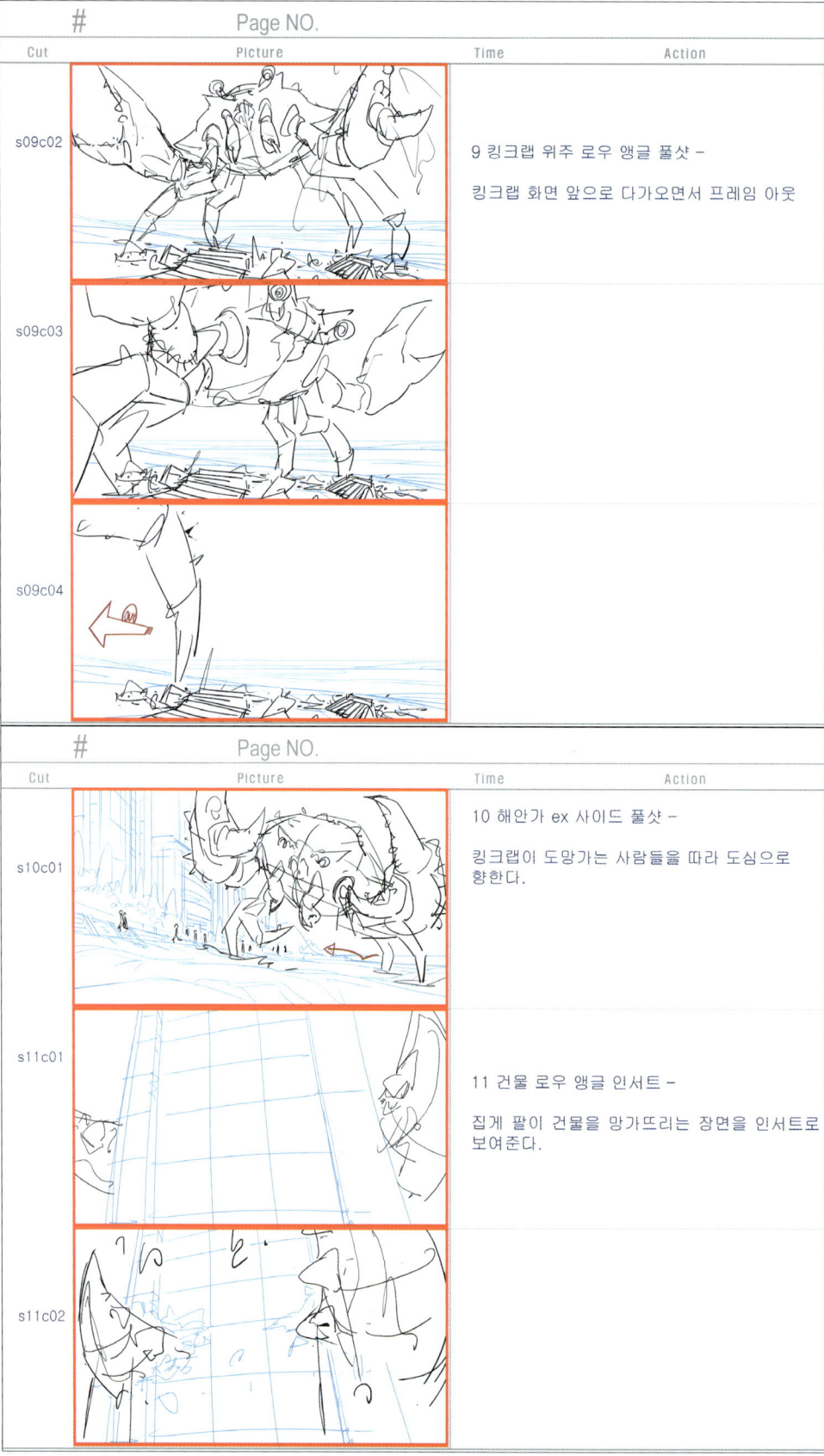

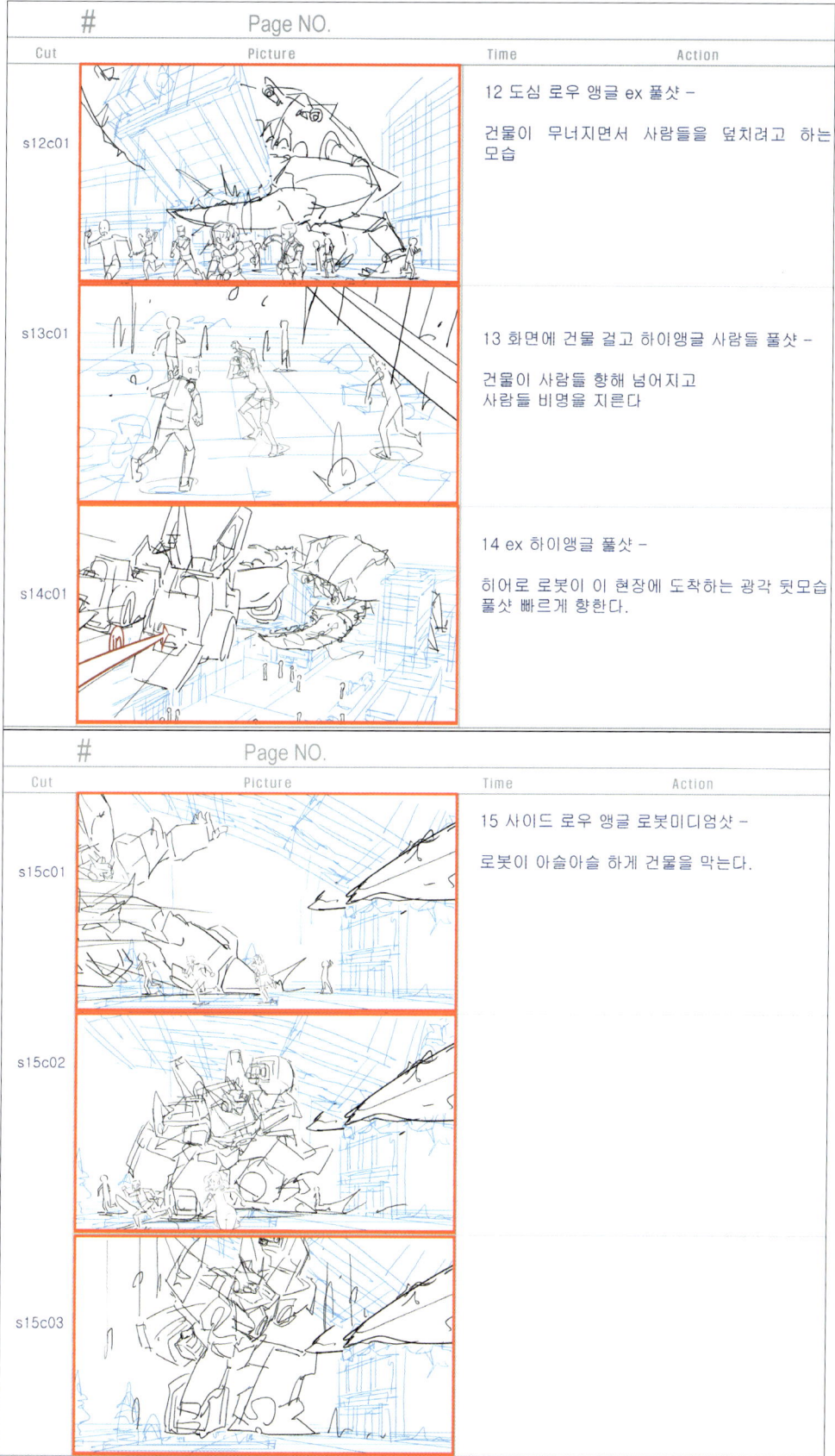

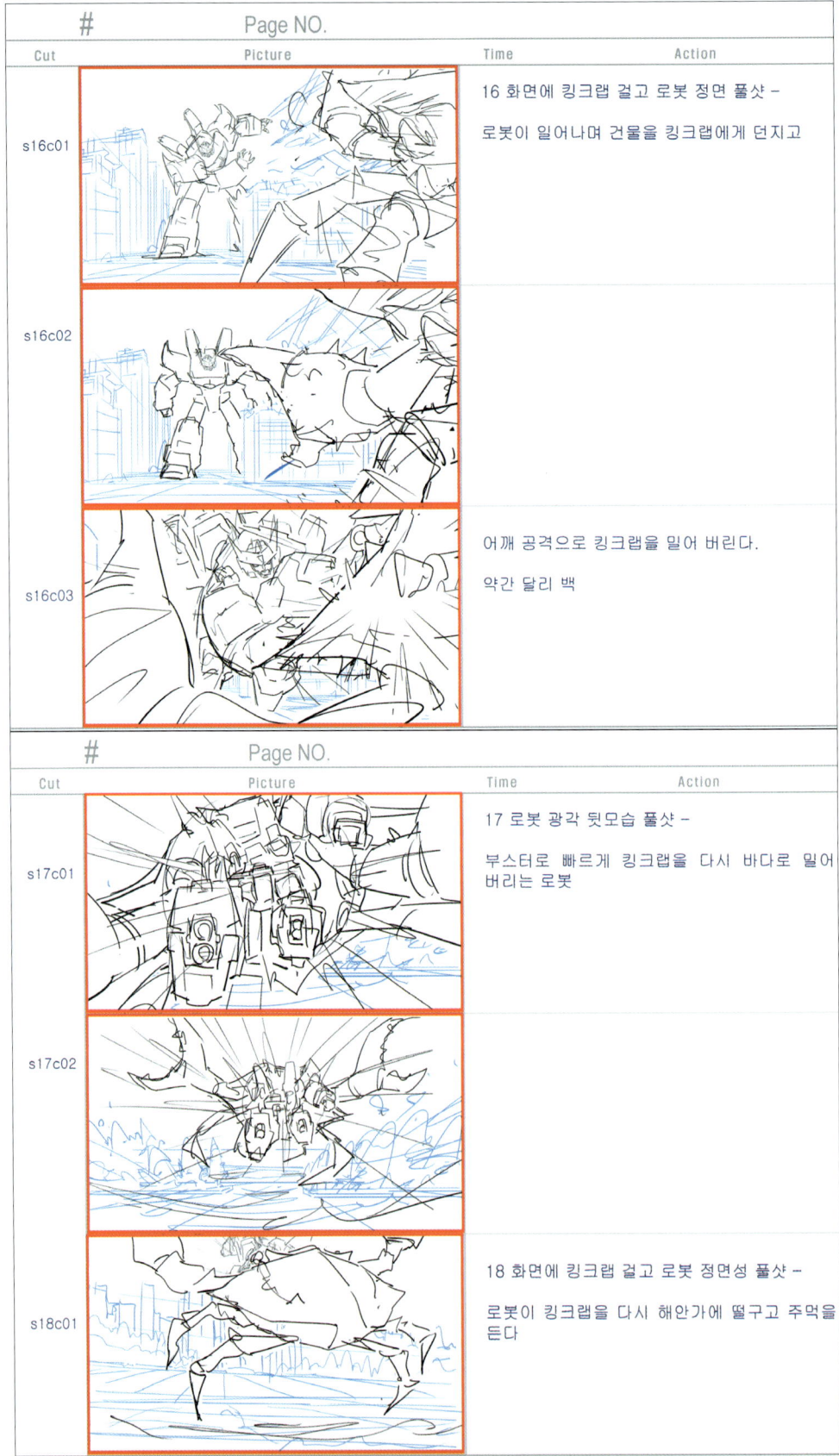

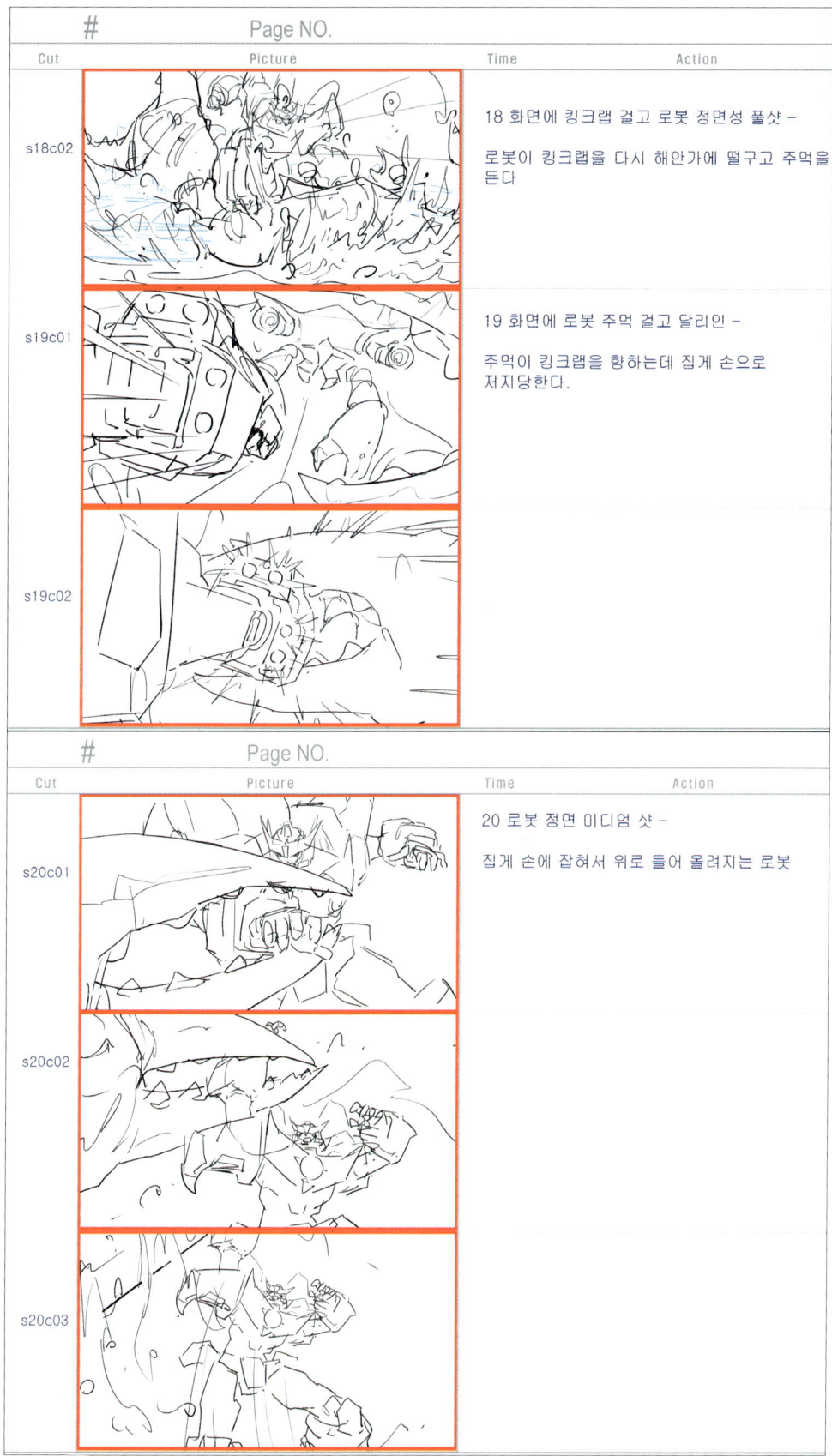

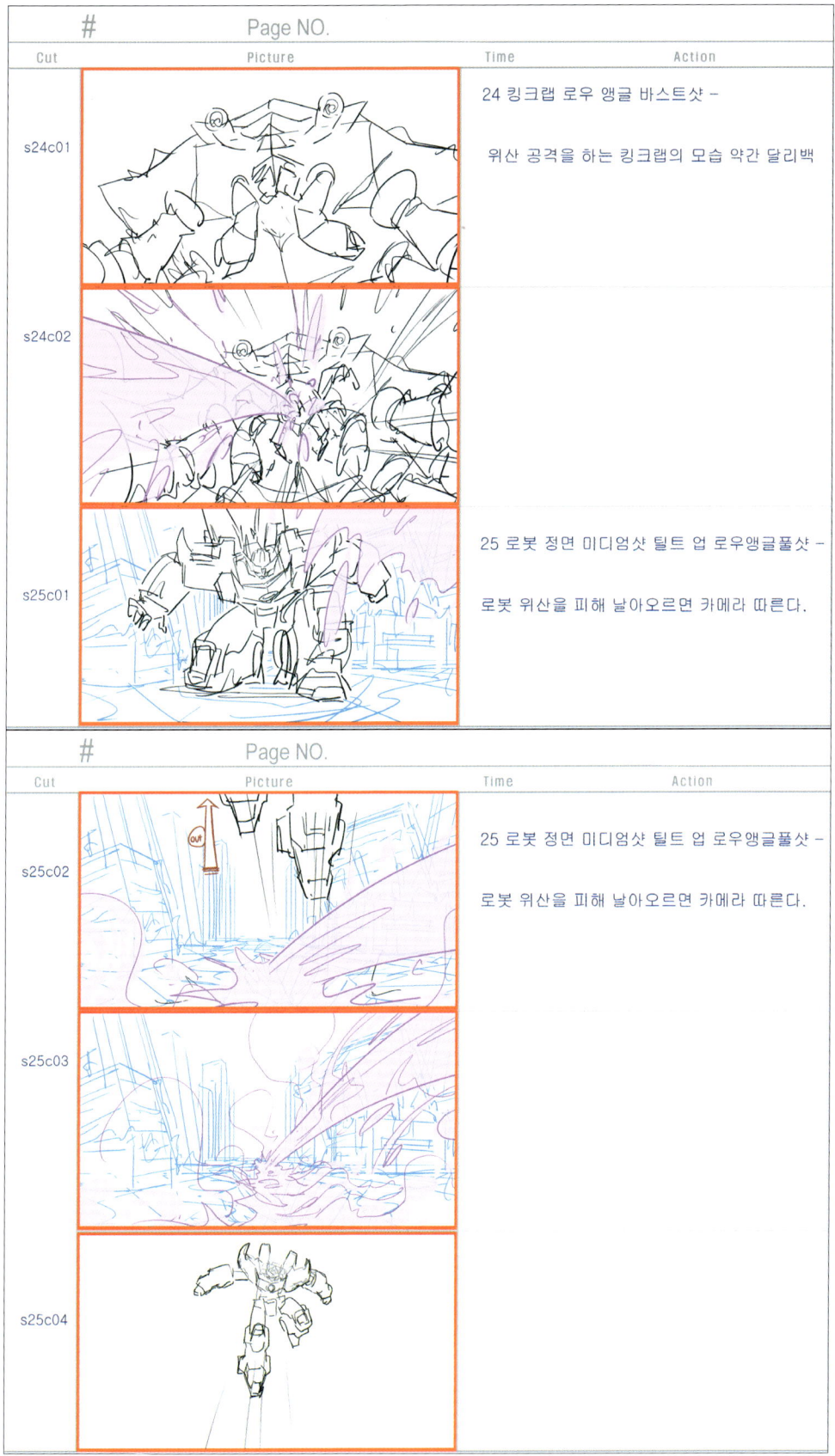

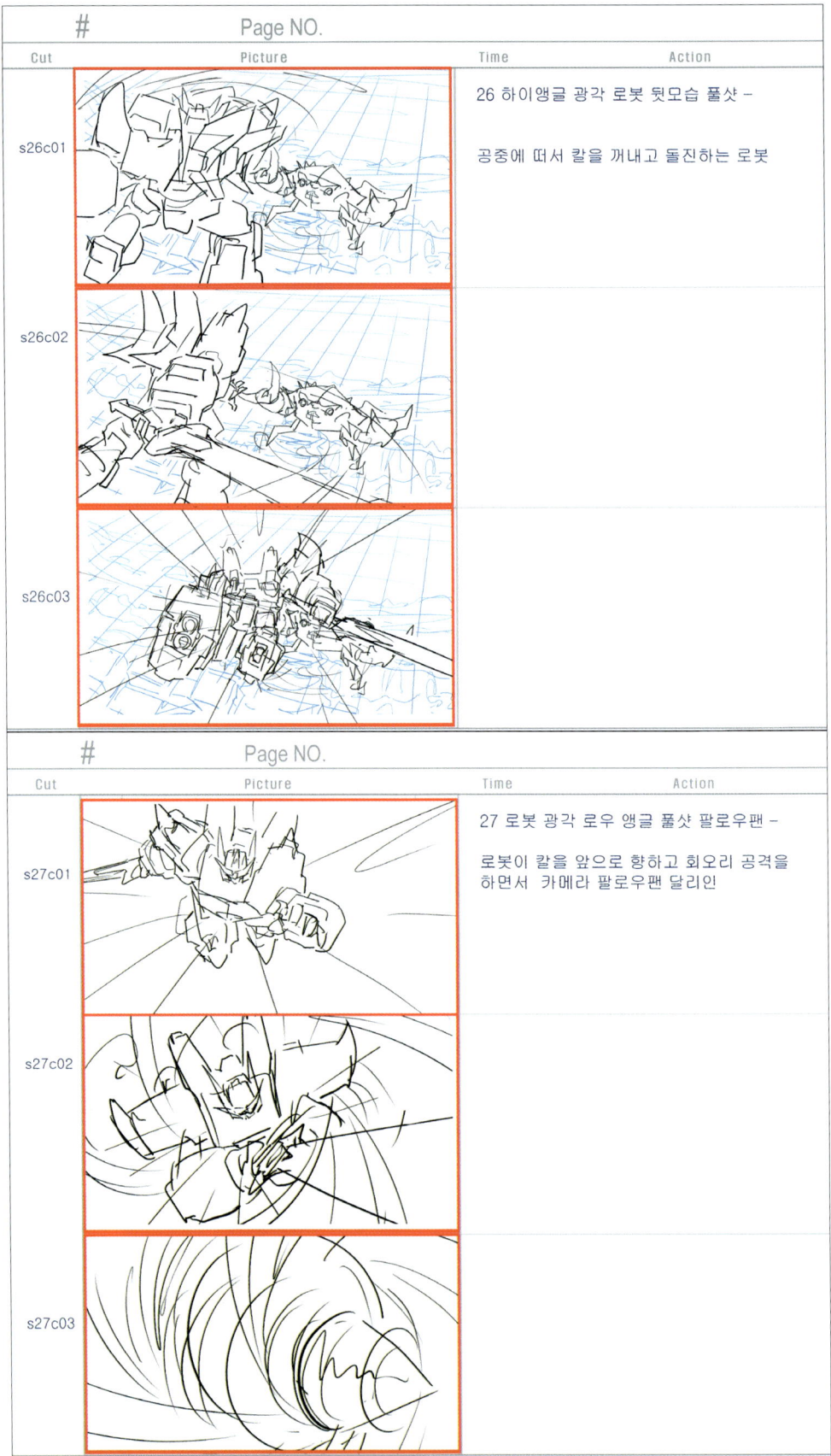

Cut	Picture	Time	Action
s26c01			26 하이앵글 광각 로봇 뒷모습 풀샷 - 공중에 떠서 칼을 꺼내고 돌진하는 로봇
s26c02			
s26c03			

Cut	Picture	Time	Action
s27c01			27 로봇 광각 로우 앵글 풀샷 팔로우팬 - 로봇이 칼을 앞으로 향하고 회오리 공격을 하면서 카메라 팔로우팬 달리인
s27c02			
s27c03			

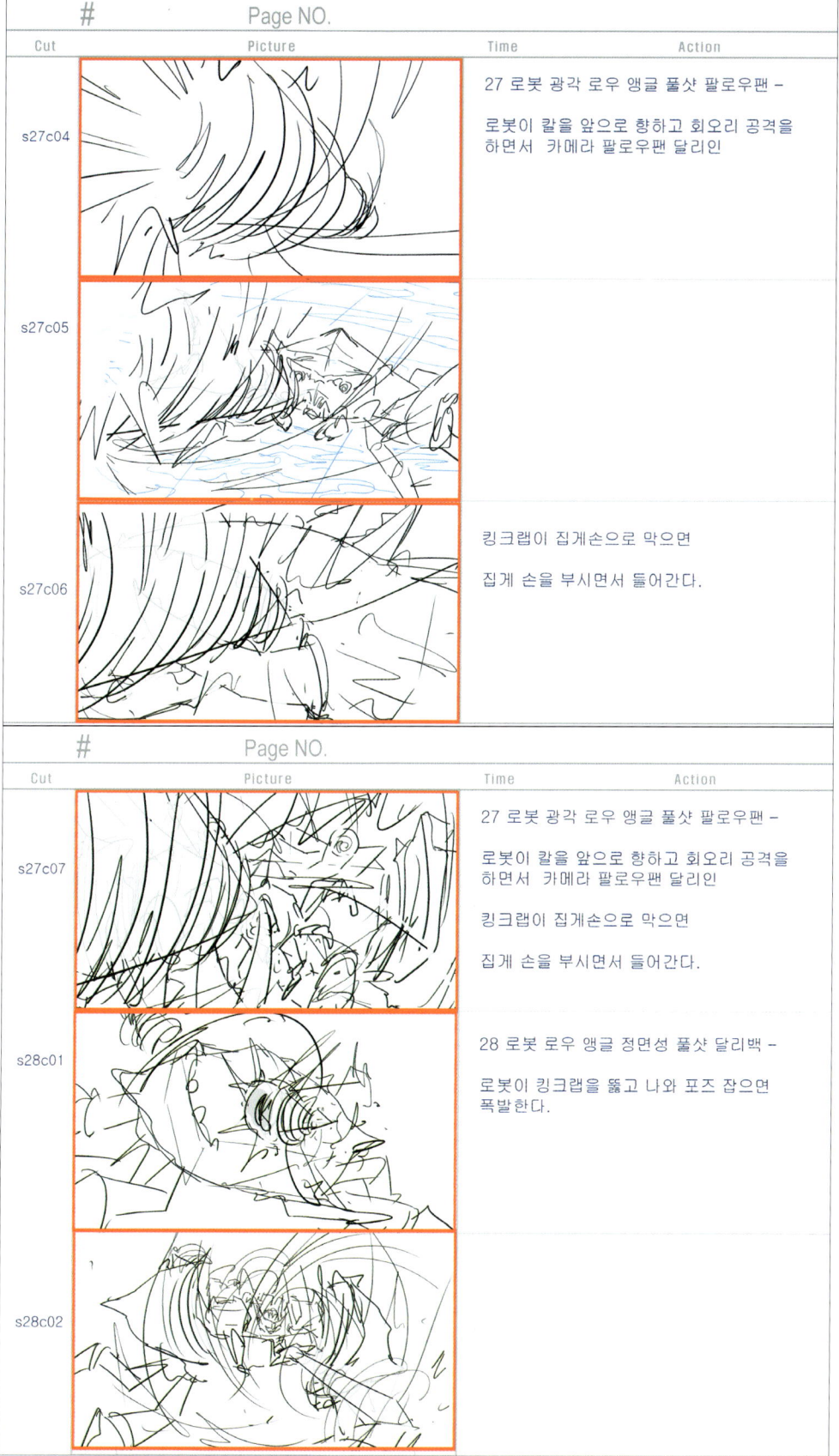

#		Page NO.		
Cut	Picture		Time	Action
s28c03				27 로봇 광각 로우 앵글 풀샷 팔로우팬 - 로봇이 칼을 앞으로 향하고 회오리 공격을 하면서 카메라 팔로우팬 달리인 킹크랩이 집게손으로 막으면 집게 손을 부시면서 들어간다.
s28c04				28 로봇 로우 앵글 정면성 풀샷 달리백 - 로봇이 킹크랩을 뚫고 나와 포즈 잡으면 폭발한다.
s28c05				

완성된 영상은 QR 코드로 확인하거나, 다운로드로 제공하는 예제데이터에서 확인해보실 수 있습니다.